全球视阈下的中国治理现代化丛书

刘天阳 主编

全球治理观的"中国道路"
概念重构与实践创新

主编 刘天阳
谈笑

中国社会科学出版社

图书在版编目（CIP）数据

全球治理观的"中国道路"：概念重构与实践创新 / 刘天阳, 谈笑主编. -- 北京：中国社会科学出版社, 2024.8. -- （全球视阈下的中国治理现代化丛书 / 刘天阳主编）. -- ISBN 978-7-5227-4041-6

Ⅰ. D630.1

中国国家版本馆 CIP 数据核字第 20243EN414 号

出 版 人	赵剑英
责任编辑	郭曼曼
责任校对	王　龙
责任印制	王　超
出　　版	中国社会科学出版社
社　　址	北京鼓楼西大街甲 158 号
邮　　编	100720
网　　址	http://www.csspw.cn
发 行 部	010-84083685
门 市 部	010-84029450
经　　销	新华书店及其他书店
印　　刷	北京君升印刷有限公司
装　　订	廊坊市广阳区广增装订厂
版　　次	2024 年 8 月第 1 版
印　　次	2024 年 8 月第 1 次印刷
开　　本	710×1000　1/16
印　　张	19.75
字　　数	300 千字
定　　价	108.00 元

凡购买中国社会科学出版社图书，如有质量问题请与本社营销中心联系调换
电话：010-84083683
版权所有　侵权必究

序 一

今天，人类正面临世界之变、时代之变、历史之变。人类社会面临深刻的治理困局。在国际层面，从2008年国际金融危机到2014年全球大宗商品降价，再到2020年新冠疫情突发，及至俄乌冲突、以哈冲突相继爆发，逆全球化风起云涌，小规模战争此起彼伏，现有国际秩序日渐失效，全球可持续发展不断遭受冲击。这一系列变化正在对国际政治经济形势与世界格局产生全局性、系统性的影响，既为全球治理带来严峻挑战，也为全球治理的转型与创新提供了契机。在国际体系的持续变动中，旧有生产公共产品的国际机制和规则较为陈旧，难以妥善服务新的国际社会，但新的国际机制尚未成熟。全球团结发展的共识被大幅削弱，发展失衡成为当前世界经济的典型特征。在中国的国内层面，疫情之前的"三期叠加"（国家经济增长速度换挡期、经济结构调整阵痛期与前期刺激政策消化期）与后疫情时代的"转型共振"（大国权力结构调整期、科技浪潮领衔更替期和全球发展体系变迁期）相互影响，使国内治理面临尤为复杂的新挑战。现代金融、税务财政与日常社会管理系统的治理难度也在显著增加。内外形势的变化推动中国必须提升自身的治理能力，也必须参与全球治理体系的改革与建设。

回顾近代历史，中国参与全球治理的改革与建设可始于第一次世界大战之后。如果考虑到"治理"有别于"管理"在于行为主体的多元平等，那么中国真正意义上的全球参与应是在第二次世界大战之后。这是因为第一次世界大战后的世界体系本质上还是"全球殖民统治体系"。鸦片战争之后，中国沦为半殖民地半封建社会，成为"全球殖民统治体系"内被奴役的那一部分。所以，中国近代的社会性质决定了，国家治理体系的首要任务是实现中华民族的完全独立，然后是实现工业化和近代化。只有在民族独立的基础上，才有作为一个能动性主体参与到全球治理体系中的可能性。

殖民势力东来以后，全球治理体系逐渐形成，但并未将中国作为一个实际意义上的主体对待，因为彼时的中国在此体系中的身份和作用还是被迫服从于西方殖民统治体系的利益与目的。换言之，虽然第一次世界大战被视为现代意义上全球治理体系开始构建的时间节点，但中国基本上是以"被束缚者"的身份参与到那个时代的"全球治理体系"中的。华工参加第一次世界大战或许是近代中国大规模但不平等地融入世界体系的开始。随着中国参加国联，中国成为第一次世界大战后国际治理体系的遵守者和践行者。第二次世界大战后，以联合国为代表的全球性治理体系登上历史舞台。中国参与创建联合国及永久性地担任安理会常任理事国，体制性地标志着中国以主要行动者的身份加入到全球治理的基础建构中，夯实了中国参与全球治理体系改革的历史基础和法理基础。

随着中国在全球地位的提升，中国需要提出解决世界性问题的方案。如今，中国提出了作为一个有机整体的"三大倡议"（全球发展倡议、全球安全倡议和全球文明倡议），以期突破全球治理的地缘冲突困境、发展失衡困境、体系失灵困境和价值混乱困境，进而弥合全球治理的和平赤字、发展赤字、信任赤字和价值赤字。但要将倡议落实到政策与现实中具体的改变，中国还需要形塑学理逻辑，建构知识体系，还需要各界广泛参与，多元共同推动。本书是对这一愿景的微观基础的系统考察，从而希望能推动一种全球善治。

纵观本书，从宏大的世界体系到微观的村落果园，从心灵认知到扶贫济困，本书所涉猎的范围甚广，涵盖了治理领域的方方面以及各个层次。本书的每一篇文章都提炼出一种关于治理的新观念或者新方法。马克斯·韦伯曾说，直接支配人们行动的是利益（物质的和理念的），不是观念。然而，这些观念所形成的"世界表象"往往成为传送器，它决定利益的动力在什么轨道上推送行动。本书将这些潜藏于实践与经验中的新观念提炼出来，拼搭在一起，呈现了中国治理的底层图案。进一步说，王赓武教授曾按历史因素，分析了"中国性"（Chineseness）的历史建构过程与多元内涵。

序　一

本书关于中国治理经验与实践的每一种观念的萃取实际上也是对"中国性"的一种形式呈现。

此外，本书的排篇布局贯通了内外两面。对于研究中国政治及国际关系的学者而言，如果我们不去注意周围的世界，世界就会变，而我们之所以了解周围，是因为首先我们了解有一个"圆心"。这个周围世界就是中国治理的全球性。这个"圆心"就是我们研究的最终焦点：中国性。不了解中国对全球治理的创造性参与就无法全面理解中国治理的内涵，而正是因为我们要挖掘中国治理中的那个"中国性"，所以才要了解周围的世界。本书的上下两部分正好反映了中国治理辩证的两面：中国性与全球性的不可分割与互相建构。在二者之间把握中国治理的精髓。

本书的主要作者群由武汉大学的青年政治学学者及研究生、墨尔本大学当代中国研究中心的青年学者与博士生以及墨尔本大学毕业的校友共同构成。本书的两位编者都曾在墨尔本大学亚洲研究所（Asia Institute）就读博士学位。毕业后，刘天阳副教授来到武汉大学任教。谈笑博士留在墨尔本大学继续从事研究工作。在本书的作者里，与他们同一届毕业于墨尔本大学后加入武汉大学的还有新闻与传播学院的关天如副教授。本书的研究者群体源于他们的同事关系抑或学缘关系。可以说，这一合作实践构成了武大与墨大关于中国研究合作的一道独特风景。我本人从事法学研究，也是墨尔本大学的校友，为年轻一代推动两校合作的努力感到由衷欣慰。全球治理本是一种主体间的共构过程，关于治理的新思想也必然离不开大洋两岸学者的互动与创造。关于中国治理这一大议题，希望今后能在本书的基础上形成一个跨洋对话的系列丛书，成为中国治理研究的一个独特而活跃的"微场域"。

是为序。

余敏友
武汉大学中国边界与
海洋研究院、国际问题研究院院长

序 二

全球治理是当今世界亟需解决的一项复杂而紧迫的任务，直接关系到各国的共同利益、全球稳定和可持续发展。在这个充满变革和不确定性的时代，国际社会需要更加有效地应对全球性问题，尤其是对于应对跨越国界的关联性挑战，如气候变化、贸易摩擦、国际安全等。不同挑战与危机间的高度关联是一个我们不得不面对的"全球现实"。这些全球性挑战无法通过各国孤立行动有效解决。全球问题的应对之道只能是全球治理。

就治理的全球性而言，自然资源管理、环境保护和可持续发展等问题都需要国际合作，而全球治理机制则有助于建立规范、标准和协作体系，确保对资源的利用是负责任和可持续的。在全球治理的框架下，国际组织和协议在防止冲突、解决争端和促进稳定方面发挥着至关重要的作用。多边合作对于解决冲突、建设更加和平的世界来说至关重要。国际组织、国际条约和协定为管理经济关系、解决贸易争端和促进包容性经济增长提供了框架，使全球范围内的贸易、投资、经济可以持续增长。对于社会公正而言，全球治理有助于在全球范围内尊重基本权利和自由，有助于解决贫困、不平等和社会不公正等问题。另外，在迅速发展的技术和全球通信的时代，全球治理对于管理技术的伦理适用、应对网络安全挑战以及促进信息和知识的跨境交流至关重要。在教育、科学和文化遗产等领域的国际合作则有助于促成不同社会与政治体制下人们的知识共享与文化互鉴。更不必说，后疫情时代，全球公共卫生治理的意义愈发重大。在疫情监测、预警和协调方面的合作对于防止公共卫生事件爆发，减轻其危害尤为重要。总之，随着国家间相互依赖程度的不断增加，有效的全球治理机制变得更为关键。

全球治理观对中国而言意义重大。参与全球治理不仅可以为中国提供更广阔的发展空间和更多的发展机遇，有助于中国实现更高水平和更为持续的发展，同时也能使中国在全球治理方面发挥更大的作用。但是，目前的全球治理成效不尽如人意，出现了"治理赤字"的问题。

对于研究中国政治及国际关系的学者而言，建构中国的全球治理观能在以下方面产生积极的影响：第一，全球治理观能够帮助中国更好地理解和应对国际环境中的各种挑战和机遇，建构出中国走向世界的知识基础与认知基础。第二，全球治理观倡导国际合作和共赢，有利于中国与其他国家开展更加广泛、深入的合作，共同应对全球性挑战，推动全球发展。第三，全球治理观强调国际秩序和规则的重要性，有助于中国在国际事务中秉持公平正义，维护国际秩序的稳定和发展。第四，通过积极参与全球治理，中国能够更好地展示其负责任大国形象，提升在国际社会中的声誉和地位。第五，全球治理观倡导可持续发展和绿色经济，有助于中国推动经济转型，加快绿色低碳发展步伐，提高自身的国际竞争力和影响力。

中国治理应该走什么样的道路？近年来，中国高度重视、积极参与和引领全球治理，努力创建新机制和新规则，推动现有国际制度改革，提出中国倡议和方案，分享中国治理理念。中国元素（比如，"中国模式"、"一带一路"倡议等）应该为促进全球治理体系朝着更加公正、合理、有效的方向发展作出更大的贡献。特别需要指出，有些学者认为，全球治理观在中国水土不服。我并不这么认为。相反，全球治理观与中国提出的人类命运共同体二者之间存在紧密的联系和互相促进的关系。二者共享合作共赢的理念，二者的目标都是为了建设公正、合理、和平的全球秩序。同时，人类命运共同体的建设需要全球治理的支持和保障，而全球治理观的实践需要以"共同命运"为其根本性与终极性的认同基础。

本书侧重从海外高校（尤其是我所在的墨尔本大学）青年学者的视角审视中国的内部治理与发展，又从中国高校（以武汉大学为主）青年学者的视角审视全球治理。这两种视角形成了有益的对话，从多个角度系统地分析了中国治理的实践路径和经验，为国际社会提供更为细腻而全面的了解中国的视阈。

序 二

　　本书的编写得到了来自国内外专家学者的大力支持和参与，他们的研究成果和学术观点为本书提供了丰富的内容和深刻的见解。我们相信，通过阅读本书，读者将能够更加深入地了解中国在全球治理中的地位和作用，进一步提升对中国的认识和理解。最后，我们要衷心感谢所有为本书编写和编辑付出努力的同仁，也感谢各位读者的关注和支持。希望本书能够成为人们深入了解中国全球治理角色的重要参考，促进国际社会对中国发展的客观认知。

Mark Wang（王耀麟）

澳大利亚墨尔本大学当代中国中心主任

绪　论

《左传》中写道："国之大事，在祀与戎。"在古代，祀就是祭祀。在当今中国，祀指代核心观念、政治价值与信仰体系。更根本的说，祀是维持或者建构政治秩序的那些表征行为、信仰行为与实践体系。祀的核心是政治秩序建构，而现代化秩序建构的关键路径就是治理。在现代意义上，治理不是静止的统治结构与规矩，而是一套复杂变化的知识体系、实践逻辑与创生过程。本书就是围绕中国现代化过程中秩序建构问题的一次横跨大洋的讨论。为了促进中国治理理论研究的发展，建设中国治理的全球学术共同体，我们围绕中国国内与国际治理的实践经验与概念演变，聚集了来自国内外的华人学者关于中国治理的最新研究，以理解中国复杂而新颖的治理实践，捕捉其萌生中的新时代中国治理哲学。

我们所说的"横跨大洋"，首先是因为本书是由武汉大学政治与公共管理学院、澳大利亚墨尔本大学当代中国研究中心与武汉大学—墨尔本大学全球治理联合研究中心共同筹划与编辑的。其次，我们的作者主要来自武汉大学与澳大利亚墨尔本大学的青年学者与优秀博士生。他们是全球中国治理研究新生代的一个缩影，他们对于中国治理的思考既融合了中国本土的经验性知识、外国的知识理论，同时也基于对人类通用知识概念的积极探索。除了来自大洋两岸的优秀的作者群体，本书的出版受到武汉大学国际交流部中外联合科研平台种子基金计划重点合作项目（项目编号：WHUZZJJ202214）资助。此外，中国社会科学出版社郭曼曼老师一如既往的支持与鼓励是本书得以顺利完成的必不可少的"关键性力量"。

中国积极倡导全球治理新理念，推动全球治理实践新发展。本书从多领域、多身份视角探究全球治理观的"中国道路"。通过中澳青年学者"微型学术共同体"模式，本书探究新时代以来中国治理面临的新问题、新挑战，以及中国对这些问题与挑战的回应与应对。这有助于将这些治理创新提升到概念层面，为中国治理体系与能力的现代化思考提供具有国际视野的理论贡献与经验反思。

本书结合政治研究的宏观、中观与微观视角，部分依托田野调查实践，挖掘新时代中国治理的主体性经验。本书既充分尊重了中国的本土经验，又以一种开放的心态去融合中外思想，在思想开放与实践经验的基础上，实现一种理论的创新尝试。将治理的概念还原到中国复杂的社会结构、党政关系和国际环境之下，从六个治理领域的全景性和多尺度分析中，不仅展现了中国治理的"特殊性"，还重新定义了中国治理的"普遍性"。这六个领域既观察中国治理的全球化（包括中国的全球治理理论与风险防范、中国治理在国际关系中的规范扩散、大国竞争中的网络与舆情治理），又反观全球视野下的中国治理实践（包括中国治理在国家—市场—社会关系中的演变、自下而上的环境治理实践与非遗治理的中国特色）。本书的讨论涵盖环境保护、规范扩散、非遗保护、基层建设、网络安全、国际舆情、公共卫生、水安全等诸多领域。

根据上述思路，就本书的章节安排与主要观点而言，本书分为"自内而外"与"自外而内"上下两部分。前者是聚焦中国治理的全球性，后者则是在全球视野下审视中国的国内治理。

第一章关注于中国治理体系与能力建设。这一章提出中国的全球治理过程可以理解为权力逻辑（国家）、效率逻辑（市场）、权利逻辑（社会）和技术逻辑（专业知识）四种基本逻辑的互动，是多元行为体根据治理议题、惯习和优势资本，在规范竞争、利益共谋和制度创建的过程中塑造"权威空间"或形成结构化"场域"的复杂过程。从国家治理能力建设层面而言，第一章通过对全球复杂风险的宏观分析，阐释了中国国家能力与一般意义上的国家能力的共性与特殊性。从国际与国内两个层面，本章在一定程度上为本书的分析工作提出了一种整体性的宏观理论认知。基于对技术逻辑与复杂风险治理能力的思考，本章最后聚焦于中国的城市空间，阐释了城市公共安全治理中风险管理的预期逻辑与技术工具的异化问题，呈现并剖析了中国城市公共安全治理实践中的三种创新形式。

第二章从治理规范的扩散途径层面阐释中国治理规范在全球的"双重扩散"现象。具体而言，在中国应对全球气候变化的治理过程中，一方面，在参与国际组织气候峰会的过程中，中国通过学习、劝服等扩散机制逐渐接受并内化气候治理规范，形成了不同时期的中国气候政策；另一方面，国内一些省市通过试点、财政激励等方式促进气候政策在省市内和省市间扩散，并且一些省市利用地理位置优势，尝试把气候政策"本地化"，实现了气候规范的内化。国际气候规范扩散和国内气候规范扩散相互交融，形成了中国的复合扩散式气候治理。同时，中国的治理规范的扩散过程不仅依靠国家层次，还呈现出一种次国家规范化的有趣现象。特别是在减贫、卫生等"低政治"领域，中国治理的次国家规范化是国家治理规范经由次国家主体向外扩散的一种方式，通过身份融合、制度嵌入打破规范扩散的传统认知，发挥地方议程参与全球治理的优势。

第三章聚焦于中国国际传播空间的治理。谈到对国际传播空间的治理，就必然会涉及到国际关系背景下的网络与舆情问题。在当下以及未来，网络空间对国家与国际秩序建构的影响将不断上升。对此，第三章提出网络治理的"共同体化"与"分化"。中国正在国际舞台上积极推进以国家为中心的网络空间治理手段，以建立一个"网络主权共同体"。中国关于网络主权的主张与实践受到网络"实践共同体"的划界行为的影响。网络主权共同体正有计划地在发展中国家中扩展，导致全球南北之分在网络空间再现。除了全球网络治理的结构性与规范性矛盾分析，第三章还借用媒体实验法深入分析了传播内容生产对于国际安全的影响以及介入手段。就传播内容而言，伪信息生产与传播所构成的舆情安全威胁直接牵动社会安全、信息安全与文化安全等。在有效干预缺失的情况下，伪信息问题将最终升级为政治安全威胁。第三章开创性地采用针对美国民众的媒体与心理学实验，发现对伪信息的驳斥可以减少极端观念的影响力。研究发展了三种伪信息驳斥路径（针对传播内容的预先接种法、科学信息矫正法，针对媒介受众的伪信息祛魅法）并分析了其内在运行机制，为构建新时代中国制定有效的全球舆情治理路径提供知识支撑。另外，第三章还将舆情治理与中印关系相结合，以中印舆情环境的实证分析为基础，探究如何通过舆情治理改善中印关系。

第四章重新聚焦于国内治理层面。国家—社会—市场的关系既是不同行动主体之间的关系，也是不同治理机制之间的关系；既是治理过程的动态环境，也是治理过程的结果呈现。社会组织在这一治理关系中扮演着重要的中介角色。中国社会组织管理的制度化进程不仅充分适应了改革开放时期社会发展的需要，也为社会组织的成长奠定了良好基础。第四章将改革开放以来的中国社会组织管理分为三个时期，即探索期、磨合期和完善期，通过分别介绍这三个时期的特点，呈现中国社会组织管理体制的演变，并尝试从这一角度切入探析中国的国家—社会关系的特性。此外，以医疗改革中的"强基层"为案例，第四章回顾了政府在卫生领域的治理模式向"计划—市场"混合型的演变，以及取得的主要成就和尚未攻克的挑战。在此基础上，第四章提出，尽管计划和市场逻辑存在矛盾，它们仍然共同促成了一种服务于更广泛的政治和经济目标的中国治理机制。治理不光是自上而下的指令，更多的需要自下而上的协调。在两种驱动力量的作用下，形成治理的效能与实践逻辑。在自下而上的治理协调中，中层或中观角色变得甚为重要，因为它们不仅是上下衔接的关键中介，它们自身的自主性与能动性也会反过来影响治理过程。

第五章以乡镇官员与河长的视角来挖掘中国治理的灵活性与复杂性。同时，相比于国家决策制定者，在政策执行中的中层角色具有先天的地方性，因此他们的行为总是地方化的。聚焦环境和社会领域的治理实践，第五章分析了基层政府部门与基层管理者的治理角色与复杂影响。首先，第五章考察了丹江口水库周边乡镇官员创建有机生产示范乡的历程，以农场调查和深度访谈为依据，研究了中国农村有机农业运动的推进与乡镇政府执行中央政策过程中的微妙作用与施动性角色。其次，第五章以河长制为研究对象，借助对华南地区的县/区级河长群体的访谈，分析地方政府实施河长制,以及河长治理水污染等问题的实际过程,以揭示政府内部关于河道治理的工作机制。

第六章讨论了一个往往被主流治理研究忽视的重要领域:非遗治理。第六章探讨了中国特色非物质文化遗产保护模式的国家中心主义倾向与近年来的多元"混合型"治理转型;研究阐释了中国在加入联合国教科文组织《保护非物质文化遗产公约》后的文化立法过程,解释了"生产性保护"这一具有中国特色的非物质文化遗产保护模式;在回顾中国非遗治理过程的基础上,第六章对中国非遗治理进行了概念再阐释,为形成具有中国特色的非遗治理话语体系提供了有益视角。

总体而言,中国不仅在国际事务中扮演着越来越重要的角色,同时在国内政策领域也经历了巨大的转变和创新。作为全球治理的重要参与者,中国正在积极塑造国际事务的未来,推动着全球治理范式的演进。全书揭示了中国全球治理的复杂性,强调了其多维性和多层次性。这些复杂性无法被简单的理论框架所限定。各章作者聚焦于不同维度,有助于更准确地把握治理的多样性和丰富性,这也凸显了学术共同体合作研究的重要意义。治理是一个持续不断的动态过程,随着时光的推移,新的挑战和机遇将不断浮现,这也对持续的研究提出了更高的要求。我们期待这个国际化的学术共同体将持续不断探索并分享中国治理的新理念和实践。通过合作和研究,我们将更好地理解中国在全球治理中的作用,为全球治理体系的完善和演进作出更多有益的贡献。

上篇：中国治理的全球性

第一章 聚合多元：中国治理体系与能力 ………………………… 3

全球治理"权威空间"的生成、演化与复杂治理的中国式关系思维 … 3
全球复杂风险视阈下的国家能力建设与中国路径 ……………… 19
风险与技术：全球比较视野下的中国城市公共安全治理创新 ……… 39

第二章 双重扩散：中国治理规范的途径剖析 ………………………… 69

中国的复合扩散式气候治理 ……………………………………… 69
中国治理理念的次国家规范化传播 ……………………………… 87

第三章 分化与极端化：网络空间与国际舆情治理 ………………… 108

中国的网络主权共同体道路与"南北之分"的再现 …………… 108
伪信息引动的极端化认知及其媒介反制策略 …………………… 132

下篇：全球视野下的中国治理

第四章 | 演变中的治理：国家—社会—市场关系 ……………… **163**

　　渐进制度化：探索中国社会组织管理体制的演变 ……………… **163**

　　"强基层"视角下中国卫生治理市场化的演变与挑战 ……………… **180**

第五章 | 治理灵活性：环境治理的中层角色与地方过程 ……………… **204**

　　走入丹江口水源地：环境保护背景下中国的农村治理与有机农业
　　　转型 ……………………………………………………………… **204**

　　地方化协调：中国地方水污染治理中的河长工作机制探究 ……… **224**

第六章 | 非遗治理中的国家角色与体系特色 ……………………… **250**

　　当代中国非物质文化遗产保护领域的文化治理：基于法律、
　　　政策与实践的制度分析 ………………………………………… **250**

　　超越非遗保护：非遗治理的概念廓清与再阐释 ………………… **274**

作者简介（按姓氏拼音首字母排序） ……………………………… **296**

上篇：

中国治理的全球性

第一章 聚合多元：中国治理体系与能力

全球治理"权威空间"的生成、演化与复杂治理的中国式关系思维

邢瑞磊

摘要： 全球治理是当今世界面临的重大挑战之一，其复杂性和多元性日益凸显。本文旨在探讨全球治理中具有本体论意义的"权威空间"的生成与演化，以及中国的关系性思维和共同体方法对于复杂治理的独特贡献。本文在梳理全球治理体系的历史演变及其治理模式和权威动态变化的基础上，强调当前全球治理网络化和跨尺度化的权威空间在本质上是一种流动的、多孔性的权力关系网络。权力逻辑（国家）、效率逻辑（市场）、权利逻辑（社会）和技术逻辑（专业知识）四种基本逻辑的互动和实践，是多元行为体根据治理议题、惯习和优势资本，在规范竞争、利益共谋和制度创建的过程中塑造"权威空间"或形成结构化"治理场域"的复杂过程。同时，被塑造的结构化"治理场域"又约束着多元治理主体的规范和行动，发挥着治理规则的约束性功能。在此基础上，本文在理论层面上讨论了具有中国思维的"关系治理"和"共同体方法"在全球治理中的适用性，有望为全球治理提供更加包容、协作和灵活的方法，以更好地适应当今世界的多变性和复杂性。

全球治理观的"中国道路"

引　言

20世纪90年代以来，随着以冷战为特征的两极世界秩序的结束，全球治理开始迅速扩散。在过去三十多年间，全球治理研究迅速发展，研究者尝试从行为体、组织与制度、权力结构、国际网络、规范理念和治理模式等不同角度深入分析，期待全面地理解全球治理的诸方面。全球治理实践及其研究为我们提供了深刻洞察世界政治多样性和复杂性的机会。然而，在全球治理的大量讨论中普遍存在着概念内涵模糊不清的情况。一些研究者把全球治理定位于"实然"层面，借助"治理"概念描述和分析后冷战时代世界政治现实、变化和运转机制[①]；另有一些研究者则聚焦于"应然"层面，借用全球治理来批判、设计和改进理想中的世界秩序。[②] 尽管存在不同理解，全球治理的理论化是研究者共同的学术旨趣，是帮助我们深入理解全球治理复杂性的重要基础。[③] 在本文中，我们先从国际关系学角度简要梳理全球（国际）治理体系的生成、发展和演变轨迹，希望通过比较全球（国际）治理体系各历史阶段的特点，不仅为我们展示由国际治理到全球治理演变的复杂过程，也为随后讨论全球治理的模式、理论化努力以及全球治理的本体论建构奠定基础。

一　从国际治理到全球治理：治理体系的历史演变

全球治理体系是国家和非国家行为体（主体）通过公共物品供给、权

[①] Holsti, K. J., *Taming the Sovereigns: Institutional Changes in International Politics*, Cambridge: Cambridge University Press, 2004; Diehl, Paul F., ed., *The Politics of Global Governance*, 3rd ed., Boulder, Colo.: Lynne Rienner, 2005.

[②] Jan Busse, *The Globality of Governmentality: Governing an Entangled World*, Routledge, 2021.

[③] Hofferberth, Matthias, "Get Your Act(ors) Together! Theorizing Agency in Global Governance", *International Studies Review*, Vol. 21, No. 1, 2019. pp. 127–145.

力强制、收益增量、制度创制、规范扩散和技术优化等多种方式和手段（载体），在共同参与、协调和管理跨国性的安全、经济、环境、气候和发展等议题（客体）的过程中，形成的相互联系的跨国性治理实践网络或复杂系统。[1] 全球治理体系会随着国家间政治和全球化进程的发展，在适应变化的国际环境、新出现的全球议题和治理实践中的具体问题，全球治理体系的主体、载体和客体始终处于动态的调整过程之中，并由此演化出各具特色的治理原则和治理模式。根据治理原则和治理模式，历史上的全球（国际）治理体系大致可以分为大国协调治理、自由主义霸权治理和多元复杂治理三个阶段。[2]

大国协调治理起源于17世纪的欧洲，是现代国家战争、资本主义经济和民族主义意识形态共同作用下的产物。第一次工业革命以来，西方世界经历了长波段的经济繁荣，但不安定因素悄然酝酿。商品贸易、货币金融、殖民扩张和文化输出都是欧洲大国竞争的战场，国际秩序和世界治理的雏形就此萌发。1815年英国威灵顿公爵击败拿破仑后，欧洲大国以会议外交为渠道，共同价值为原则，均势、合法性、包容性、协商一致和自我克制五原则为核心，确立了"欧洲协调"机制，奠定了大国协调、国际（地区）安全秩序和世界事务管理的制度基础。在"欧洲协调"的协助下，欧洲步入了民族与国家意识觉醒、大规模工业化和帝国主义扩张的"革命、工业和帝国时代"。直至1914年第一次世界大战爆发，大国均衡体系、国际金本位制、自我调节的市场和自由国家四种制度，维持了欧洲历史上的"百年和平"。

第二次世界大战结束之后，世界权力中心由欧洲向美国转移。全球治理体系转向以美国主导的自由国际秩序为框架，依托联合国、布雷顿森林

---

[1] Mark Raymond and Laura DeNardis, "Multistakeholderism: Anatomy of an Inchoate Global Institution", *International Theory*, Vol. 7 Issues, 2015, pp. 572–616; Abbott, Kenneth, Jessica F. Green, and Robert Keohane, "Organizational Ecology and Institutional Change in Global Governance", *International Organization*, Vol. 70, No. 2, 2015, pp. 247–277.

[2] 参见Michael N. Barnett, Jon C.W. Pevehouse and Kal Raustiala, eds., *Global Governance in a World of Change*, Cambridge University Press, 2022, pp.1–48。

体系和北约等国际组织（安排）共同构成的自由主义霸权治理体系。自由主义霸权治理体系取决于美国作为主导国的三个自由主义"神话"，即自由世界秩序和全球治理体系是维持战后世界和平与繁荣的制度基础；美国外交政策的主要动力是维护自由秩序；"非自由"力量是国际秩序和全球治理体系的主要威胁。对此，有学者指出与其说自由主义的治理体系是国际社会解决跨国问题的合作体系，不如说是西方大国基于共同价值观，维护超级大国利益的制度性安排。① 从治理原则和治理模式上讲，自由主义的霸权治理体系是权力政治和自由主义的混合产物。一方面，自由主义霸权治理体系是美国综合使用物质性权力、制度和价值在政治、军事、经济和金融等核心领域实施霸权护持的工具；另一方面，自由主义霸权治理体系还是西方发达国家根据多边主义原则，以联合国宪章和国际法为基础，通过门槛性质的"大国俱乐部"方式应对人口增长、环境恶化、南北差距等全球问题的"共治"平台。

需要指出的是，在美苏两极对峙的结构下，自由主义霸权治理体系"多边性"和"霸权性"混杂的结构性特点，客观上为广大发展中国家、国际组织和非国家行为体进入全球治理实践提供了政治机会。例如，20世纪六七十年代，在美苏两极争霸激化的情况下，联合国获得了解决南北差距、贫困和环境治理的部分管理权，在与非政府组织"罗马俱乐部"的合作中，主导了全球经济发展和环境保护的议程设置和政策工具使用权。更重要的是，长期以"被治理者"身份出现的第三世界国家，在民族解放运动中获得独立地位，加入联合国和其他国际组织后，不仅平衡了国际组织的代表性和权力结构，更萌发了发展中国家作为全球治理主体的意识。同时，国际组织和其他非国家行为体也在治理实践中逐渐摆脱了作为国家"治理工具"的附属性地位，开始向自主治理者的角色转变。

自由主义霸权治理体系混合了"权力政治观""自由主义经济观""功利主义福利观"和"契约程序正义观"，在治理实践中呈现出强制、资本

---

① Leonid Grigoryev and Adrian Pabst eds., *Global Governance in Transformation: Challenges for International Cooperation*, Springer, 2020.

和法律共同驱动的混合型特点。因此，权力竞争驱动的霸权思想影响深远，而资本与法律驱动的个体主义、功利主义和程序正义原则，则既缺少基于相互尊重、公平正义的人文关怀，更缺乏休戚与共的人类整体意识，故而在自由主义霸权治理体系下，"发展赤字"和"民主赤字"是其难以克服的结构性问题。

冷战结束后，全球治理的内涵和治理体系皆发生了深刻变化。发展中国家和非国家行为体在全球治理体系的地位得以稳固，多边国际组织的包容性和代表性更趋向于合理。全球治理不再是西方国家"共治"世界的工具，而是世界各国和多元利益攸关方以联合国等全球性公共产品为平台，以国际规则、规范和制度为基础，解决或克服全球挑战、问题和危机的集体行动和国际合作过程。在以联合国为核心的制度框架内，全球治理更具和平、规范、多边和协商的性质。全球治理体系已经转型为复杂的（Complex System）和多元化的体系（Pluralized System）。[1] 在多元复杂的治理体系中，依然存在霸权治理的"路径依赖"现象。同时，国家政府、国际组织、跨国企业、社会团体等多方利益攸关者，在联合国倡导的多元主义理念下，以"公私合作"方式在治理结构和实践中形成了多元协同的治理体系。然而，多元协同的治理体系也由于"效率赤字"和"合法性悖论"而深受诟病。[2] 2008年国际金融危机爆发后，"逆全球化"潮流推动着全球治理体系进行冷战结束以来最深刻的变化。客观和全面地看，这些变化既有令人忧心的危机，也有积极的改进。有些国家，如特朗普执政后的美国，选择性地退出一些全球治理机制；而有些国家，如中国，不仅继续参与联合国主导的主要全球治理进程，如维护和平、可持续发展、气候治理等，还通过"一带一路"倡议、"金砖国家"机制、亚投行等区域合作机制创新，努力为全球治理体系注入新的活力。

总之，在西方主导的国际治理向全球治理体系转向的历史过程中，我

---

[1] 庞中英：《动荡中的全球治理体系：机遇与挑战》，《当代世界》2019年第4期。

[2] 卢静：《当前全球治理的制度困境及其改革》，《外交评论（外交学院学报）》2014年第1期。

们可以提炼出霸权式、市场式和多元协同式三种理想的治理模式，各个治理模式下的实践活动有着鲜明的差异。①霸权治理模式强调权力在治理过程中的基础性作用，权力本位的逻辑出发点使其物质主义倾向明显，大国对全球事务治理负有责任并掌握权力。②市场治理模式源自经济全球化和欧美国家新自由主义经济政策的推广，更多地将关注点集中在共同经济利益对国际合作的促进作用上，认为国家间共同的经济利益为推动国际共识与跨国家合作提供了契机，并使政府间组织和非主权组织与主权行为体共同成为治理事务的重要主体。③尽管市场治理模式承诺更高的效率和效力，并在市场内各个单位之间进行权力扩散。然而，市场从来都不是完美的。市场需要产权和监管来保持稳健，防止掠夺性竞争，而产权和制度从来都不是价值中立的，而且往往有自己的包容和排斥机制，从而在"制度非中性"影响下创造出新形式的等级制度。多元协同治理模式则属于混合治理理念，体现了多元主义的指导思路，强调在国际治理过程中采取更加包容与开放的态度，接纳多种治理理念与主体以实现多层次协同治理的目的。

二 全球治理的本体论建构："网络化"与"跨尺度性"的实践型"权威空间"

正如前文所述，全球治理的理论化是研究者共同的学术旨趣，也是开展研究的前提和基础。在开展全球治理理论化的过程中，全球治理与国际关系研究尽管在经验上有着密切联系，但研究者普遍认为二者存在本质区别。全球治理研究并没有给予国家先验的优先权，而是采用了多主体的世界政治视角，强调治理描述的是超越了强制垄断型"统治"的主客体关系，体现了多元行为体对等互动、利益协调和达成共识的过程性实践逻辑。

---

① 曾向红：《恐怖主义的全球治理：机制及其评估》，《中国社会科学》2017年第12期。
② Gilpin, Robert, *U.S. Power and the Multinational Corporation*, New York: Basic Books, 1975.
③ [美]罗伯特·基欧汉、[美]约瑟夫·奈：《权力与相互依赖》，门洪华译，北京大学出版社2002年版。

第一章 聚合多元：中国治理体系与能力

罗森瑙（James N. Rosenau）的开创性研究对此具有重要启示作用。在罗森瑙看来，全球治理是塑造全球秩序并规定其特征和性质的整体性概念，具体表现为"没有政府的治理"的特殊形式。"政府"代表的是传统的以国家为中心的权力等级关系，通常由正式权威、"硬"法律和强制性权力制定和执行全球政策。同时，"没有政府的治理"也把国际治理和全球治理进行了区分，即国际治理是全球治理的旧范式，全球治理是对国际治理的延伸和扩展。民族国家是国际治理的主要参与主体，而全球治理的新范式中内含着多元的参与者和治理机制，二者在治理主体和治理机制上有所不同且有所发展。[①]在治理实践中，除国家外，跨国公民社会网络、商业协会、跨国公司（TNCs）、社会运动、公私伙伴关系，甚至各种形式的自我监管或"私有规则制定网络"等非国家行为体和非正式治理实践都是全球治理的参与者和构成要素，并塑造了"混合制度复合体"的治理结构。[②]

沿着全球治理的多中心视角，全球治理的理论化研究得以快速发展。有学者概括全球治理的理论化工作大致上可以分为三个阶段。早期的全球治理研究或第一代全球治理的理论化侧重于从概念上讨论"何为全球治理"。在这方面，俞可平建构了全球治理的价值、规制、主体、客体和结果五大要素，指出全球治理研究需要回答谁治理、治理什么、为什么治理、如何治理和治理结果等相关问题，[③]为国内学界的后续研究提供了有益借鉴。简言之，第一代全球治理的理论化工作主要是概念性的（而不是解释性的），关注系统（而不是要素），采用多中心（而不是国家中心）的观点，没有将正式结构优先于非正式结构，主要对全球治理的动态描述（而不是静态）更感兴趣。第二代全球治理的理论化工作则致力于用简洁的方式解释或理解全球治理形式的规律、规则和各种变化。第三代全球治理的

[①] 薛澜、俞晗之：《迈向公共管理范式的全球治理——基于"问题—主体—机制"框架的分析》，《中国社会科学》2015年第11期；蔡拓：《全球治理与国家治理：当代中国两大战略考量》，《中国社会科学》2016年第6期。

[②] Kenneth W. Abbott and Benjamin Faude, "Hybrid Institutional Complexes in Global Governance", *The Review of International Organizations*, Vol. 17, 2022, pp. 263–291.

[③] 俞可平：《全球治理引论》，《马克思主义与现实》2002年第1期。

理论化工作正在努力形成，旨在通过把复杂性和非线性作为全球治理潜在本体论，由单个治理机构转向全球性复杂系统，而这种转变又跟早期研究紧密联系了起来。①

对于一门学科或研究领域而言，确立本体论通常代表着共同意识、共享知识和研究范式的形成，是指导研究者能够以内在一致的方式看待、分析和理解事件和问题的前提。全球治理的本体论涉及对全球治理的研究对象、性质以及参与者的理论思考。本体论关注问题的实质、存在和特性，在全球治理研究中具有重要作用，因为不同的本体论立场会影响研究者对全球治理的认识和分析。

在全球治理的本体论讨论中，主要存在着两种观点。其一，国家中心的本体论。这一本体论观点将国家视为全球治理的中心。利益导向的国际行为、国际法和国际组织是全球治理的核心元素。国家中心的本体论通常基于传统的国际关系理论，如现实主义和自由主义，强调国家的权力、国际政治竞争和国家利益。其二，多中心的本体论。这种本体论观点认为全球治理是多中心的，强调全球治理是复杂而多样的，权威和影响可以在各种参与者之间分散和共享。多中心的本体论通常与全球治理理论中的全球主义相关，强调从"全球"的整体性视角看待全球问题的共同管理和跨国合作的重要性。然而，随着全球治理复杂性和非线性特征愈发明显，上述两种本体论观点都不足以对全球治理进行充分的解释。相较之下，方兴未艾的复杂系统理论尽管在全球治理研究中的适用性更强，但复杂系统理论本身尚有关键性问题没有解决。

对此，本文尝试采取一种介于单元和系统之间的"关系主义"折中路径，以"权力关系"的实践塑造的"权威空间"作为全球治理的本体论基础，以描述和解释全球治理的复杂性和非线性。对于任何治理而言，维持基本秩序是首要的前提条件，而由谁以及以何种方式提供秩序，就成为判定本

---

① Klaus Dingwerth and Philipp Pattberg, "Theorizing Global Governance", in Jürgen Rüland and Astrid Carrapatoso eds., *Handbook on Global Governance and Regionalism*, Edward Elgar Publishing Limited, 2022, pp.21—25.

体论的重要角度。例如，从秩序供给的角度来看，国内治理通常都是以国家为本体的，多样的治理模式和实践都是在国家提供政治权威确保社会秩序稳定的既定条件下发生的，即国家提供政治权威，确保治理客体对治理规则的服从和遵循。在全球治理体系和实践中呈现出秩序供给者或权威的"去中心化"趋势。全球权威不再集中在单一中心或机构，而是通过分权（decentralization）、下放（devolution）、扩散（dispersal）和放权（delegation）到多个治理主体、利益相关者和国际组织之间，并在实践中表现出多层次、多主体与多议题相互缠结、渗透和嵌合的扁平化、复杂化和网络化特征。尽管如此，由不同的历史、目标、结构和过程驱动的控制机制，还是以"惯常化安排"（routinized arrangements）的形式在世界政治缺少"中央权威"的不确定性中，构建了特定形式的结构或规则，维持"有限秩序"（modicum of order）状态。① 换言之，全球治理的秩序供给者是以各种形式呈现且处于变化状态的"惯常化安排"实现的，就此而言，在复杂多元的治理实践中，不同目标、结构和过程驱动的"惯常化安排"塑造的开放性、流动性和多孔性的"权威空间"，就成为建构全球治理本体论的重要基础。

"惯常化安排"由作为秩序供给者的稳定性和作为控制机制的流动性两种看似矛盾的特点共同构成，全球治理的权威空间及其治理实践活动，处于一种国际行为体产生的结构性约束力并非源于"既定"的结构，而是根植于持续的、无尽的结构化过程本身，体现了以"实践"和"过程"为核心的社会本体论转向。在社会科学的许多分支中，"实践转向"已经形成或正在形成。经由研究者们理解和批判社会现实的努力，这一转向代表着"实践的优先地位"。由于"实践"是一个多元的"复数"概念，不同学者所关注的重点有所不同，其共同点在于：实践是情境的、社会的和关系的；承认物质和物质性以及沟通和文本/符号在实践构成中发挥着重要作用；反对形形色色的二元论，如心智和身体、结构和能动性、认知和行

---

① James N. Rosenau,"Governance in the Twenty-first Century", *Global Governance*, Vol. 1, No. 1, 1995, pp. 13–43.

动等;强调行动的"具身性"和"默会知识",认为行动者知道的比说出来的多,行动的意义要比行动者知道的多。

本文以布尔迪厄式的场域论为例用于展示"实践本体转向"及其帮助我们理解全球治理复杂性的潜在意义。场域论是布尔迪厄在批判西方主流社会科学实在主义本体论及"结构—单元"二元对立的认识论传统,以"方法论关系主义"提出的分析框架。根据布尔迪厄的定义,"场域"是指某个特定的社会领域或空间,由治理主体争夺或维护特定资源、地位、权力或象征符号的动态性权力关系所构成。也就是说,在特定的治理空间中,治理主体是以权力关系为媒介相互链接,以占据特定治理空间的优势位置为目标——优势位置通常依据治理空间的属性而定,可以是某种特定的资源,如财富,也可以是特殊地位,或者是某种象征性符号——并利用各自的"占优资本"进行动态的竞争博弈。同时,由于每个治理空间都有其自身独特的规则、规范和价值观,并通过潜在的、内化的和持续的习惯、态度和行为方式,即在某时段经由具有"准权威"性质的"惯习"(habitus)及其在跟其他治理主体的权力关系互动实践过程中,展演出(representation)该治理空间的结构性能力(structuring structures)。

表1　　　　　　　　全球治理的四个动力机制及其实践特征

资本	主体	惯习	目标	实践空间
权力	国家	战略规划、政策制定、话语建构	控制与秩序	制度空间、战略空间
经济资本	市场	市场机制、资本循环	利润与效率	消费空间、流通空间
技术知识	技术官僚和专家	信息发布、筛选与控制	沟通网络扁平化	信息沟通空间
权利	社会公众	参与、社会行动	实现价值规范	生活空间、社会公共空间

例如,全球治理的气候治理领域或空间最初是由科学家团队提倡和实践的,科学家团队基于自然科学专业知识形成的对于气候变化的基本认知、态度和治理方式,塑造了气候治理空间的基本框架,并通过科学家团

体的知识传播、话语扩散和议程设定等实践活动,塑造了类似于结构性约束作用或"准权威"性质的"专业型惯习"。然而,随着气候变化议题的扩散,基于财富增长的市场逻辑、人类发展的权利保护逻辑和国家话语竞争的权力逻辑,依次渗透到气候治理空间,并根据各自掌握的优势资本,即经济财富、社会运动和强制性权力,为占据气候治理空间的优势位置展开动态的竞争与合作,进而在气候治理空间的知识生产—再生产的实践过程中,展演出气候治理空间"专业性惯习"潜在的影响力,并新产生出具有结构性能力和"准权威"性质的"混合型惯习"。概言之,我们可以把"场域"理解成治理主体实践的空间,惯习是治理空间实践的核心逻辑,而包括权力逻辑、资本逻辑、技术逻辑和权利逻辑在内的各种类型的"资本",则是多主体参与治理实践的工具。更重要的是,治理空间、惯习和"资本"之间复杂的权力关系互动和治理实践,塑造的是一种"关系本体"的,开放性、流动性和多孔性的"权威空间"或"实践构造"(详见图1)。

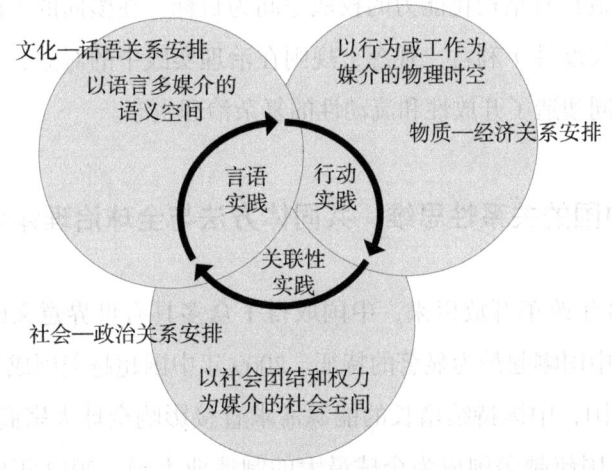

图 1　基于实践的空间再造

需要指出的是,全球治理体系从本质上是一种纵向与横向差异化发展,多层面(multi-layered)和多领域交互的网络化、跨尺度的复杂系统。除治理空间横向的(网络化)跨域竞争和融合外,全球治理体系纵向的多个层面(跨尺度性),即全球机构、区域间论坛、区域集团、跨境合作、国家和地方治理，也都是理解全球治理及其体系复杂性和非线性的重要角度。目前，在全球治理研究中，治理空间跨域融合的"网络化"特点已经在大量的实证研究中得到证实，而各层面之间的互动联系和交互效应的"跨尺度性"往往被忽视。对此，肖尔特（Jan Aart Scholte）认为"对于跨尺度联系的忽视……错过了对全球治理动态的把握"。① 就此而言，气候治理、反恐治理、海洋治理、卫生治理等领域其实同样也是"全球—地方联结"（global-local nexus）以及地方之间相互作用，显著影响治理实践和政策有效性，全球治理呈现出全球、区域、次区域治理相互牵动、不同治理领域相互关联、多种治理主体之间相互影响的立体复杂态势。②

总之，基于复杂性和非线性特征的全球治理，其本体论是一种由权力关系及其实践共同构成的流动型"权威空间"。在这个流动型权威空间中，非对称地分布着依次代表国家、市场、社会和技术专家的权力、资本、权利和专业知识四种理想类型的治理逻辑。这些治理逻辑以竞逐语境化的治理权威和塑造具有结构化能力的权威空间为目标，在横向的（网络化）和纵向的（跨尺度性）利益、观念、规则在治理实践中的对立、互嵌和耦合过程中，共同塑造了开放性和流动性的复杂治理生态。

三 中国的关系性思维、共同体方法与全球治理体系改革

自1978年改革开放以来，中国取得了众多具有世界意义的经济和发展成就，是中国崛起最为显著的特征。2009年中国超越美国成为全球最大的能源消费国，中国持续增长的能源需求直接影响全球大宗商品的价格。2010年，中国超越美国成为全球最大的制造业大国，2013年成为世界上最大的贸易国，2016年又成为最大的海外投资国，人民币正式纳入国际货币基金组织（IMF）的特别提款权（SDR）篮子。商品生产、自由贸易和

---

① Jan Aart Scholte, "Beyond Institutionalism: Toward a Transformed Global Governance Theory", *International Theory*, Vol. 13, No. 1, 2021, p.181.

② 秦亚青：《全球治理趋向扁平》，《国际问题研究》2021年第5期。

金融投资共同塑造了中国在全球产业链和价值链的关键位置。此外，中国长期坚持的减贫、扶贫工作取得巨大成就，改革开放 40 多年来，中国对世界减贫的贡献率超过 70%，是全球最早实现联合国减贫目标的发展中国家。世界银行前行长佐利克（Robert B. zoellick）称之为"消除贫困的历史上最大的飞跃"[①]，是现代世界历史上最重要的事件之一。

巨大的经济发展成就和全球经济治理体系失灵及其内在矛盾，使优化全球经济治理体系成为中国参与全球治理的一项重要议程。2013 年以来，中国通过"一带一路"倡议与人类命运共同体理念，致力于构建多元、均衡、普惠的包容性经济发展模式，使国际社会重新聚焦可持续发展，践行真正的多边主义，为优化全球经济治理体系贡献了中国力量。更重要的是，在参与全球经济治理成功经验的基础上，中国参与全球治理的路径不再限于"问题解决式"治理，而是针对全球治理的复杂性和非线性特征，结合中华优秀传统文化中的"关系性思维"和"共同体方法"贡献中国智慧和中国路径。

关系性思维是中国文化观念的一个重要要素，它强调关系构成了世界的本质，而世界则是一个不断变化和复杂运动的过程。秦亚青提出，个体行为体存在于各种关系之中，是关系运动中的产物，而非独立存在的实体。行为体不存在于超越关系或绝对自我存在的状态，它是在关系互动中不断生成的。在行为体的相互作用中，社会关系会交织在一起，呈现出多种形式的随机共存。此外，行动者与关系过程之间存在相互影响，相互塑造的关系。行动者在相互关联的过程中建立了关系网络，而这个关系网络同时也塑造了行动者自身。[②] 相应地，在以复杂性和非线性特征为主的全球治理中，关系性思维更有助于我们把握住全球治理基于实践的关系本体特点，从而把"关系治理"作为基于规则的治理的一种补充模式，通过对复杂关系的调整产生秩序，使成员以互惠和合作的方式行事，在对社会规

---

① 《中国减贫成就具有世界意义》，中华人民共和国中央人民政府，2020 年 9 月 2 日，http://www.gov.cn/xinwen/2020-09/02/content_5539244.htm。

② 秦亚青：《世界政治的关系理论》，上海人民出版社 2021 年版，第 154—158 页。

范和人类道德的共同理解的基础上形成相互信任。① 根据这一定义，关系治理的核心理念在于"参与"和"协商"，而非单纯的"控制"。其主要目标是协调和平衡各种社会关系，而不是试图对个体进行严格的掌控，即关系治理的焦点在于处理和管理社会关系，而非个体行为。其中，信任扮演着关键的角色，其建立依赖于社会规范和道德准则。这一理念表明，在社会性和规范性的关系治理中，道德、信任、参与和协商过程成为实现有效治理的关键因素。

秦亚青认为，规则治理和关系治理两种模式并存，相互补充，实际的治理方式会受到文化因素的影响。特别是在群体性社会中，更倾向于采用关系治理的模式，这意味着社群内部的互动、信任和道德价值观在社会规范的塑造和维护中起着至关重要的作用。这一理念强调了治理的复杂性，同时也强调了个体与社会之间的相互依存性，以及文化对治理方式的深刻影响。理解和应用关系治理的概念对于有效的全球治理至关重要，特别是过程性实践可以"激活"国际规则，并加强规则的社会性和公共性。"激活"是指把原本抽象的、结构化的、"他者"制定的（硬）规则转化为"我们的"、日常的、有实际效果的社会性、公共性规范和行为准则。

"共同体方法"则是中国参与全球治理关系性思维的具体表现。从"共同体方法"来看，主流的多元协同治理模式是以多元主义为原则，基于方法论个体主义的一种治理方法，意在多元主体的利益协调过程中，在治理主体间达成公共物品供给的意向性共识，进而通过资源配置、制度创建和体系塑造的递进方式。多元协同治理模式成功的关键是在"共治"的政治意愿引导下，整合物质能力、观念规范和专业技能形成治理权威，大致遵循着：动力（个体利益与意图）—制度（利益汇集与观念共识）—结构（共治体系）的递进逻辑，是由个体到整体线性聚合的过程。然而，从气候治理、反恐治理和网络安全治理等现实问题的治理实效来看，多元协同治理突出表现出治理效能与治理需求存在差距的"治理赤字"现象。具体体现为，多元行为体的集体行动困境突出，导致"共治"的意愿有余，却严重依赖

---

① 秦亚青：《世界政治的关系理论》，上海人民出版社2021年版，第423页。

大国的合作和资源推动；共治规则与制度多元化，却结构松散且趋向复杂化、碎片化；"共治"体系庞大，却治理效能低下，全球政策悬浮。

相较而言，"共同体方法"代表了一种内生型的多元治理理念，其中各种治理主体首先以共同体成员的方式组织在一起，以激活内在动力为共同体提供纽带，以优化治理结构为共同体提供关系，以完善治理制度为共同体提供规范。这一方法的核心思想可以被概括为"纽带—关系—规范"的互构型架构。共同体方法的逻辑是，首先，通过关系治理和过程性实践建立纽带来赋予全球治理以公共性，协助多元治理主体更加尊重、包容、信任、理解和平等地对待彼此，共享权利、共同承担责任并共享结果，从而实现更加和谐和相互协作的公共事务治理。其次，通过共同体关系的建立，共同体方法旨在促使治理角色实现共生性和互动性。这种共生性和互动性有助于解决治理主体因既定利益和边界固化而导致的主体原子化和规则"物化"问题。在一个有机团结的共同体中，治理主体之间形成密切的互动联系，共同指向人类的共生共存，以推动真正的合作行动。"共同体方法"的最终目标是在公共性、共生性和互动性的基础上形成共同规范，以更具包容性的方式推动制度化建设，吸纳和落实治理主体的关系变动和诉求。这意味着治理制度不再仅仅是由少数主体制定，而是反映了更广泛参与者的共同利益和价值观念。

从"共同体方法"的"纽带—关系—规范"模式出发，我们可以清晰地看到与传统的"动力—结构—系统"模式相比，它提供了更为灵活、包容和综合的方式来解决复杂的治理问题。传统模式更强调规则和结构，而"共同体方法"强调的是建立共同体精神和互动，这有助于应对多元治理环境中的挑战。当然，需要强调的是，中国的"关系性思维"和"共同体方法"是针对全球治理领域中的扁平化、网络化和跨尺度化的复杂性特征提出的概念性工具，这些理念仍需要进一步的实证研究和精练，以适应不同的治理情境。然而，它们为我们提供了一种有望破解复杂治理困境的新方法，强调了包容性、协作和共生共存的治理方式，这些思想可能会在未来的全球治理实践中发挥关键作用。

结　语

在当今信息爆炸和技术飞速发展的时代，全球治理体系的复杂性是一个严峻挑战。面对这一挑战，我们需要以全新的视角来理解和应对日益复杂的全球治理体系。本文试图通过从本体论转向的角度分析全球治理体系的演进特征、构成变化和转型趋势，从而深入探讨这一问题。研究发现，全球治理体系的复杂化不仅仅是简单地增加了其各个组成部分的数量和复杂程度，更是反映了政治权力、经济资本、技术知识和社会权利四种基本动力机制在全球治理过程中的作用和互动。这些动力机制在话语塑造、规则制定和资源分配等方面发挥着重要作用，不断地塑造着一个具有流动性、关联性和模糊性特征的"权威空间"或"实践构造"。这种情境化的权威空间反映了全球治理体系的本体发生了转变，不再仅仅是简单的权力结构，而是一种更加复杂和深度多元的社会关系体系。

本文认为，全球治理体系的社会关系本体转向是基于个体主义逻辑的传统治理模式面临的治理赤字问题的主要原因之一。这种传统模式下的"动力—结构—系统"治理模式往往无法充分考虑到各种社会力量的互动和复杂性，导致治理体系的效率和适应性受到挑战。因此，中国提出的"共同体方法"具有重要的启示意义，它以"纽带—关系—规范"模式强调通过塑造共同体精神来促进全球治理的协作和合作。在这种模式下，社会关系得到更大程度的重视，强调共生性和关联性的情感纽带关系，推动了一种更具包容性和协作性的全球治理新图景的形成。

综上所述，全球治理体系的复杂化是当今世界面临的重要挑战之一。通过从本体论转向的角度分析全球治理体系的演进特征、构成变化和转型趋势，我们可以更好地理解全球治理体系的本质和运行机制，为构建更具包容性、协作性和适应性的全球治理体系提供理论指导和实践路径。在这个过程中，中国的"共同体方法"为全球治理的转型提供了新的思路和路径，值得进一步探讨和借鉴。

全球复杂风险视阈下的国家能力建设与中国路径[①]

冯存万　甘李江

摘要：全球社会已经演化为全球复杂风险社会。全球复杂风险表征体现为全球风险成因的复杂性、解决的困难性、特征的多元性、种类的多样性以及不同风险之间的关联性。从治理层次的角度来看，全球风险包括国内风险和国际风险。风险复杂化的客观现实要求从全球治理转向全球风险社会治理。国家是承担全球风险的重要责任主体，国家能力的强弱直接关系到全球风险的防范和化解。国家能力建设是对理论和现实的双重回应，国家应对复杂风险的能力建设应切合政治适洽、议题设定、组织动员和资源调集四个发展基准。中国在应对全球复杂风险过程中培育并塑造了相应的发展路径，例如解决贫困问题在应对全球风险的同时体现了强大的国家能力。中国国家能力与一般意义上的国家能力既有共性也有特殊性，以中国共产党的执政能力和中国特色社会主义制度为基础，坚持并强化中国的国家能力建设，是确保应对并战胜全球复杂风险的制度保证和根本路径。

[①] 本文系国家社科基金项目"英国退欧影响下的欧盟发展新态势与中欧关系研究"（项目批准号：17BGJ054）的阶段性成果，亦受到教育部高校国别和区域研究项目"欧洲主要大国针对中美战略竞争变局的战略决策意向研究"的资助。

引　言

　　冷战结束特别是 21 世纪以来，国际社会所面临的各类风险显著增多。以气候变化为代表的环境恶化问题，以非典型性肺炎和新冠疫情为代表的公共健康危机，以恐怖袭击为代表的国际安全挑战接踵而至并相互叠加，且呈现国内风险与国际风险相互转化之态势，形成庞大而严峻的全球复杂风险，深刻塑造着国家的外部环境，冲击着国家的内部治理。认识并化解全球复杂风险是一个渐进、往复、极具挑战性的过程，客观上要求世界各国具备综合且不断强化的国家能力。习近平总书记指出，"我国面临对外维护国家主权、安全、发展利益，对内维护政治安全和社会稳定的双重压力，各种可以预见和难以预见的风险因素明显增多。"[①] 党的十八大以来，中国在应对和化解各类复杂风险的过程中，对风险有了全面深入的认识，尤其是"积累了有效应对外部经济风险冲击、保持经济平稳较快发展的重要经验。"[②] 在此基础上，党的十九大报告指出要在国家战略层面应对和化解风险，"要坚决打好防范化解重大风险、精准脱贫、污染防治的攻坚战，使全面建成小康社会得到人民认可、经得起历史检验。"[③] 中共十九届六中全会审议通过的《中共中央关于党的百年奋斗重大成就和历史经验的决议》指出，"进入新时代，我国面临更为严峻的国家安全形势，外部压力前所未有，传统安全威胁和非传统安全威胁相互交织，'黑天鹅''灰犀牛'事件时有发生。"[④] 当前中国与全球社会的关系，既是作为负责任大国如何作

---

　　① 习近平：《关于〈中共中央关于全面深化改革若干重大问题的决定〉的说明》，《党建》2013 年第 12 期。
　　② 胡锦涛：《坚定不移沿着中国特色社会主义道路前进 为全面建成小康社会而奋斗——在中国共产党第十八次全国代表大会上的报告》，人民出版社 2012 年版，第 6 页。
　　③ 习近平：《决胜全面建成小康社会 夺取新时代中国特色社会主义伟大胜利——在中国共产党第十九次全国代表大会上的报告》，人民出版社 2017 年版，第 27—28 页。
　　④《中共中央关于党的百年奋斗重大成就和历史经验的决议（全文）》，中华人民共和国中央人民政府，2021 年 11 月 16 日，http://www.gov.cn/zhengce/2021-11/16/content_5651269.htm。

为、全球治理目标何以达成的参与关系，更是发展中大国应对风险及全球实现复杂风险治理的贡献关系。从全球和国家层面来看，全球复杂风险的内涵及其严峻挑战是什么？如何认识国家视阈下全球复杂风险治理的模式及其不足？国家能力在全球复杂风险治理中扮演怎样的角色？国家的复杂风险治理能力如何提升？以上都是亟须深入探讨的关键问题。本文试图对此做出尝试。

一　全球复杂风险的内涵与特征

风险是一种普遍存在的客观现象，在现代社会中，风险的内涵及其发生频率均与现代化有密切关联。乌尔里希·贝克（Ulrich Beck）在1986年提出风险社会理论，为人们深入认识现代社会、理解风险及当前社会的风险属性提供了新的视野。"风险可以被定义为以系统的方式应对由现代化自身引发的危险和不安。"[①] 现代化在造福人类的同时也带来了风险，例如，高度发达且不加管制的科技可能危害人类的生存环境，如核辐射、化学污染、农药残留等。风险不等于已经发生的危害，而是损失出现的可能性，"风险并不指被引发的危害……风险的概念因此刻画出了安全与毁坏之间的一种特有的、中间的状态，这种状态下对具有威胁性的风险的认识决定了思想和行为。"[②] 随着人类改造自然界的能力提升，风险越来越具有"人化"的特征，"人类对科学技术过度自信而带来的社会危害就是风险。"贝克认为，人类社会逐步从工业社会转向风险社会，同时，现代化进程释放出越来越多的"人为不确定性"并导致风险社会产生。而全球复杂风险的形成蕴含于人类社会向现代化与全球化的演进过程之中，"当风险成为全球社会的普遍现象，具有结构化、制度化特征，并带来极大不确定性的时

[①] [德] 乌尔里希·贝克：《风险社会：新的现代性之路》，张文杰、何博闻译，译林出版社2018年版，第7页。

[②] [德] 乌尔里希·贝克：《世界风险社会》，吴英姿、孙淑敏译，南京大学出版社2004年版，第175页。

候,社会就成为了全球风险社会。"① 在各国联系更加紧密的全球化浪潮中,风险可以借助便利的交通工具和互联网等传播载体在极短时间内跨越山海,形成冲击更强、规模更大的复合风险。风险源头由此在现代化与全球化相结合的时代中得以强化和扩大,因而现代化是风险的母体,而作为现代化新阶段的全球化则成为风险传播的助推器。此外,全球风险的产生还与人类的知识和决策有关,"全球风险社会的新涵义依赖于这样一个事实,那就是运用我们文明的决策,我们可以导致全球性后果,而这种全球性后果可以触发一系列问题和一连串的风险。"② 全面剖析全球复杂风险的特征是构建防范化解机制的先决因素。因此,如何深度分析全球复杂风险的特征、形成机理与应对机制,进而促进公民和国家在全球风险社会中确立科学、有效、可持续的应对机制,是一个亟须深入探讨的学术问题和实践议题。

不确定性和突发性是全球复杂风险的首要特征。传统社会中,可以根据自然规律来预测自然灾害发生的可能性。而在现代社会中,预测风险发生的时间、地点以及风险的类型和强度,变得极为困难,也更难预测风险持续的时间和可能造成的影响。且不说新冠疫情的暴发难以预测,即使其暴发后,也很难准确预测此次疫情要持续多久以及其造成的损失。运用现代科技能预测暴雨的来临,但郑州特大暴雨对整个城市所造成的损失难以立即知晓。如贝克所言,"让我们惊诧的是,那时的危害刺激眼、鼻,可为感官捕获;但在今天,文明的风险大多难以感知,这种风险定居在物理和化学的方程式内(如食物毒素、核威胁)。"③ 全球大变局下,风险的不确定性和突发性愈发明显,"过去大环境相对平稳,风险挑战比较容易看清楚;现在世界形势动荡复杂,地缘政治挑战风高浪急,暗礁和潜流又多,

---

① 范如国:《"全球风险社会"治理:复杂性范式与中国参与》,《中国社会科学》2017年第2期。

② [德]乌尔里希·贝克、王武龙:《"9·11"事件后的全球风险社会》,《马克思主义与现实》2004年第2期。

③ [德]乌尔里希·贝克:《风险社会:新的现代性之路》,张文杰、何博闻译,译林出版社2018年版,第6页。

第一章 聚合多元：中国治理体系与能力

对应对能力提出了更高要求。"① 风险的不确定性还体现为风险发展的非线性。风险发展的非线性源于"社会演化是一个非线性动力学过程。"② 换言之，风险不会朝着固定的、预期的方向演化，而是呈现出一种混沌的状态。

全球复杂风险的第二特征在于不同类型风险之间的相互缠结与转化。现代社会具有复杂的系统结构，系统内的任何一个要素都可能产生全局性影响，可谓"牵一发而动全身"。同时，全球化将全球范围内的方方面面编织进了一个网络之中，这张网络具有系统性不稳定和脆弱性的特质。③环境恶化是全球范围内最具显性特征的风险，它与其他风险有着千丝万缕的联系，比如，"环境风险的第一定律是污染与贫困形影相随。"④事实上，现代社会中除了早已有之且持续存在的环境风险之外，还存在着经济基础薄弱与产业结构失衡的经济风险、以地区冲突和战争为代表的地缘政治风险、以政治腐败和社会失序为代表的社会治理风险、以方向偏差或竞争不力等为代表的科技风险等。它们盘根错节、纠缠不清，"各种风险往往不是孤立出现的，很可能是相互交织并形成一个风险综合体。"⑤有学者用实证研究证明了不同风险之间的关联性，大部分环境风险、社会风险和地缘政治风险相互紧密关联在一起，而经济风险和科技风险与其他风险的关联性相对较小。⑥不同风险之间的相互缠结直接导致治理难度提升，"最大的系统性风险并非其中任一要素的崩溃，而是我们没有能力对它们之间日益

---

① 习近平：《论把握新发展阶段、贯彻新发展理念、构建新发展格局》，中央文献出版社 2021 年版，第 5 页。

② 范如国：《"全球风险社会"治理：复杂性范式与中国参与》，《中国社会科学》2017 年第 2 期。

③ Centeno Miguel A.,et al., "The Emergence of Global Systemic Risk", *Annual Review of Sociology*, Vol.41, No.1, 2015, pp. 65–85.

④ ［德］乌尔里希·贝克：《世界风险社会》，吴英姿、孙淑敏译，南京大学出版社 2004 年版，第 6—7 页。

⑤ 习近平：《习近平谈治国理政》（第二卷），外文出版社 2017 年版，第 82 页。

⑥ 左伟：《全球主要风险因素的关联性分析与风险管理对策研究》，中国科学技术大学，博士学位论文，2017 年，第 19—35 页。

增加的复杂性和相互依赖性进行管理。"①

全球复杂风险的第三特征是风险的扩散性与广泛性。全球化及其携带的全球问题突破传统疆域的束缚，高度涌流的全球风险同时具有国别性、区域性和世界性。国内风险与国际风险复合联动、相互渗透，一个国家内部的风险也极有可能外溢并成为地区乃至全球范围内的大规模风险。2008年美国爆发金融危机并迅速蔓延至全世界，形成全球范围的经济衰退；而在经济复苏走势长期迟缓的同时，民粹主义大幅而广泛的爆发又加剧了国际局势的动荡；当前横亘全球的新冠疫情阻断了经济复苏的步伐，并将国际竞争推升到了大国之间的全面战略竞争状态。当然，全球风险很难实现均衡分布，同一类风险在不同国家和地区的附着程度有轻重之分，附着主体也有显著差异，并非所有群体都承担相同的风险。"风险分配的历史表明，风险同财富一样附着在阶级模式之上，只不过是以颠倒的方式：财富在顶层积聚，而风险在底层积聚。"②风险社会中，包括企业主和富人在内的人群成为新的濒危群体。③无论如何，世界各国形成了利益高度交叉渗透、命运彼此相连的风险共同体，没有哪一个国家可以独善其身。

二 全球复杂风险治理的客观情境

为规避风险并维护国际秩序与安全，需要有力的责任主体回应全球复杂风险及其挑战。在全球化进程中，虽然民族国家、跨国公司、全球公民等均在全球复杂风险治理过程中提供相关效能，但从社会的组织结构及行动能力来看，民族国家仍是应对全球复杂风险的少数甚至唯一主体。因此，全球复杂风险的整体情境呈现出风险严峻与治理不力、市场失灵与能力低

---

① ［英］伊恩·戈尔丁、［德］迈克·马里亚萨桑：《蝴蝶灾变：如何应对全球化带来的系统性风险》，张慧卉、曾一巳译，机械工业出版社2021年版，第4页。
② ［德］乌尔里希·贝克：《风险社会：新的现代性之路》，张文杰、何博闻译，译林出版社2018年版，第25页。
③ Draper Elaine, "Risk, Society, and Social Theory", *Contemporary Sociology*, Vol. 22, No.5, 1993, pp. 641–644.

下的多重特征。而导致这一情境的主要原因是当前一系列全球复杂风险治理模式的体制滞后与相互排斥。

冷战结束推动了国际格局由美苏两极对抗向美国一超独大的转变，美国因其绝对优势及霸权外交理念而推行霸权治理模式。霸权治理模式的主要特征有：以霸权国为核心建立治理体系；由霸权国提供全球风险治理所需的公共产品，包括国际机制、治理理念和物质资源，其他国家难以进入全球治理场域甚至被边缘化；霸权国在风险治理中采用双重标准，"对盟友采取规范原则，对敌国采取实力原则。"[1] 以美国为主导的霸权治理模式凸显于小布什政府时期。小布什上台后采取了违背既有全球治理框架的政策，退出《京都议定书》和《反弹道导弹条约》，拒绝《禁止生物武器公约》和《全面禁止核试验条约》，采取单边主义的强硬反恐手段，发动阿富汗战争、伊拉克战争。小布什政府无视既有国际制度，强调依靠单边手段和实力来应对美国所关注的全球性问题。[2] 受 2008 年国际金融危机的影响，美国经济发展缓慢，参与全球治理的能力和意愿大幅波动，霸权治理模式的主导能力和稳定性受到冲击。一方面，美国不断调整自己的战略版图，从奥巴马政府时期的"亚太再平衡"战略延续到当前拜登政府的"印太战略"；另一方面，美国的全球行动能力却又持续减弱，从阿富汗撤军即是美国战略收缩的表征。从外部环境来看，霸权治理模式面临着正当性困境和问题风险复杂化的挑战，其中最重要的是面临风险复杂化的挑战。美国可以发动战争击败一个国家，却无法彻底消灭恐怖主义。在特定的历史时期，霸权治理模式能维护国际秩序，实现霸权之下的和平，但从长远来看，复杂风险社会从理论和实践上都对霸权治理模式提出了巨大挑战。

伴随着霸权治理模式的逐步衰微，以国家为中心的制度治理模式渐进兴起。以国家为中心的制度治理模式的特征是，以多个国家而不是单一国

---

[1] 阎学通：《世界权力的转移：政治领导力与战略竞争》，北京大学出版社 2015 年版，第 49 页。

[2] 刘丰：《美国霸权与全球治理——美国在全球治理中的角色及其困境》，《南开学报》（哲学社会科学版）2012 年第 3 期。

家为主要行为体建立起治理体系，霸权国之外的国家的发言权得到提升。国家是全球治理制度的核心参与者，尽管多元行为体在全球治理中与主权国家共享权威，但国家中心主义的治理模式仍占主导地位。① 与霸权治理模式相比，国家中心治理模式中的治理主体在数量和形态上呈现快速扩容的趋势，从八国集团到二十国集团，更多发展中国家参与到全球治理进程中。然而，综观现有国际机制，除了联合国具有广泛的代表性外，其他国际机制则呈现出"一边倒"的特征，即强强联合，而弱小国家或松散地联合或因发言权不足而被边缘化。制度治理模式的排他性特征仍显著存在，二十国集团虽然相对于八国集团具有较强的代表性，但不能代表世界上多数国家。此外，制度治理模式仍存在着显著的适应性问题，即在全球复杂风险持续存在且不断演化的挑战之下，制度治理模式必须经历不同类型的机制被逐一试错和淘汰的过程。比如，在自由制度主义的影响下，美国政府选择相信国际机制的作用但不能稳定地支持机制的提升与发展，如果某一个机制失灵，就会选择建立新的机制。② 可见，制度治理模式在结构稳定和能力发掘方面仍无法避免被霸权国家控制的风险，甚至沦为霸权治理模式的替代品。

与霸权治理模式和制度治理模式相对应的，是包容性多边主义治理模式。包容性多边主义治理模式依然强调国家是应对全球风险的重要主体。多边主义强调平等、互利、合作和协商。有学者把多边主义分为旧多边主义和新多边主义，旧多边主义在设计上突出国家中心的特征，其功能主要在于解决国家之间的冲突和战争问题。新多边主义重视非政府组织的作用，强调基于公民社会自下而上的治理模式。罗伯特·考克斯（Robert Cox）认为，全球治理将会以非政府组织为主体的新多边主义取代以政府为主体的多边主义。③ 然而，这种对新旧多边主义的划分路径无益于复杂风险治理，

---

① 刘雪莲、姚璐：《国家治理的全球治理意义》，《中国社会科学》2016 年第 6 期。
② 阎学通：《2021 年，世界继续"不安的和平"》，新华网，2021 年 12 月 28 日，http://www.news.cn/world/2021-12/28/c_1211505405.htm。
③ 吴志成、朱旭：《新多边主义视野下的全球治理》，《南开学报》（哲学社会科学版）2012 年第 3 期。

新旧多边主义的区别不应该仅仅在于以国家为主体还是以非政府组织为主体，而应该在于是否具有排他性。首先，过于强调非政府组织而忽视国家在全球复杂风险治理中的作用是一种错误认知，"已有的大多数国际制度存在的一个最重大问题就在于缺乏像主权国家那样的强制力作为后盾。"① 国际关系民主化是美好愿景，全球治理民主化是共同向往，然而，国家间民主是全球治理民主模式的核心。② 其次，只有包容性的多边主义才是真正的多边主义，即包容性多边主义。包容性多边主义治理模式的特征有：第一，强调国家在全球风险治理中的主导作用。国家是包容性多边主义的主要参与者，任何国际组织和机制都是围绕国家建立起来的。"包容性多边主义的成功依赖强大的多边领导者角色。"③ 因此，大国合作是包容性多边主义成败之关键，复杂风险治理必须始终以国家为核心。第二，强调治理模式的非排他性和开放性。包容性的核心要义是非排他性，天下无外是包容性多边主义的重要原则。④ 将中小国家排除在全球风险治理体系之外无异于作茧自缚，还会降低应对全球治理风险的国家间的治理合力。

相较于不断升级且日益复杂化的全球风险，以上三种风险治理模式并未构成有效的风险应对机制。上述风险治理模式在应对全球复杂风险的预期目标和现有效能之间，存在着显著差距，也即存在着机制与能力欠缺。总体来看，这些欠缺主要表现为以下三方面。第一，理念共识基础薄弱。风险治理共识是国际社会各行为体力量的黏合剂，是凝聚风险治理合力的基础。然而，在国际社会无政府性质机制的作用下，各国所秉持的治理理念的分歧直接导致治理行动的混乱。全球风险社会中，各种复杂风险并不是某个特定国家成为各国的竞争对象。有效应对全球风险，应以国家之间摈弃嫌隙、搁置分歧作为确保安全的根本前提，国际社会应将风险视为共

---

① 赵可金：《从旧多边主义到新多边主义——对国际制度变迁的一项理论思考》，《世界经济与政治》2006年第7期。
② 王天韵：《全球治理民主化研究》，南开大学，博士学位论文，2014年，第150页。
③ 贺之杲：《重塑全球治理：包容性多边主义的路径》，《新视野》2020年第6期。
④ 秦亚青：《世界秩序的变革：从霸权到包容性多边主义》，《亚太安全与海洋研究》2021年第2期。

同挑战,以防止风险破坏为原则而不是以国家竞争为原则展开风险治理,避免形成更具破坏力的人为的、政治化的次生风险。但在实践中,传统的权力零和博弈思维和各国处于不同历史发展阶段的客观现实,导致国家间难以达成风险治理共识,部分国家往往将竞争对手从风险本身转移到特定国家。例如,在全球气候治理中,共同但有区别的责任已经成为气候治理的共同原则,但在实践过程中却难以对历史累积排放国家形成有力约束,个别国家甚至因内部党派竞争及社会分歧,在全球气候治理进程中推行单边主义,威胁退出全球气候协定,推卸自身所应承担的气候减排责任。

第二,治理主体责任不明确。在国际社会中活动的主体日益多元化,除主权国家之外,还包括政府间国际组织、非政府间国际组织和跨国公司等。它们是全球化的重要推动者,却没有承担相应的国际责任。全球治理实际上是责任与能力的分配,"全球治理的核心是国际责任的分配,而建立国际新秩序的核心是对国际权力进行再分配。"[1] 非国家行为体之所以能够巧妙地避开全球治理责任,在于它们没有固定的领土和居民,即责任对象。除了具备风险治理所需的资源以外,风险治理意愿也是重要影响因素。跨国公司拥有的财富超过某些国家的生产总值,但其参与全球风险治理的意愿偏弱。跨国公司的资本驱动和责任意识在全球复杂风险治理过程中的因难以实现均衡而导致风险在更大层面蔓延。

第三,协同治理机制失衡。治理机制失衡是全球复杂风险治理面临的诸多困境之一。国际风险治理机制的完备需要各国加强合作,达成风险治理共识,承担相应的国际责任。换言之,治理行为者及治理行动的起点应是国家之间的协同合作,而国家之间的协同合作应由相应的机制予以行为规范及权责界定。从当前的全球风险应对机制来看,国家间合作动力不足且协同治理机制的约束力与动员力不强,实为最突出的机制缺陷。一方面,新兴国家日益增长的实力与其在国际机制中的话语权高度不匹配,发达国

---

[1] 阎学通、何颖:《国际关系分析》,北京大学出版社2017年版,第183页。

家成了治理者，发展中国家"常常沦为被治理者"。① 为数众多的发展中国家在全球风险治理中的行动力缺失或参与度不足，客观上造成国际社会对风险治理能力的总体欠缺；另一方面，近年来不断高涨的民粹主义和保护主义严重撕裂了原本就虚弱松散的全球治理机制。民粹主义刺激西方国家采取保护主义、单边主义的政策路径背景下，动辄以制裁、对抗作为对外关系的首要工具，发达国家构建排外性的"小圈子"并导致全球风险治理机制碎片化甚至失灵。"民粹主义等逆全球化思潮导致全球集体行动困难"，② 也阻断了复杂风险治理机制的完善进程。应对全球复杂风险，仍需要从国家能力建设的基础工作起步。"国家治理能力建设是全球治理的重要推动力量。"③

通过梳理全球复杂风险的应对模式，不难发现，国家中心的霸权治理模式和国家中心的制度治理模式不能有效满足复杂风险治理的需求，包容性多边主义是一种较优选择。然而这三种模式从本质上讲都停留在国际问题治理层面，主要在于探究国家间如何互动，却忽视了国家能力在全球复杂风险治理中的重要性，特别是国家内部风险治理能力。实际上，民族国家的抗风险能力不足，也是构成全球复杂风险的重要根源之一，如美国学者弗朗西斯·福山（Francis Fukuyama）所言，软弱无能国家或失败国家成为当今世界许多严重问题的根源，④ 国家能力是应对全球挑战的关键。⑤

---

① 刘建飞、袁沙：《当代全球治理困境及应对方略》，《中共中央党校（国家行政学院）学报》2019年第2期。

② 曹帅、许开轶：《逆全球化浪潮下"全球风险社会"的治理困境与中国方案》，《理论探索》2018年第6期。

③ 邱昌情：《全球治理与中国国家治理能力建设研究》，《广西社会科学》2019年第3期。

④ ［德］弗朗西斯·福山：《国家构建：21世纪的国家治理与世界秩序》，黄胜强、许铭原译，中国社会科学出版社2007年版，第1页。

⑤ Fukuyama Francis, "The Pandemic and Political Order", *Foreign Affairs*, Vol.99, No.4, 2020, pp. 26–32. 福山指出了国家能力在应对新冠疫情中的重要作用，却否认制度的作用，这一点与中国的政治实践不符，相关论述可参见陈培永《国家制度、国家能力与民众信任的关系考量——驳福山的"应对新冠肺炎疫情成效决定因素论"》，《北京行政学院学报》2020年第6期。

所以，全面而审慎地认识与建构国家能力，仍是确保全球复杂风险得以化解的根本前提。

三 全球复杂风险对照下的国家能力建设基准

全球风险治理赤字是对国家能力的现实需求，全球风险治理已迫在眉睫，客观上需要国际社会以国家能力建设为基础，尽快推动并强化全球风险治理体系。作为全球风险治理首要责任主体的国家失位，作为全球风险治理首要行动力量的国家能力弱化，则是风险治理赤字长期存在的根本原因。国家能力是整合国家治理与全球治理的关键变量，强大的国家能力既能应对内部风险又能抵御国际风险。而国家治理失效则会增加全球治理的负担，阻滞全球治理目标实现。[①] 概言之，全球复杂风险社会中，国家再次成为主要行为体，国家不应也没有在全球风险治理中弱化，全球治理不但没有让国家治理淡出，反而在强化国家的治理功能。[②] "以主权国家为基础构成的现行国际秩序，从根本上决定着各国政府才是解决国内外公共问题的最终负责人。"[③] 国家和政治体系仍然是风险防控的枢纽，重大风险防控仍然是国家当仁不让的基本职能。[④] 不过，包括大国在内的多数国家在复杂风险面前力不从心。世界大国看似能力很强，其实在国际风险治理中表现不佳，大国所拥有的核武器能将地球毁灭多次，但在全球复杂风险治理中既缺乏能力也缺乏意愿。[⑤] 如查尔斯·A.库普坎（Charles A. Kupchan）所言，"一场治理能力危机正在吞噬着世界各大工业化民主国家……人民日益增长的对善治的需求与政府实际缩水的治理供给之间严重失调，西

[①] 刘雪莲、姚璐：《国家治理的全球治理意义》，《中国社会科学》2016年第6期。
[②] 任剑涛：《找回国家：全球治理中的国家凯旋》，《探索与争鸣》2020年第3期。
[③] 汪卫华：《疫情之下国家治理与全球治理的再审视》，《国际政治研究》2020年第3期。
[④] 张树平：《国家、议题与政策的互动：转型中国的国家能力建构》，《探索》2020年第1期。
[⑤] 刘贞晔：《全球治理与国家治理的互动：思想渊源与现实反思》，《中国社会科学》2016年第6期。

方世界的权力和作用岌岌可危。"①美国著名国际关系学者斯蒂芬·沃尔特（Stephen M. Walt）在新冠疫情暴发后撰文批评美国国家能力严重不足。②仅仅从器质层面来看，第二次世界大战以来国际社会的运行逻辑说明，欧美国家的器质构造能力增强，但机制能力却呈现持续下滑态势。比如，长时期的高福利国家制度未能有效弥合国家内部的社会分歧。因此，以应对全球复杂风险为指向的国家能力建设要超越传统的国家能力发展路径，遵循新的建设基准。

第一，政治适洽。政治适洽能力是国家有效应对全球复杂风险、进而维护政治局面和社会生活稳定的能力。"政治在现代化国家治理中发挥着决定性作用，政治的成功决定着现代国家治理能够取得积极成效。"③安定的社会环境和高效有序运转的国家机器是化解风险的前提，政治适洽是维护社会稳定的关键。而从广义上来讲，政治能力包括制度设置、组织动员、议题设置、政策执行等多个方面。在全球复杂风险之下，国家政治体系需面对多个二元平衡的问题，包括国家如何做到政治传统与现代社会是否平衡，社会企望与政治体制如何对接，国内治理与国外环境如何适应，当前实力与未来能力如何连续，等等。基于此，国家能力建设应以政治适洽为基准，实现国家治理张弛有度。④提升国家维护政治安全的能力，增强政治稳定性；通过合理的制度安排促进权力和平交接，提升政治系统的连贯性与有序性；提升国家对社会的渗透能力，增强国家的整合能力。同时，国内风险化解和问题解决是参与国际风险治理的根本基础，对于国际和国内风险的均衡关注是全球风险社会中国家赖以生存和发展的首要前提。而具体到全球复杂风险应对过程中，国家应在确保国内稳定与发展的基础

---

① ［美］查尔斯·A.库普坎、寿春：《治理鸿沟：全球化与西方民主的危机》，《国外理论动态》2014年第5期。

② 刘天骄：《国家能力与全球治理的危机——西方知识界关于新冠疫情的评论》，《文化纵横》2020年第3期。

③ 汪仕凯：《政治体制能力：一个解释国家治理兴衰的分析框架》，《学术月刊》2021年第10期。

④ 任剑涛：《"一张一弛之谓道"：复杂局面中的国家治理节奏》，《治理研究》2022年第1期。

上，以理性、务实的路径参与国际风险治理。

第二，议题设定。作为国家能力的全面挑战者，全球风险如何被界定与治理，首先取决于国家政治体系如何认知风险并设置相应的议程。在复杂社会中，政治体系的权力谱系日益受到挤压，有限政府的客观存在也使政治议题的形成过程中产生诸多门槛。简单来说，即并非所有议题都能进入政治体系并成为国家的政治议题，因此国家在议题塑造过程中的能力和倾向也就成为现代国家的议题能力，具体表现为对特定议题的吸纳选择和贯彻。[①]议题设定能力在识别和应对复杂风险方面体现为风险研判能力。国家的议题设定能力受多种因素的综合影响，其复杂性也比以往任何历史阶段都要高，国家在议题设定过程中需满足迅速反应、综合考量、系统谋划、重点把握等多个条件。首先，国家权力机构的执政理念影响议题选择。最高政权的执政理念可能是赢得广泛的政治认同、推动经济高速发展、提升国家竞争力、提升人民生活水平等，不同的执政理念下产生不同的议题排列顺序。在风险社会中，国家应以问题为导向，以复杂风险防范和化解为首要任务。其次，民主的形式影响议题选择。直接民主所收纳的风险解决方案虽多元，但由于直接民主的过程缺乏足够的评议与验证，直接民主所产生的方案片面而单一，与全球风险社会的复杂内涵形成显著差距。同时碎片化的、平面化的方案体系无法排除内生的冲突，由此错失最优方案的形成时机，影响风险治理的最佳时期。专制主义下容易形成专断，阻断重要、迫切的问题进入国家政治议程，甚而导致国家能力出现严重退化与衰减。开放的民主模式和通畅的渠道是国家议题能力提升的关键。最后，议题设定能力还应包括良好的运行能力。风险治理中，既定的议题需要可行的政策来落实。政策制定应充分关注风险波及群体的利益，提高政策效率；实地调查以促进政策的合理性；听取专家学者的意见以强化政策的科学性；广泛征求大众舆论以增加决策的民主性。政策执行过程中，最重要的是提升效率，让政策获得可供执行的实践运行能力和面向国家公众的凝

[①] 张树平：《国家、议题与政策的互动：转型中国的国家能力建构》，《探索》2020年第1期。

聚能力。总之，国家必须塑造并强化面向复杂风险的议题能力，"力争把风险化解在源头，不让小风险演化为大风险，不让个别风险演化为综合风险，不让局部风险演化为区域性或系统性风险，不让经济风险演化为社会政治风险，不让国际风险演化为国内风险。"①

第三，组织动员。复杂风险的防范化解要以多元主体为依靠，多元主体需经由社会动员来实现。社会动员是指"有目的地引导社会成员参与重大社会实践活动的过程"。②增强国家组织动员能力的目的在于，吸引多方力量参与，形成以国家为主体、以其他力量为辅助的多元风险治理格局。历史和实践证明，人民群众是社会发展的动力，在风险治理中，要充分利用人民群众的智慧和力量。在国内层面，国家的组织动员能力体现为组织动员不同群体积极参与风险治理的能力。建立良好的动员机制，明确动员主体、对象和手段，建立顺畅的沟通渠道并提高动员效率，培养大众的政治参与能力，提升大众政治参与意识，消除政治冷漠，变动员参与为主动参与。在国际层面，通过建立共识、提升制度化水平、树立并维护良好的国际形象、增进互信等方式动员更多国家参与全球风险治理，形成以国家为基点、以开放性国际制度为平台、以多元行为体共同参与为支撑的全球风险治理体系。传统的仅以维护自身安全或对抗他国为目的的军事联盟，难以在风险社会中发挥恒稳功效。因此，纯粹的军事联盟已不能有效动员各国参与全球风险治理，以风险为竞争对象的、互惠的、不对抗的伙伴关系是实现国际动员的一种有效工具。

第四，资源调集。丰富的资源储备和有效的资源调集是应对全球复杂风险的物质前提。全球化时代，国家的资源供给呈现不同程度的国际化，对内与对外的资源依赖同时存在。为实现风险治理的有效性，资源调集应确保配置最优的基本原则，实现跨地区、跨国界的调集模式。为此，国家需充分发挥政府的作用，加强宏观调控，正确处理政府与市场的关系，遵

---

① 习近平：《论把握新发展阶段、贯彻新发展理念、构建新发展格局》，中央文献出版社2021年版，第51页。
② 张骞文、杨琳：《社会动员的理论内涵和实践路径》，《学术论坛》2015年第8期。

循市场决定资源配置的客观经济规律，提高资源配置效率，保证政府的资源汲取力量并将其控制在合理区间。与此同时，因全球风险影响不止于国家边界，而是纵深延伸至国家的内陆腹地，需要不同层级政府形成连贯而有效的资源调集路径。因此，国家必须具有相应的治理能力，以正确处理中央与地方的关系，坚持中央的集中领导和总体部署，根据地方的特殊性，在激发地方活力的基础上实现资源的有效配置。与此同时，国家也需对全球风险来源及影响给予准确的判定，在国际风险治理层面，挖掘各国利益契合点，强化风险共同体意识，搭建风险治理平台，调动各国参与维护共同家园的复杂风险治理。

四　应对全球复杂风险的中国国家能力建设路径

改革开放以来特别是进入21世纪以来，伴随着各类复杂风险的生成、识别、化解与转化，中国的社会治理与国家能力保持着稳中有升的总体趋势，中国的风险应对及化解能力也得到有效提升，其主要指征为经济持续发展、社会总体稳定且国家整体能力与国际影响力稳步提升。近年来，有关中国应对全球风险的经验认知与模式剖析的研究逐渐深入，其关注点分布于国家政党能力、政治体制等，形成了多元化的思想争鸣。如何在全球复杂风险社会中保持国家能力的正向发展，是一个亟须举国思辨和参与的常新话题。中国国家能力与普遍的国家能力既有共性也存在差异，国家能力建设的总体思路存在较大共性，具体实现路径存在差异性。

第一，恒定的政治主导能力。21世纪以来，中国连续遭遇了非典型性肺炎、汶川大地震等多个非传统安全的挑战，并在新冠疫情全球传播中实现了阶段性的防控和经济持续增长，保持了国家发展和社会进步的整体态势。当然，中国国家能力还存在提升空间，正如《中共中央关于党的百年奋斗重大成就和历史经验的决议》指出，"同形势任务要求相比，我国维护国家安全能力不足，应对各种重大风险能力不强，维护国家安全统筹协调机制不健全。"①加强中国国家能力建设是应对复杂风险的题中之义。首先，恒定的政治主导能力提升国家物质性力量和非物质性力量。一方面为经济增长和国力提升创造适宜的环境，进而为治理风险、实现安全提供物质基础；另一方面提升国家的组织动员能力、制度优化能力、社会整理能力、纠错能力和快速反应能力，为风险治理提供软实力。国家综合力量的提升也是参与国际风险治理的根基。国际安全的实现程度关系着国内风险治理，是提升预防和应对风险的安全保障能力的重要依托。改革开放以来中国国家安全观的演进，为全球风险治理中国家能力建设提供了启示。21世纪初，中国通过塑造"新安全观"和"总体国家安全观"，既关注内部安全又重视外部安全。与此同时，作为世界上最大的发展中国家，中国积极承担国际安全责任，参与国际风险治理，成为全球复杂风险治理中的保卫性力量。其次，高效稳定的政治引领是抵御风险的根本保障。在中国，不能脱离党的能力研究国家风险治理能力。②中国共产党是中国特色社会主义事业的领导核心，是应对复杂风险的主心骨。中国共产党在漫漫征途中积累了大量风险治理经验，极大提升了风险治理能力，在应对国内外风险、维护社会稳定、保障国家和人民安全中发挥了主导作用。最后，中国参与全球风险治理的指导理念和实践路径与中国共产党百年征程中的历史经验息息相关。推动中国以负责任的立场参与全球风险治理，需要持续确保党的领导地位和发扬党的创新精神，贡献人类命运共同体的风险治理理念，主动担当减贫、反恐、污染治理等领域的全球风险治理责任；践行党的合作理念与精神，搭建、参与并维护联合国和上海合作组织等包容性风险治理机制。

第二，与时俱进的议题设定能力。世界性的贫困问题严重阻碍人类进步与发展，联合国发布的2030年可持续发展议程中，"在全世界消除一切

---

① 《中共中央关于党的百年奋斗重大成就和历史经验的决议》，中华人民共和国中央人民政府，2021年11月16日，http://www.gov.cn/zhengce/2021-11/16/content_5651269.htm。
② 张树平：《从政党能力到国家能力：转型中国国家能力的一种建构路径》，《复旦政治学评论》2018年第1期。

形式的贫困"是首要目标,①表明人类解决贫困问题的坚定决心以及贫困问题的严重性。由于中国人口规模巨大且社会经济发展的相对不平衡,导致国内复杂风险本身具有辐射全球的影响力,即部分国内问题就是全球风险的组成部分,而化解风险的中国模式即成为全球应对复杂风险的先导和模板。中国消除贫困问题即是典型例证。贫困治理所彰显的议题设定能力在风险应对中发挥着举足轻重的作用。在将贫困视为全球普遍存在且影响深远的复杂风险的视角下,消除贫困的路径选择与政策模式存在着多层、多元、多维的客观特质。党的十八大以来,党和政府高度重视贫困问题。习近平总书记在党的十九大报告中强调,要坚决打好防范化解重大风险、精准脱贫、污染防治三大攻坚战。将贫困治理上升到国家战略高度,是与新发展理念相呼应的新发展阶段引导和培育中国调适社会发展演进模式之必然,从以经济发展为中心转轨为经济发展回馈服务人民、改善民生,是防范化解重大风险的重要一环。除了贫困地区焕发生机与活力、贫困人口经济收入稳健增长,精准脱贫还关系到乡村振兴、城镇化建设、消费和产业结构合理化、教育资源公平化、区域发展均衡化等各方面基础性问题,这些问题的解决增强基层在风险治理中的韧性,进而提升国家风险治理能力。党的十八大以来,经过八年持续奋斗,截至2020年年底,中国如期完成新时代富于挑战性且艰巨伟大的脱贫攻坚目标任务,现行标准下9899万农村贫困人口全部脱贫。②中国贫困治理加快全球减贫进程,按照世界银行国际贫困标准,中国减贫人口占同期全球减贫人口的70%以上。与确定核心治理目标的议题能力相对应的是国家的制度设计和政策实践能力。社会主义制度属性决定了贫困治理是优先议题,民主集中制确保减贫政策科学精准,党政治理结构推动了政策执行,集中力量办大事的制度优势推

---

①《变革我们的世界:2030年可持续发展议程》,联合国,2015年9月25日,https://www.un.org/zh/documents/treaty/files/A-RES-70-1.shtml。
②《〈人类减贫的中国实践〉白皮书》,中华人民共和国中央人民政府,2021年4月6日,http://www.gov.cn/zhengce/2021-04/06/content_5597952.htm。

动了政策扩展。① 因此,要充分施展制度优势、归总风险治理经验智慧、把握时代发展脉络、回应人民与社会的重大关切,科学精确设定核心治理目标,全面提升议题设定能力。正如习近平总书记指出,"凝聚起全党全国人民的意志和力量,就一定能够战胜一切可以预见和难以预见的风险挑战。"②

第三,持续推进的发展能力。各民族国家已然主动迈入或被动卷入现代化轨道和全球化浪潮,很难甚至不可能从历史的漩涡中抽身而出,唯一选项是在历史前进中前进,在历史发展中发展,复杂风险社会中更是如此。风险社会源于表征发展的现代化与全球化,也只能而且必须在发展中加以解决。然而,国家能力建设之过程也是风险聚集与爆发之阶段。"发展观是需要规避风险的。发展观重点强调的自然是经济发展,由经济发展引起的社会发展问题是由多方面因素带来的。"③ 兴旺蓬勃的经济建设隐秘地裹挟着诸多最终演化为复杂风险的不确定因素,如环境污染加重、贫富差距拉大、区域发展不平衡等。这意味着发展能力的推进遭遇两难困境:一方面是发展的同时带来更多风险,陷入恶性循环,既有风险不能及时化解甚至诱发新的风险;另一方面则是只求稳定不求发展,进而把风险研判和应对能力限制为低水平。饱含辩证思维的新发展理念为破解发展悖论提供了问题化解路径。坚持以人民为中心的发展思想和创新、协调、绿色、开放、共享的新发展理念,确保风险最大程度在萌芽阶段化解。在国际层面,"风险的急剧增长使世界社会收缩成危险共同体。"④ 世界各国的发展模式、路径和能力都密切关系着复杂风险的产生、演化和化解,因此,中国稳步发展的同时也要为他国创造良好的发展环境、机遇和条件,而不是以

---

① 吕普生:《制度优势转化为减贫效能——中国解决绝对贫困问题的制度逻辑》,《政治学研究》2021年第3期。
②《中共中央关于党的百年奋斗重大成就和历史经验的决议》,人民出版社2021年版,第69—70页。
③ 杨生平:《新发展理念的科学内涵与实践路径研究》,首都师范大学出版社2021年版,第9页。
④ [德]乌尔里希·贝克:《风险社会:新的现代性之路》,张文杰、何博闻译,译林出版社2018年版,第40页。

邻为壑，不能牺牲他国的发展能力。在理念上，秉持人类命运共同体思想，力促人民共享与世界共享的统一。在实践路径上，持续推进共建"一带一路"高质量发展。"一带一路"倡议不仅是经贸往来和文化交流平台，也是风险治理平台。依托"一带一路"倡议，让共建国家在与中国的合作共赢中提升自身的发展能力。总之，全球风险共同体客观上要求各国构建发展共同体，中国作为新兴力量在发展过程中兼顾他国合理关切，让其他国家和世界人民受益于中国的发展，增强他国发展能力，形成全球复杂风险治理之合力。

结　　语

全球风险社会是当前世界各国所面临的客观外部环境，全球复杂风险是民族国家尤其是发展中国家需应对和跨越的重大障碍。在民族国家的国内治理与国际参与的过程中，复杂风险的分析鉴别与从容应对，成为民族国家强化自身国家能力和融入国际体系并做出应有贡献的先决性条件。诚然，全球复杂风险在向国家能力提出严峻挑战的同时，也赋予民族国家在新的历史条件和竞争格局中实现弯道超车、跨越式发展的重大机遇。从全球复杂风险的视角来设计与开展国家能力建设，有助于我们更全面、理性地认识当前所处的客观情境，从而在顺应历史潮流的同时，有效甄别内外多元因素、强化国家能力建设意识，塑造面向新变局和新形势的安全维护能力与持续发展能力，这是成长型国家在今后较长一段时间内需保持和推进的战略认知。

风险与技术：全球比较视野下的中国城市公共安全治理创新[①]

刘天阳　苏亚蓉

摘要： 城市公共安全治理是提高国家治理体系和治理能力现代化、践行总体国家安全观的重要内容。本文在多国城市公共安全治理的实践经验基础上，结合风险社会理论和技术政治理论，阐释了城市公共安全治理中风险管理的预期逻辑问题，即由于风险的偶然性、涌现性和复杂性超出了人类基于概率计算的预测能力，算法、大数据等技术成为实现安全治理目标的重要工具，以及技术工具的异化问题，即治理技术的运用过程中可能会偏离甚至违背设计者最初的意图，对社会和政治进程产生逆火效应。基于对风险与技术的认识，本文分析了中国城市公共安全治理实践中的三种形式，分别可以概括为具有"斯金纳的箱子"效应的安全空间、感知与分析风险的"物感—生成"系统和中国情境下的多元协治。数字时代下，中国城市公共安全治理的未来发展道路在于以总体国家安全观为指导，以人民城市为目标，形成综合考虑统筹性、技术性和人本主义治理理念和框架。

[①] 本文受到 2020 国家社会科学基金重大项目"百年变局下的全球治理与'一带一路'关系研究"（项目批准号：20&ZD147）资助。

引　言

马克思曾指出：人是最名副其实的社会动物，① 而城市就是人类高度社会化的产物。城市作为孕育现代文明的重要场所，是人类群居生活的高级形式。同时，城市也是人类进行自我防御的重要空间形式，最初的作用就是抵御外来者的侵略和掠夺。人类选择在城市聚集生活，不仅是因为城市为人类提供便利，更重要的是城市为人类带来安全感。并且城市集聚了大量的人口和财富，是现代经济社会活动最频繁和最密集的中心地带，是现代社会城市居民生活和工作的主要地理空间，保障城市公共安全是世界上任何一个城市经济发展与社会进步的必要基础条件。② 但随着工业社会的到来，城市的发展进程开始呈现出一种极大的脆弱性与不稳定性，各种风险接踵而至，城市在高现代化的同时也逐渐变得高风险化。③ 生态环境遭到破坏、公共卫生事件突发以及恐怖主义威胁生存安全等都成为突出的城市公共安全问题。在这种背景下，如何推进城市公共安全治理、营造和谐稳定的城市环境成为所有国家都必须解决的重点问题。

习近平总书记指出："公共安全连着千家万户，确保公共安全事关人民群众生命财产安全，事关改革发展稳定大局。"④ 党的二十大报告对提高公共安全治理水平做出战略部署，城市公共安全治理是安全治理的重要方面，提升城市公共安全治理水平是维护公共安全的题中应有之义。本文在总结比较欧洲、美洲、非洲关于城市公共安全治理研究的基础上，阐释了城市公共安全治理中风险管理的预期逻辑与治理工具的技术异化。当今安

---

① [德]卡尔·马克思：《马克思恩格斯选集》（第1卷），中共中央马克思恩格斯列宁斯大林著作编译局编译，人民出版社2012年版，第151页。
② 汪伟全、胡贵仁：《数字时代危机学习驱动城市安全治理变迁：多重样态、实践偏差与逻辑耦合》，《中国行政管理》2023年第6期。
③ 吴晓林、左翔羽：《大数据驱动的特大城市风险治理有效吗？》，《行政论坛》2022年第4期。
④ 《不断提升城市安全治理水平》，《人民日报》2023年3月2日第9版。

全治理的核心是通过预期来管理风险,把未来的可能性限制在可控范围内,但各种传统和非传统安全问题的不可预见性超出了人类自身的预测能力,技术的辅助成为必要。然而技术项目的最终用途和效果可能并不符合其设计者的最初设想,产生技术异化的风险,这又反过来重新塑造了社会和政治动态。同时,风险、预期、技术等因素勾勒出了安全治理图景中的主体间的复杂性与互动性。一方面,这些行为体的合作能促进城市公共安全治理目标的实现;另一方面,不同行为体之间的安全愿景和利益可能会产生冲突,孕育出新的安全危机。进而,本文以北京为例,重点分析了具有中国特色的城市公共安全治理逻辑,围绕预期管理和技术政治的治理实践提炼出了三种治理形式:具有"斯金纳的箱子"效应的安全空间、感知与分析风险的"物感—生成"系统和中国情境下的多元协治。

本文的剩余部分结构如下:第二部分概括了欧洲、美洲和非洲不同的城市公共安全治理模式;第三部分概念化中国城市公共治理的大背景,即风险预期与技术困境;结合这两个方面,第四部分以2022年北京冬奥会为例具体分析了中国城市公共安全治理的逻辑,阐述三种治理形式的内涵和互动;第五部分总结了本文的发现,并展望如何进一步完善中国城市公共安全治理模式。

一 关于城市公共安全治理的比较研究

不同国家和地区的自然地理环境和历史文化背景各有特点,对城市公共安全治理的关注侧重点也各不相同。

以欧洲和美国为代表的发达国家,其工业化和快速城市化的时间较早,早在20世纪90年代,率先完成城市化的发达国家就已经建立起了较为成熟的城市公共安全治理体制机制和相关的法律政策,也相应形成了多种城市公共安全治理模式。北欧的福利社会长期稳定,实行普遍、慷慨的福利制度,没有明显的社会分化,犯罪率也较低。北欧国家的监禁率最低,一直维持着相对人道和温和的刑罚政策。①其城市公共安全治理模式一般被称为"北欧模式"或"斯堪的纳维亚模式",②特点是双方同意、社会民主、以福利为导向、非惩罚性(低监禁率)和包容性。③与之有所区别的是"欧洲模式",欧洲模式更注重内部安全和地方层面的实践,并防范全球共同威胁(恐怖主义、有组织犯罪、非法移民等),例如以前国家层面的安全问题,现在已经被本土化为地方城市公共安全政策的一部分。此外,欧盟是欧洲模式的核心角色,欧盟成员国的内部安全和警务战略以及内政和司法事务的政策趋同,欧洲委员会在促进成员国协调预防犯罪措施、执法方式和城市公共安全政策以及建立监测成员国发展的绩效制度方面一直发挥着重要作用。④值得注意的是,随着北欧模式的要素不再是当代城市公共安全治理和管理的核心,以福利为导向的北欧模式开始向跨国联合的欧洲模式转变,⑤北欧国家逐渐把内部安全、国家安全、威胁分析、风险管理等纳入城市公共安全治理的议程和实践当中。

与前两者不同,"美国模式"则以地方主义和分散化为特点。⑥在美国,

---

① Adam Crawford, *Crime Prevention Policies in Comparative Perspective,* Cullompton, Devon: Willan Publishing, 2009; Tapio Lappi-Seppälä, "Explaining Imprisonment in Europe", *European Journal of Criminology*, Vol.8, No.4, 2011, pp. 303–328.

② Sirpa Virta, "Governing Urban Security in Finland: Towards the European Model", *European Journal of Criminology*, Vol.10, No.3, 2013, pp. 341–353.

③ Sirpa Virta and Minna Branders, "Legitimate Security? Understanding the Contingencies of Security and Deliberation", *The British Journal of Criminology*, Vol.56, No.6, 2016, pp. 1146–1164; Adam Crawford, *Crime Prevention Policies in Comparative Perspective*, London: Routledge, 2009; Tapio Lappi-Seppälä, "Explaining Imprisonment in Europe", *European Journal of Criminology*, Vol.8, No.4, pp.303–328.

④ Adam Crawford, *Crime Prevention Policies in Comparative Perspective*, Gökçe Candan and Merve Cengiz Toklu, "Evaluating Security Performances of EU Countries in the Context of Sustainable Development Using Fuzzy SMART and ARAS Approaches", *Environment, Development and Sustainability*, 2022, published online.

⑤ Cecilie Høigård, "Policing the North", *Crime and Justice in Scandinavia*, Vol.40, No.1, 2011, pp. 265–348.

⑥ Erica Chenoweth and Susan E. Clarke, "All Terrorism Is Local: Resources, Nested Institutions, and Governance for Urban Homeland Security in the American Federal System", *Political Research Quarterly*, Vol.63, No.3, 2010, pp. 495–507.

80%以上的人居住在城市，但联邦制下的美国并没有一个专门处理城市公共安全的国家中心，因此每个城市都有自己的安全系统，不同城市安全系统的规模、感知威胁的类型以及城市应对风险的方式存在很大的差异，联邦和州政府、非政府组织和私营部门之间的合作程度依城市而有所区别。例如作为美国第一大城市的纽约，其司法、执法和社区建设密切结合，惩治犯罪与扩大社区矫正互相配合，市、州以及联邦层级的警力之间能够互通资源、寻求合作；①而被评为2022年美国最不安全城市的圣路易斯市②的治安体系就缺乏统一的规划和协调，由于警察人手不够，经常会出现治安真空区和警力部署不均衡问题。

而以拉丁美洲和非洲为代表的发展中国家的城市公共安全治理在后殖民时代呈现出更复杂多样的图景，其尚未建立起完整的治理体制机制和法律政策，国家治理体系和治理能力都存在缺陷，因此更多体现为对新的安全技术、基础设施的尝试和依赖，以及国家和非国家安全行为体之间对权力的争夺。在如巴西一样现代国家结构已基本建立起来的国家，主权权力在城市公共安全治理中发挥着重要作用，且主要以一种死亡政治（necropolitics）或死亡权力的形式表现出来，③在2016年里约热内卢奥运会期间，政府通过对城市边缘人群的强势管理来表现国家权威在社会控制上的绝对性和显著性。④但与此同时，各种安全行为体之间并没能形成一体

---

① Priscilla M. Regan and Torin Monahan, "Fusion Center Accountability and Intergovernmental Information Sharing", *The Journal of Federalism*, Vol.44, No.3, 2014, pp.475–498.

② Forbes, "Report Ranks America's 15 Safest (And Most Dangerous) Cities For 2023", January 31, 2023, https://www.forbes.com/sites/laurabegleybloom/2023/01/31/report-ranks-americas-15-safest-and-most-dangerous-cities-for-2023.

③ Markus Hochmüller, "Assembling prevention: Technology, Expertise and Control in Postwar Guatemala", *Security Dialogue*, Vol.54, No.1, 2023, pp. 54–75; Stephanie Savell, "Performing Humanitarian Militarism: Public Security and the Military in Brazil", *Focaal – Journal of Global and Historical Anthropology*, Vol.75, 2016, pp. 59–72.

④ Frank I Müller and Matthew Aaron Richmond, "The Technopolitics of Security: Agency, Temporality, Sovereignty", *Security Dialogue*, Vol.54, No.1, 2023, pp. 3–20; Achille Mbembe, "Necropolitics", *Public Culture*, Vol.15, No.1, 2003, pp. 11–40; Erika Robb Larkins, "Performances of Police Legitimacy in Rio's Hyper Favela", *Law & Social Inquiry*, Vol.38, No.3, 2013, pp. 553–575.

化的安全战略。① 比如，里约热内卢奥运会期间巴西的公安机关与国际足联、国际奥委会等社会团体（非政府间国际组织）和地方组委会对城市公共安全存在不同的设想，造成不同安全行为体之间的紧张关系。②

在还不具备稳定政治秩序和现代国家结构的国家（尤其是非洲），城市公共安全治理表现为"混合安全治理"，往往是非国家武装团体接管了"脆弱"非洲国家的国家安全职能。③虽然国家在法律上有义务垄断合法使用暴力的权力，以便为其所有公民提供安全，但这些国家事实上没有做到这一点。许多公民只能转而依赖非国家安全提供者。例如，肯尼亚的城市公共安全治理模式就是以非国家安全提供者（正式的私营保安公司和非正式的民间团体）为主导。公共暴力私有化和侵占私人暴力的"双重战略"摧毁了国家作为安全提供者的地位。④但非国家安全提供者只能提供极为有限的安全保障，其行动通常受到自私自利的动机驱使，而且往往存在自身成为城市公共安全威胁的可能性。⑤

然而，以上几种模式远不足以覆盖完整的城市公共安全治理的光谱，且随着时代发展，人类对风险、危机和治理之间关系的理解进一步深化，加之新的安全技术也不断涌现，城市公共安全治理的框架愈发复杂化，亟

---

① Thomas Blom Hansen and Finn Stepputat, "Sovereignty Revisited", *Annual Review of Anthropology*, Vol.35, 2006, pp. 295–315; Claudio Altenhain, "Networked Security in the Colonial Present: Mapping Infrastructures of Digital Surveillance and Control in São Paulo", *Security Dialogue*, Vol.54, No.1, 2023, pp. 21–38.

② Frank I Müller and Matthew Aaron Richmond, "The Technopolitics of Security: Agency, Temporality, Sovereignty", Security Dialogue, Vol.54, No.1, 2023, pp. 3–20.

③ Rita Abrahamsen and Michael C. Williams, *Security Beyond the State: Private Security in International Politics*, Cambridge: Cambridge University Press, 2011, p. 198; Jeff Garmany and Ana Paula Galdeano, "Crime, Insecurity and Corruption: Considering the Growth of Urban Private Security", *Urban Studies*, Vol.55, No.5, 2018, pp. 1111–1120; Austin Dziwornu Ablo, "Private Urbanism and the Spatial Rationalities of Urban Governance", *Urban Studies*, Vol.60, No.3, 2023, pp. 442–460.

④ Moritz Schuberth, "Hybrid Security Governance, Post-election Violence and the Legitimacy of Community-based Armed Groups in Urban Kenya", *Journal of Eastern African Studies*, Vol.12, No.2, 2018, pp. 386–404.

⑤ Alice Hills, "Police Commissioners, Presidents and the Governance of Security", *The Journal of Modern African Studies*, Vol.45, No.3, 2007, pp. 403–423.

须更深入地研究，中国的城市公共安全治理即是一例。中国是发展中国家，其城市公共安全治理显然不同于北欧模式和欧洲模式，但与拉丁美洲和非洲也有较大差异，因为中国的现代国家建构比拉丁美洲和非洲更完善，政治秩序稳定，已经建立起了一系列安全治理相关体制机制和法律政策。既往对中国城市公共安全的相关研究在2003年非典型性肺炎后逐年增加，主要聚焦于城市公共安全事件的具体类型研究，[1] 城市公共安全特点研究、[2] 城市公共安全风险评估研究和城市公共安全治理路径研究，[3] 成果颇丰。

不过，对于中国是否已经形成了具有中国特色的城市公共安全治理模式，学术界尚未形成一致的理论观点。中国城市安全机制的运作形式、机制特点和发展困境还需要进一步的系统分析。本文重点关注了中国城市公共安全治理的逻辑和模式，以及未来可能的建设方向。在分析中国案例之前，本文先基于已有理论提出城市安全治理的两个重要维度，即风险端的预期管理与工具端的技术政治。下文阐释了风险预测的逻辑内涵与技术工具发展过程中出现的非预期后果。

二 安全、风险预期与技术政治

（一）风险预期

20世纪80年代，德国社会学家乌尔里希·贝克（Ulrich Beck）在著

---

[1] 参见杨海峰、翟国方《灾害风险视角下的城市安全评估及其驱动机制分析——以滁州市中心城区为例》，《自然资源学报》2021年第9期；王永明、郑姗姗《地方政府应急管理效能提升的多重困境与优化路径——基于"河南郑州'7·20'特大暴雨灾害"的案例分析》，《管理世界》2023年第3期。

[2] 参见李业锦、朱红《北京社会治安公共安全空间结构及其影响机制——以城市110警情为例》，《地理研究》2013年第5期；黄杨森、王义保《超越区分：城市安全治理风险沟通系统分析模式建构》，《城市发展研究》2020年第8期。

[3] 参见庄国波、廖汉祥《城市总体安全韧性：理论脉络及治理提升》，《理论探讨》2023年第1期；樊志宏、胡玉桃《基于复杂适应系统理论的超大城市发展和安全治理研究》，《城市发展研究》2022年第7期。

作《风险社会：新的现代性之路》中提出"风险社会"（risk society）一词，认为现代社会已经或正在从第一现代性（工业社会）向第二现代性（风险社会）移动。① 在工业社会中，核心问题是社会生产的财富的合法分配，但在风险社会中，财富分配的"积极逻辑"往往会被风险分配的"消极逻辑"所掩盖。正如贝克所言："工业社会的驱动力是'我饿了！'，但风险社会的集体情绪则是'我害怕！'"② 贝克认为，风险社会中的风险超越了以往的时间和空间，不再仅限于特定的群体、地点和时间，这种新风险有着复杂的、不透明的因果机制，无法被直接观察到，例如化学污染和文明的消亡。因此不安全是风险社会最显著的特征。③

风险社会理论自提出以来一直饱受争议，贝克自己也承认风险社会框架在整理经验证据、理论一致性和全面性方面存在缺陷，但不可否认的是该理论对社会学产生了重大影响，在贝克之后，众多著名学者如齐格蒙特·鲍曼（Zygmunt Bauman）、安东尼·吉登斯（Anthony Giddens）、尼克拉斯·卢曼（Niklas Luhman）等都加入了对风险社会的讨论，并形成了不同视角。其中系统与环境主义者更倾向于从社会系统的复杂性和功能分化的角度来探讨现代风险问题。他们认为风险可以被看作一种"将不利结果与错误决策相互联系起来的因果性构想"。当人们将"未来"这一重要时间因素纳入客观事件的发展过程后，充满不确定性和潜在损失的"风险"就会逐渐浮现。④ 换言之，安全治理需要管理风险，也就是管理"未来"。卢曼曾指出，"未来无法开始"，未来是一条人类永远无法完全把握的地平

---

① ［德］乌尔里希·贝克:《风险社会：新的现代性之路》，张文杰、何博闻译，译林出版社2018年版，第27页。
② ［德］乌尔里希·贝克:《风险社会：新的现代性之路》，张文杰、何博闻译，译林出版社2018年版，第108页。
③ 王赟、程薇瑾:《从贝克到吉登斯：风险社会理论中的认识论差异》，《社会科学研究》2022第3期。
④ 肖立志、李琼:《智慧城市安全风险表现及其治理效能研究——基于风险社会理论视角的考察》，《学习论坛》2023年第2期。

线，然而，对未来的建构有助于"定义现在"。① 因此，有必要阐明如何建立未来与现在的联系，以及这种联系方式对安全治理产生的影响。

尽管风险及其潜在的灾难性事件发生的概率较低，但仅仅是这种概率本身就足以影响人类当前的生活。人类通常会把对未来不确定性的担忧作为行动的动力，采取预防性措施来应对潜在风险。在后"9·11"时代，为潜在的风险做准备实际上已成为安全政治和日常安全实践的核心要素之一。在当今的安全政治中，从事后应对到提前预期未来，代表了安全治理逻辑的演变，其旨在通过一系列预测未来可能事件的行动来控制时间。更为具体地说，全球安全治理的一个主要特点是从仅仅关注空间治理逐渐过渡到考虑时间因素，从被动接受不确定的时间的影响到通过当前的预期行动来掌控它。为了应对不确定的未来并在灾难发生之前采取措施，必须动用想象力来预见尚未发生的灾难情境，并进行相应的准备。

本·安德森（Ben Anderson）提出了一系列术语用以解释预期未来与安全行动之间的关系。他认为未来是通过计算、想象和表演性实践来塑造的，通过追踪威胁、挖掘数据、分析趋势、评估影响等技术手段，将"遥远的时间相关性以高度选择性的方式转化为当前社会的相关性"，从而赋予未来可操作性。② 如保险公司用于估计"低概率、高影响"实践背景下损失的巨灾模型可被用于量化混乱和失序。③ 运用想象力，通过可视化、链接分析以及场景规划等技术，可以呈现未来的景象。表演性实践的目标在于通过模拟出与未来相似的情境来展示可能的未来。为了达成这一目标，基于场景的演练、模拟和实践都是有效的表现手段，基于场景的演练能够"在事件尚未发生的情况下创造出经验性知识和紧迫感"。④ 通过构建这种

---

① Niklas Luhmann, "The Future Cannot Begin: Temporal Structures in Modern Society", *Social Research*, Vol.43, No.1, 1976, pp. 130–152.

② Ben Anderson, "Preemption, Precaution, Preparedness: Anticipatory Action and Future Geographies", *Progress in human geography*, Vol.34, No.6, 2010, pp. 777–798.

③ Erwann Michel-Kerjan et al., "Catastrophe Risk Models for Evaluating Disaster Risk Reduction Investments in Developing Countries", *Risk Analysis*, Vol.33, No.6, 2013, pp. 984–999.

④ Samuel Kinsley, "Anticipating Ubiquitous Computing: Logics to Forecast Technological Futures", *Geoforum*, Vol.42, No.2, 2011, pp. 231–240.

未来景象，可以促使人们行动并合法化当前的举措，从而使未来更加可控。

因此，"预期"可以被视为试图理解不确定未来的正式或非正式的过程的总称。预期在沟通现在和未来之间扮演着关键角色。努力运用预期来指导当前行动以应对不确定未来的思想，在城市公共安全治理领域产生了深远影响。可以说，对预期未来的"痴迷"已经成为当今时代的一个显著特征。

然而，就像贝克所提出的"风险社会"概念所暗示的，现代社会风险的偶然性、涌现性和复杂性超出了人类基于概率计算的预测能力，未来似乎比以往任何时候都更加不可预测和难以控制，仅依赖人类的个人能力来预期未来已经不再可行，现代算法技术和设备正在逐渐成为优化决策过程和预测风险的主要手段。[①] 以生成式人工智能（AI）为代表的系统具备监测社会情况和揭示潜藏于大数据中的新信息的能力，这赋予了 AI"认识性权威"的光环，[②] 但也打破了其"技术中立"的假设，引申出两个新的问题：其一，技术与政治之间的关系问题，即人类、技术和安全治理之间如何相互影响？其二，技术与人的价值问题，即技术的工具价值是否会凌驾于人文关怀之上，产生异化风险？

（二）技术政治

一般而言，政治和技术这两个领域都有其合法性来源，政治合法性来自被统治者的接纳，以及他们对法律和宪法的遵守；技术合法性则源于创新、创造力和对新事物的追求。[③] 然而在现代社会，政治和技术之间的隔

[①] Steven Finlay, *Predictive Analytics, Data Mining and Big Data: Myths, Misconceptions and Methods*, Basingstoke: Palgrave Macmillan UK, 2014, p. 15; Daria Gritsenko and Matthew Wood, "Algorithmic Governance: A Modes of Governance Approach", *Regulation & Governance*, Vol.16, No.1, 2022, pp. 45–62.

[②] Christophe Lazaro and Marco Rizzi, "Predictive Analytics and Governance: A New Sociotechnical Imaginary for Uncertain Futures", *International Journal of Law in Context*, Vol.19, No.1, 2022, pp. 70–90.

[③] Roel Nahuis and Harro van Lente, "Where Are the Politics? Perspectives on Democracy and Technology", *Science Technology & Human Values*, Vol.33, No.5, 2008, pp. 559–581.

阂正在逐渐减弱。

"技术政治"（technopolitics）这个术语已经在社会科学领域存在了至少二十年，被用于不同的学科和主题，然而目前尚未形成关于这一概念的普遍共识。早期使用"技术政治"一词的文献主要指技术作为政治争论的媒介或对象，强调快速发展的技术如何破坏既定的权力安排。[①] 但这种认识只能覆盖内涵丰富的技术政治概念的部分要素。根据加布里埃尔·赫克特（Gabrielle Hecht）的定义，"技术政治是一种设计或使用技术来实现政治目的的战略实践"，技术政治关注的是人类行为体如何动员不同的物质对象来追求政治目的，以及这些对象如何反过来重塑社会和政治动态。[②]

这一定义提出了一个关键问题：人类行为体实际上有多大能力将其政治目的嵌入技术设计中？赫克特认为，技术可能"超越或脱离技术设计者的意图"，往往比它的设计者想象得更灵活，也更不可预测。"尽管它们是在特定的社会和制度背景下，出于某种目标被开发的，但新技术对现实世界的影响无法完全事先了解或控制"，[③] 技术最终发挥的用途可能与最初设想的用途大不相同，即技术本身具有"能动性"，会形成设计者预计之外的影响。这与行动者网络理论和新物质主义的核心主张一致：物质能够积极地扩展网络、创造集体效应，并以出人意料的方式将人类和非人类行为体联系起来，有时会违背和改变人类的意图，从而对人类中心主义和人类意志构成一种挑战。[④] 马克思主义哲学也指出，人的生产及其产品可能

---

① Columba Peoples, "Global Uncertainties, Geoengineering and the Technopolitics of Planetary Crisis Management", *Globalization*, Vol.19, No.2, 2021, pp. 253–267.

② Gabrielle Hecht, *Entangled Geographies: Empire and Technopolitics in the Global Cold War*, Cambridge, MA: MIT Press, 2011, p. 2.

③ Gabrielle Hecht, *Entangled Geographies: Empire and Technopolitics in the Global Cold War*, Cambridge, MA: MIT Press, 2011, p. 3.

④ Mark B. Salter, "Security Actor-Network Theory: Revitalizing Securitization Theory with Bruno Latour", *Polity*, Vol.51, No.2, 2019, pp. 349–364; Andrew Barry, "The Translation Zone: Between Actor-Network Theory and International Relations", *Millennium-Journal of International Studies*, Vol.41, No.3, 2013, pp. 413–429; Erika Cudworth and Stephen Hobden, "Liberation for Straw Dogs? Old Materialism, New Materialism, and the Challenge of an Emancipatory Posthumanism", *Globalizations*, Vol.12, No.1, 2015, pp. 134–148.

会反过来统治人,这种社会现象即为"异化"。在异化中,人丧失能动性,个性不能全面发展,只能片面甚至畸形发展。① 因此,本文将技术政治理解为一种过程,在这个过程中,人类行为体会形成一系列的制度、程序和物质组合,以追求特定的目标。然而,如果这些组合未能实现期望的结果或脱离了人类的控制,人类行为体将会根据不断更新的目标重新调整和组织这些组合。

除了人类和非人类行为体之间存在紧张关系,不同人类行为体对技术政治和安全治理图景的设想也存在差异甚至冲突。技术总是以设计者意想不到的方式被重新用于政治目的。② 同时,技术政治也可能产生矛盾的结果,即实现了一些行为体的目的,但在其他方面却又陷入失败。技术政治本质上是动态的,需要调整和适应,有时还需要改变战略和目的。对于行为体来说,如何预测安全风险并应对事件是安全治理的核心要素,这也就是所谓的安全技术政治具有时间逻辑。安全技术政治的设计是为了面向未来,然而社会的不确定性有时会超出设计者的想象。只有当预期的事件或超出预期的事件发生时,技术的有效性才能得到全面评估,设计者也才能够从中汲取经验教训,并将其应用于塑造新的未来愿景。

最后需要强调的是,技术需要加强国家在紧急情况发生时迅速做出反应的能力,为"后果"做好准备,正如彼得·阿迪(Peter Adey)和本·安德森(Ben Anderson)所言,"由人口和财产组成的社会"本身就是安全危机的"滋生地",③ 安全治理一方面意味着准备行动模板和战术策略,另一方面意味着准备技术和设备,以便在破坏性事件发生后迅速做出反应。但技术和设备的设计者和使用者不只包括国家行为体,一些非国家安全行为体对技术的使用(例如基于GPS的跟踪设备)也会影响国家的安全监管政

---

① 孙明东:《论异化劳动理论和人本主义的关系》,《马克思主义哲学研究》2023年第1期。

② Douglas Kellner, "Globalisation, Technopolitics and Revolution", *Theoria: A Journal of Social and Political Theory*, Vol.48, No.98, 2001, pp. 14–34.

③ Peter Adey and Ben Anderson, "Anticipating Emergencies: Technologies of Preparedness and the Matter of Security", *Security Dialogue*, Vol.43, No.2, 2012, pp. 99–117.

策，安全治理中私有化或非法的部分可能会挑战国家的能力。此外，技术异化也可能对城市公共安全治理图景造成严重损害，因为其会引发安全漏洞、隐私侵犯、社会不公、治理混乱等问题。后文将详述中国城市公共安全治理的三种形式的内涵、互动及其异化困境。

三 中国城市公共安全治理的模式复合与创新：以 2022 年北京冬奥会为例

（一）安全空间：安全的界定与"斯金纳的箱子"

高流动性已经成为当代城市的一个显著特征，城市内部人和物的大规模流动与试图预测和预防风险的稳定性需求交织在一起形成了困境，城市公共安全治理面临的一个基本问题是：如何保持城市的开放性和流动性，同时预测、监测、管理和预防各种安全风险？一个有效的方案是构建"安全空间"，即在城市范围内，通过各种手段和策略构建的一种相对安全、受控制的区域或环境。大型体育赛事活动因其规模的特殊性，在这方面具有更高的相关性，因此 2022 年北京冬奥会为研究城市公共安全治理的空间和边界性问题提供了理想的条件。

构建安全空间的第一条原则是边界划定（boundary-drawing）和访问控制（access-control）。北京冬奥会在东京奥运会"防疫泡泡"闭环管理模式经验的基础上，改进"防疫泡泡"的不足，将其升级为"闭环泡泡"（closed-loop bubble），每个"泡泡"都包括一些体育场馆、会议中心和数十家指定酒店，由专门搭载闭环管理人员的高铁和设有闭环专用车道的高速公路相连，组成了相互连接的迷你"泡泡"网络，[①]参赛人员和工作人员将在这些"泡泡"里工作、比赛、吃饭和睡觉。因此整个冬奥会都在闭环

[①] Marcelo Duhalde, "Sealed off Winter Games: The 'Closed Loop' System Explained", *South China Morning Post*, February 4, 2022, https://multimedia.scmp.com/infographics/sport/article/3165780/w-inter-olympics-closed-loop/index.html.

系统内进行，与城市的其他区域完全隔离，也不会与普通民众有接触。闭环内区域和闭环外区域之间设置了防护栏杆、实体墙、实体门等作为物理间隔，并在四周张贴了大量标识来提醒观众："闭环管理，请勿进入""闭环管理，保持距离""闭环管理，请勿翻越"。①

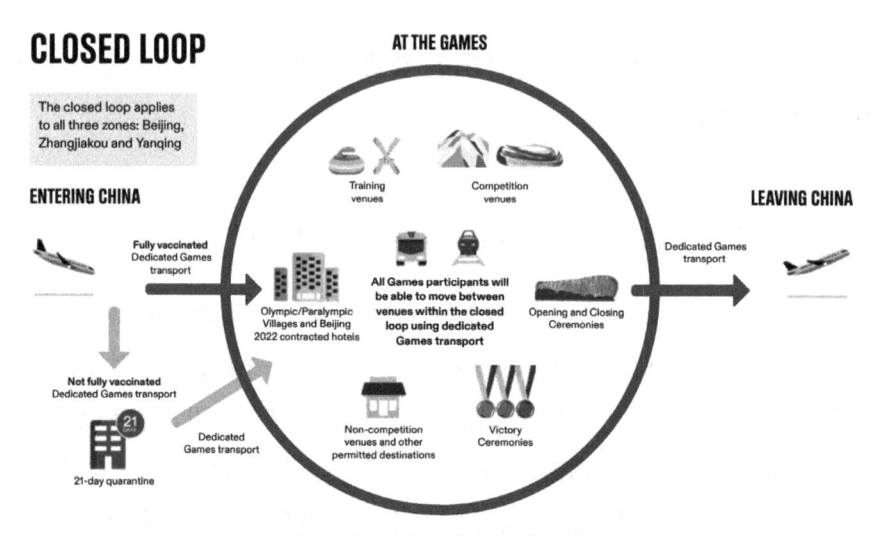

图1 "闭环泡泡"的运作模式

资料来源：第二版《北京2022年冬奥会和冬残奥会防疫手册》②

"闭环泡泡"人为划定了安全空间及其边界，代表一种特定的安全逻辑，其目的是通过控制和过滤在特定时间通过特定地点的人和物，限制流动性，确保安全空间能够良好运转。③ 其中的关键问题是如何在平衡安

---

① 《已使用了十几年的"鸟巢"焕然一新！背后有一支"补妆"团队》，《北京日报》2022年2月4日，https://bj.bjd.com.cn/a/202202/04/AP61fd3e5ae4b068b79bea5db6.html。

② International Olympic Committee, *The Playbook of Athletes and Team Officials*, December, 2021, https://stillmed.olympics.com/media/Documents/Olympic-Games/Beijing-2022/Playbooks/The-Playbook-Athletes-and-Team-Officials-December-2021.pdf?_ga=2.137871792.1402295214.1693538297-882540026.1693538297.

③ Silvano De la Llata, "Spaces of Becoming: Lessons for Planners from the Square Movements", *Planning Theory & Practice*, Vol.22, No.1, 2021, pp. 90–107; Francisco Klauser and Dennis Pauschinger, "Searching for the Right Balance Between Openness and Closure: Spatial Logics of Crisis Management and Control in the Policy Response to Pandemic Disease such as COVID-19", *Journal of Contingencies and Crisis Management*, Vol.30, No.1, 2022, pp. 32–40.

全空间的封闭性和开放性，即如何区分能和不能进入安全空间的人和物。2022年北京冬奥会有一套复杂的系统来实现这一目标：在机场，冬奥会人员和非冬奥会人员被严格分开，在不同的大厅接受检查；①专门设有为"闭环泡泡"顺利运行而隔离出的奥林匹克专用车道，从2022年1月21日至2月25日的冬奥会专用车道涉及42条道路，共239.5公里，2月26日至3月16日的冬残奥会专用车道涉及29条道路，共196.7公里；②冬奥会指定酒店的出入门由警卫控制，只允许经过认证检查的车辆通过；③冬奥会场馆也配备有3D人脸识别门禁，能在不摘下口罩的情况下就精准地判断该人员的真实身份。④

"闭环泡泡"是边界划定和访问控制最严格的地方，除此之外，在许多其他地方、在不同的地理尺度上也有不同程度的过滤。为了保证参赛各方的安全，北京冬奥会决定不面向境外观众售票，境内也只有小部分幸运观众能到现场观看比赛；冬奥会期间北京地铁安检的严格性更甚于平时，北京地铁宣布："为进一步确保轨道交通运营安全，保障广大乘客平安顺畅出行，自2022年1月24日（周一）起北京地铁将全面提升安全等级，严格安检措施。"⑤

构建安全空间的第二条原则是内部组织和管理。"闭环泡泡"作为一个安全空间与外部隔离开，其内部的人和物与外部相比具有一定的稳定性，识别和控制风险的复杂性也有所降低，内部组织和管理更加容易。"闭环泡泡"内的BBC团队描述了他们的生活：除了吃饭和在自己的房间之外，

---

① 《首都机场运行控制中心冬奥保障工作纪实——传承冬奥精神 迎送八方来客》，北京首都国际机场股份有限公司，2022年3月9日，https://www.bcia.com.cn/gsywxqy/11484/11484_133c2888ced542d38c293a46b052e118.html。

② 《提醒！奥林匹克专用车道将于1月21日正式启用》，新华社，2022年1月14日，http://news.cn/politics/2022-01/14/c_1128264339.htm。

③ 《北京冬奥会延庆赛区重点点位陆续进入闭环管理》，人民网，2022年1月21日，http://m.people.cn/n4/2022/0121/c1456-15407024.html。

④ 《北京冬奥会上可以快速识别口罩的人脸识别门禁，还有哪些应用场景？》，搜狐网，2022年2月8日，https://www.sohu.com/a/521338752_120021177。

⑤ 《北京地铁下周一起提升安全等级，安检时间将延长》，《北京日报》2022年1月21日，https://news.bjd.com.cn/2022/01/21/10033314.shtml。

人们必须在其他任何地方佩戴口罩，同时保持社交距离。所有人还必须每天进行深喉样本的核酸检测，并上传检测记录。[1] 在场馆内部，机器人和电脑协作负责喷洒消毒剂清洁地板、测量温度，并在检查点扫描证件，甚至在厨房和酒吧台也装备了各种用于制作单点食物和套餐的机器人，[2] 而人员在取餐时必须戴上一次性塑料手套，以确保安全。[3]

安全空间形成了一种类似于"斯金纳的箱子（Skinner box）"[4]的"净化"效应：其内部和外部在物理空间上二元隔绝，安全治理者能够最大程度上排除无关变量、控制空间内的风险和威胁因素，对治理对象进行监测和管理并及时调整安全措施以达成目的。事实证明，"闭环泡泡"在减少疫情传播方面取得了极大成功，国际奥委会主席托马斯·巴赫（Thomas Bach）认为，在北京冬奥会期间，闭环内核酸检测阳性率仅为0.01%，闭环成为了整个星球中最安全的地方之一，所有人在闭环内都生活得非常安全舒适。[5] 北京冬奥组委运动会服务部副部长黄春也表示，由于将闭环内传播风险控制在了最低水平，也有效阻断了疫情向社会面"外溢"，在有观众观赛情况下实现了观众"零感染"。[6] 由于其优异表现，"闭环泡泡"这个传染病管控模式在北京冬奥会结束之后也被应用于社会面疫情防控，融入了城市公共安全治理范畴。2022年4月的成都世界乒乓球团体锦标赛、2022年9月成都市、2022年11月广州市海珠区都启用了"闭环泡泡"模式，党中央也将"闭环泡泡"列为二十条优化疫情防控的措施之一，认为其体现了

---

[1] "Beijing 2022: Life inside the Winter Olympics Bubble", February 3, 2022, BBC, https://www.bbc.com/news/world-asia-china-60225463。

[2]《冰雪赛场上的机器人：为冬奥保驾护航、为赛事智慧赋能》,《中国日报》2022年2月4日，https://cn.chinadaily.com.cn/a/202202/14/WS6209f716a3107be497a06352.html。

[3]《2022北京冬奥会赛程过半 冬奥"泡泡防疫"获国际盛赞》, 中青在线，2022年2月14日，http://m.cyol.com/gb/articles/2022-02/14/content_dzpGnH07V.html。

[4] "斯金纳的箱子"是心理学实验装置，用于研究操作性条件反射和经典条件反射。

[5]《巴赫：北京冬奥会非常成功 运动员非常满意》, 新华社，2022年2月18日，http://www.news.cn/2022-02/18/c_1211578313.htm。

[6]《"两个奥运"精彩答卷彰显中国贡献》, 新华社，2022年3月13日，http://www.news.cn/politics/2022-03/13/c_1128467097.htm。

科学防控、精准防控的要求。①

安全空间是减少风险和威胁的复杂性、模糊性，提高城市公共安全治理效率的有效尝试，但也面临着内部异化和外部异化两方面的挑战。从内部来看，心理学实验装置意义上的"斯金纳的箱子"只注重描述行为，不注重解释行为；只注重外部反应和外部行为结果，而不探讨内部心理机制。②然而，具有"斯金纳的箱子"效应的安全空间却不能被简单视为一个完全失去流动性和开放性、只需要严格限制和封闭的空间，其开放和封闭程度是多种微观谈判和妥协的结果，涉及各种国家和非国家、当地和跨国行为体，必须对这些行为体的行为动机、利益予以批判性关注和调和，了解行为体间的互动如何影响安全空间的表现，③否则安全空间本身反而会酝酿出不安全的风暴。

从外部来看，安全空间可能会和外部社会脱节，其安全遗产面临着适用性和可接受性问题。斯金纳通过"斯金纳的箱子"实验控制小白鼠的行为，阐明了操作性条件反射原理，并以此为基础创作了《桃源二村》(Walden Two)，描述了一个行为主义乌托邦社会，他认为只要能掌握行为的所有前提，就能准确预测人类行为的发生，并据此"科学地"改造他人的行为，创造一个完美的理想社会。④但是，在本质上，人类行动的"所有"前提很难被完全掌握。安全空间也有类似的困境，内部空间边界清晰、可控性强，外部社会无明显边界、以高流动性为主要特征，但人为设计的安全空间最终要与现有的城市环境结合在一起，其内部的治理方式和经验不能直接取代外部社会已存在的制度，二者可能产生一定程度的脱节。此外，如

---

① 《成都6200多家企业纳入"防疫泡泡"闭环生产》，人民网，2022年9月11日，http://sc.people.com.cn/n2/2022/0911/c379471-40120111.html；《广州海珠试行"闭环泡泡"》，《南方日报》2022年11月29日；《国务院联防联控机制公布进一步优化疫情防控的二十条措施》，新华社，2022年11月11日，http://www.news.cn/politics/2022-11/11/c_1129120702.htm。

② 乐国安：《斯金纳的心理学研究方法》，《心理科学通讯》1982年第2期。

③ Sven Daniel Wolfe, "Building a Better Host City? Reforming and Contesting the Olympics in Paris 2024", Environment and Planning C: Politics and Space, Vol.41, No.2, 2023, pp. 257–273.

④ Nelson Adams, 2012, "Skinner's Walden Two: An Anticipation of Positive Psychology?", Review of General Psychology, Vol.16, No.1, 2012, pp. 1–19.

何在不同的安全空间之间形成一套预测和管理安全风险,并引导和过滤人和物的流动的系统也是城市公共安全治理必须考虑的问题。

(二)物感—生成系统:风险感知与智能安保

自"9·11"事件以来,全球的不安全感不断加深,由于不确定性因素众多,未来的可预测性变得日益模糊。为了应对各种潜在的、兼具复杂性和涌现性的风险和威胁,以生成式 AI 为代表的技术已经成为计算风险和优化决策过程的重要方法。此类技术往往秉持一种实证主义认识论,假设存在独立于观察者的外部世界,该世界可以被客观准确地测量、监测、统计分析和建模。[①] 换言之,这是一种物感技术,通过监控人和物的行动生成大数据,并在此基础上分析现象及其背后的规律,认为能以中立、无价值取向的方式捕捉、抽象出人和物的本质。

中国在城市公共安全治理中形成了"物感—生成"系统,该系统指的是物感技术(以生成式 AI 为核心)及相关的制度、政治、经济、社会安排和实践等形成的组合,意味着安全治理侧重于感知城市运行的客观空间和物理系统,强调通过人和物运行的现象透视其背后规律,使其行为可预测和外部可控,提高城市运行的安全性和效率。

从更具体的保障国际大型体育赛事安全的角度来看,每届大型体育赛事都将智能安保系统置于核心位置,这也被称为"未来的安全投资"。[②] 在大型赛事中,广泛应用了面部识别、算法分析图像并检测特定违规行为以

[①] Agnieszka Leszczynski, "Speculative Futures: Cities, Data, and Governance beyond Smart Urbanism", *Environment and Planning A: Economy and Space*, Vol.48, No.9, 2016, pp. 1691–1708; Tony Porter and Hina Rani, "Legitimacy and Space in the Use of Technologies for Environmental and Social Governance: The Cases of Human Trafficking and COVID-19 Contact Tracing", *Environment and Planning C: Politics and Space*, published online.

[②] Minas Samatas, "Surveillance in Athens 2004 and Beijing 2008: A Comparison of the Olympic Surveillance Modalities and Legacies in Two Different Olympic Host Regimes", *Urban Studies*, Vol.48, No.15, 2011, pp. 3347–3366; Francisco Klauser, "Spatialities of Security and Surveillance: Managing Spaces, Separations and Circulations at Sport Mega Events", *Geoforum*, Vol.49, 2013, pp. 289–298.

及无人机和反无人机等数字设备,涉及多个技术领域,这些技术的主要目的是监控和管理人类在公共空间中的行为。而在奥运会中使用最新安保技术已经成为了一种标准策略,经过大型赛事测试和检验的安全技术在赛事结束后往往也会常态化,成为城市公共安全治理的一部分。① 2022 年北京冬奥会上使用了许多新的智能安保技术:搭载 AI 监测功能的"智能哨兵机器人"能够全天候进行边界监控,拥有目标识别、多目标跟踪、异物检测、道口警示等多种功能,能够自动准确地辨别入侵者的类型,并将监测到的情况以及入侵者的轨迹上传至后台指挥中心。而且,它只需不到传统模式 10% 的样本就能达到相同精度水平的算法提升。② 此外,为了保证运动员的身体健康,北京冬奥会使用的可穿戴监控设备则能实时监测运动员在训练和比赛过程中的生理信息、技术运动和环境信息,能持续收集运动员的心率、心电图、体温、速度和海拔信息,并通过 4G 模块将这些信号返回给可视化系统;③ 所有北京冬奥会人员还需安装名为"冬奥通"的智能手机应用程序,并每日向该程序提交自己的健康状况。④

除了大型赛事,"物感—生成"系统也嵌入到了中国城市公共安全治理的日常生活中。北京广泛使用智能安保技术,借助先进的监控系统、大数据以及 AI 深度学习分析人们的行为和规律,以保证公共秩序和社会稳定。2015 年,北京市公安局对外宣布,市监控范围已实现全域 100% 覆盖,2018 年,北京警方为其监控系统添加了"步态识别"软件,这一软件

---

① Jamie Cleland and Ellis Cashmore, "Nothing Will Be the Same Again After the Stade de France Attack: Reflections of Association Football Fans on Terrorism, Security and Surveillance", *Journal of Sport & Social Issues*, Vol.42, No.6, 2018, pp. 454–469; Austin Duckworth and Jörg Krieger, "'The World Will Be Watching and so Will NSA!': A History of Technology and Security at the Olympic Games", *International Journal of The History Sport*, Vol.38, No.2–3, 2021, pp. 264–281.

② 《离科技冬奥还有 5 天,智能哨兵机器人已就位》,搜狐网,2022 年 1 月 30 日,https://www.sohu.com/a/520013950_121132664。

③ He Chaowei et al., "Nanotechnology in the Olympic Winter Games and Beyond", *ACS Nano*, Vol.16, No.4, 2022, pp. 4981–4988.

④ 《北京 2022 冬奥会和冬残奥会〈"冬奥通"操作手册〉发布》,人民网,2022 年 1 月 16 日,http://ent.people.com.cn/n1/2022/0116/c1012-32327327.html。

能够通过分析个人的体型和行走方式来识别身份，而无须直接拍摄面部。①2021年，北京市积极推进二期"雪亮工程"计划，着力于在"十四五"规划时期实现自动人脸识别技术的应用，以及与房屋租赁信息、医院、酒店和学校记录的智能匹配，以汇总各类人群的活动轨迹，通过收集并整合各种信息和数据，旨在建立一个警报模型，自动检测异常活动，②把北京打造为一个健康、宜居、安全、韧性的智慧城市发展样板。③

对在城市公共安全治理中使用物感技术持支持态度的人而言，比起人类基于经验、情绪和"有限理性"的分析和决策过程相比，数据和生成式AI更客观、更快速、更精确，以技术为核心的安全治理是一种更有效、更可靠的选择。④但这是一种技术乌托邦主义，是一种幻觉。马克·格雷厄姆（Mark Graham）和泰勒·谢尔顿（Taylor Shelton）指出："城市会渗出数据，他们会投下无数的数据阴影。"⑤许多研究算法治理的学者提出警告，在公共和其他形式的决策中使用算法和深度学习具有深远的影响，可以深刻重构权力关系，并导致意料之外和难以预测的后果。⑥约翰·丹纳赫（John Danahe）等学者认为，"算法越来越多地被用来推动、引导、挑衅、

---

① "Chinese 'gait recognition' tech IDs people by how they walk", November 6, 2018, Associated Press, https://apnews.com/article/bf75dd1c26c947b7826d270a16e2658a, 2023年8月4日。

② *Inside China's Surveillance State, Built On High Tech And A Billion Spies*, Worldcrunch, November 1, 2022, https://worldcrunch.com/culture-society/china-surveillance-cameras.《北京市顺义区"十四五"时期信息化发展规划》，北京市人民政府，2022年1月，https://www.beijing.gov.cn/zhengce/zhengcefagui/qtwj/202202/W020220228423818221826.pdf。

③《北京市大数据工作推进小组关于印发〈北京市"十四五"时期智慧城市发展行动纲要〉的通知》，北京市人民政府，2021年3月5日，https://www.beijing.gov.cn/zhengce/zhengcefagui/202103/t20210323_2317136.html。

④ James Ash et al., "Digital Turn, Digital Geographies?", *Progress in Human Geography*, Vol.42, No.1, 2018, pp. 25–43; Rob Kitchin, "Making Sense of Smart Cities: Addressing Present Shortcomings", *Cambridge Journal of Regions, Economy and Society*, Vol.8, No.1, 2015, pp. 131–136.

⑤ Mark Graham and Taylor Shelton, "Geography and the Future of Big Data, Big Data and the Future of Geography", *Dialogues in Human Geography*, Vol.3, No.3, 2013, pp. 255–261.

⑥ Rob Kitchin, "Thinking Critically about and Researching Algorithms", *Information, Communication & Society*, Vol.20, No.1, 2017, pp. 14–29; David Beer, "The Social Power of Algorithms", *Information, Communication & Society*, Vol.20, No.1, 2017, pp. 1–13.

控制、操纵和约束人类的行为。"①

"物感—生成"系统未来面临着三个挑战。第一是算法偏见（algorithm bias）问题，算法偏见可能引发的风险和危害在过去几年中得到了密切关注。不断增加的社会数据是生成式 AI 在城市公共安全治理领域应用的基本先决条件，但不是所有人和物都能被数据"看到"，"最弱势的群体往往也是在新的数据源中代表性最低的群体"。②纽约大学 AI Now 研究所的创始人凯特·克劳福德（Kate Crawford）曾警告说，"与之前的所有技术一样，AI 将反映其创造者的价值观"，研究员乔伊·利西·兰金（Joy Lisi Rankin）也指出，"这个不平等的社会充斥着种族主义和性别歧视，所以即使计算机编程人员心存善念，算法也会有偏见和歧视。"③第二是算法暴力问题。米米·奥诺哈（Mimi Onuoha）创造了"算法暴力"（algorithmic violence）一词，指的是算法或 AI 决策系统阻止人们满足自己的基本需求，这种暴力是社会等级制度的延伸，再现了城市中社会—空间不平等。④鲁哈·本杰明（Ruha Benjamin）和萨拉·萨夫朗斯基（Sara Safransky）认为，AI 很难是"中立客观"的，因为其嵌入在一个被权力和等级结构分裂的世界之中，从真实社会中抽取的大数据必然带有社会固有的不平等性、排斥性和歧视性。⑤第三是应用 AI 衍生出新的风险的问题。AI 和相关技术在整个世界的人和人、物和物、人和物之间增加了更多的联系节点，增添了安全治理图景的复杂性。例如近些年兴起的深度伪造（deepfake）技术为国家

---

① John Danahe et al., "Algorithmic Governance: Developing a Research Agenda Through the Power of Collective Intelligence", *Big Data & Society*, Vol.4, No.2, 2017, pp. 1–21.

② Joshua E Blumenstock, "Don't Forget People in the Use of Big Data for Development", *Nature*, Vol.561, No.7772, 2017, pp. 170–172.

③ Physics World, "Fighting Algorithmic Bias in Artificial Intelligence", May 04, 2021, https://physicsworld.com/a/fighting-algorithmic-bias-in-artificial-intelligence/, 2023 年 11 月 14 日。

④ Mimi Onuoha, "Notes on Algorithmic Violence", February 23, 2018, https://github.com/MimiOnuoha/On-Algorithmic-Violence.

⑤ Ruha Benjamin, "Race after Technology: Abolitionist Tools for the New Jim Code", *Social Forces*, Vol.98, Issue 4, 2020, pp. 1–3; Sara Safransky, "Geographies of Algorithmic Violence: Redlining the Smart City", *International Journal of Urban and Regional Research*, Vol.44, No.2, 2019, pp. 200–218.

间的政治抹黑、军事欺骗、经济犯罪甚至恐怖主义行动等提供了新工具，给政治安全、经济安全、社会安全等国家安全领域带来了诸多新风险。同时，AI模型在大量数据训练后，可能会展现出一些在训练数据中没有明确指示的能力或行为，出现涌现性特性，该特性一方面可以使AI模型在处理复杂问题时变得更加高效，[①]另一方面也可能反而成为新的涌现性风险。

（三）中国化多元协治：技术、主体与组织合作

"治理"一词被用于各种语境，一般囊括所有形式的社会协调和规则。莱迪维纳·V.卡里诺（Ledivina V. Cariño）认为，"（治理）的系统是可渗透的，受外部影响，因为治理理论假设决策者不是全知全能的，所有利益相关者都能评估和批判决策。"同时卡里诺指出，国家是提供政治秩序和法律、监管框架的推动者，市场和公民可以在这些框架内制定计划并行动。[②]因此，治理是一个利益相关者之间互动和决策的过程，涉及不同政策领域和多个时间—空间尺度。[③]

从这个意义上来说，多元主体参与是治理的天然特征和应有之义，当今城市公共安全问题更加复杂化，包括恐怖主义、犯罪、环境污染、公共卫生危机等，单一主体的治理能力常常不足以应对这些问题，需要跨机构、跨行业的协调与合作。然而，不同国家和地区的制度、社会和技术背景存在巨大差异，在不考虑情境因素的情况下笼统地指出治理的一大特征是多元主体参与并没有太大意义。因此，在考察中国城市公共安全治理中多元主体协治时，需要尤其关注在中国背景下，技术、政策、资源、社会规范和信息等如何塑造了各种主体间的关系，以及这种关系目前的困境和

[①] Zeljko Tekic and Johann Füller, "Managing Innovation in the Era of AI", *Technology in Society*, Vol.73, 2023.

[②] Ledivina V. Cariño, "The Concept of Governance", *Introduction to Public Administration in the Philippines: A Reader,* National College of Public Adminstration and Governance of the University of the Philippines Diliman, 2003.

[③] Marc Hufty, "Governance: Exploring Four Approaches and Their Relevance to Research", *Research for Sustainable Development: Foundations, Experiences, and Perspectives*, NCCR North-South/Geographica Bernensia, 2011, pp. 165–183.

未来可能的演变路径。

政府机构、军队和公安局在城市公共安全治理中会结成联盟,以制度化的方式加强在安全领域经验和知识的交流,这种联盟在大型赛事中更为明显。① 此外,在"9·11"事件之后的"反恐战争"背景下,大型赛事的安全治理面临的风险已从地方性扩展到跨国性和全球性,这表示安全战略也变得相互关联,跨国行为体和当地行为体通常会协同合作,以确保国际安全。早在 2018 年 10 月北京市公安局就召开了"加强国际警务合作共保北京冬奥安全"大型国际体育赛事安保经验交流会,邀请了来自加拿大、芬兰、法国、英国、德国、意大利、韩国、俄罗斯等 9 个国家的警务部门和国际奥委会、国际刑警组织的警务部门首脑、安保专家参会,围绕大型国际体育赛事期间反恐处突及外国人管理服务、城市公共安全运行、冬奥场馆专项安保、冬奥安保科技保障和警务合作 4 个主题进行了业务交流。② 2019 年年初,北京警方还与赫尔辛基市警察局签署《友好交流合作备忘录》,为推进平安冬奥汲取经验。③

除了与其他国家的政府机构合作外,中国人民解放军的陆军、海军和空军全面参与了 2022 年北京冬奥会的安保工作。④ 公安部直属成立了专门的冬奥会安保总指挥部,以"全国保赛区、赛区保场馆"为宗旨,要求全国公安机关(尤其是北京市和河北省)共同保障冬奥会活动安全顺利进行。该安保总指挥部在冬奥会前后组织了多次安全会议,特别强调实现国家、属地、场馆三个层级的安保指挥体系纵向贯通、横向联动。⑤

---

① Ying Yu et al., "Governing Security at the 2008 Beijing Olympics", *International Journal of the History of Sport*, Vol.29, No.3, 2009, pp. 390–405.

② 《大型国际体育赛事安保经验交流会将在京召开,本次主题聚焦"北京冬奥安全保障"》,《中国日报》2018 年 10 月 27 日,https://cn.chinadaily.com.cn/2018-10/27/content_37145987.htm。

③ 《北京警方推动首都国际警务合作创新发展》,北京市公安局,2019 年 4 月 24 日,http://gaj.beijing.gov.cn/xxfb/jwbd/201912/t20191220_1367044.html。

④ 《国防部回应美可能于冬奥会期间挑衅:已有充分准备》,人民网,2022 年 1 月 27 日,http://military.people.com.cn/n1/2022/0127/c1011-32341606.html。

⑤ 《全国公安机关圆满完成北京冬奥会安保维稳任务》,人民网,2022 年 2 月 23 日,http://society.people.com.cn/n1/2022/0223/c1008-32358268.html。

此外，2022年冬奥会的安保工作也涉及跨国公司和中国民营企业：英特尔公司提供了AI技术的处理器和无人机，松下公司参与了视频监控设备和数字媒体存储设备的供应；①中奥科技建立了冬奥场所人群疏导仿真模型和三维情景模拟演练系统，用以制定各种可能出现的紧急情况的应急预案。阿里云计算公司与北京市公安局公安交通管理局合作推出了"北京交通冬奥安保一体化平台"，银盾安保集团则负责培训安保人员并组建安保队伍。②

从2022年北京冬奥会安保系统的建立、发展和运行过程中所涉及的主体可以看出，中国城市政治经济的本土复杂性和国家安全的特殊性塑造了具有中国特色的多元协治，其受到中国独特的政治和法律制度的约束。国家（政府）在城市公共安全治理中发挥着主导作用：中央政府指导顶层设计，地方政府指导实施的过程。③与西方国家的现代治理术中强调的国家功能向非国家行为体转移不同，中国政府不是将公共安全服务直接私有化，而是强调建立协调机制来动员民营和公共部门的不同主体，通过制定规章制度并监督其实施，以一种更精妙的方式掌握对公共安全治理发展过程的控制权。④尽管其他主体在公共安全治理中发挥着越来越重要的作用，政府仍然保持着强大的影响力，在多元协治中处于核心地位。

究其原因，多元主体参与和协作治理在中国是相对较新的现象，加之

---

① 《奥林匹克全球合作伙伴及北京2022年冬奥会和冬残奥会赞助企业》，北京市人民政府，2022年1月12日，https://www.beijing.gov.cn/zhengce/zfwj/202201/W020220114609138231002.pdf。

② 《行业案例——2022北京冬奥、冬残奥会》，中奥科技，2022年3月12日，http://www.chinaoly.com/case_detail/1179.html；《阿里云发布超融合数字孪生平台 已服务高速、城市交通、码头和机场》，搜狐网，2022年7月21日，https://www.sohu.com/a/569975999_115565；《银盾集团圆满完成北京冬奥会安保任务》，银盾安保集团，2022年2月21日，http://www.yindunjituan.com/xinwen.html。

③ Jelena Große-Bley and Genia Kostka, "Big Data Dreams and Reality in Shenzhen: An Investigation of Smart City Implementation in China", *Big Data & Society*, Vol.8, No.2, 2021.

④ Lin Yanliu, "A Comparison of Selected Western and Chinese Smart Governance", *Telecom-munications Policy*, Vol.42, No.10, 2018, pp. 800–809; Federico Caprotti and Liu Dong, "Emerging Platform U-rbanism in China: Reconfigurations of Data, Citizenship and Materialities", *Technological Forecasting and Social Change*, Vol.151, 2020.

安全问题的重要性和敏感性，传统的自上而下的组织结构和行动模式在其中保留着较深的痕迹。这一方式到目前为止适应了中国背景，维护了中国城市公共安全治理局面的稳定，但面对不断涌现的社会、经济和环境方面的安全挑战，未来优化多元协治方式需要重点考虑两个问题：第一是人民的主体性问题。2019年8月，习近平总书记在甘肃省兰州市进行考察时强调："城市是人民的，城市建设要贯彻以人民为中心的发展思想，让人民群众生活更幸福。"[①] 深刻回答了城市建设为了谁这一重大理论问题。党的二十大报告指出："坚持人民城市人民建、人民城市为人民，提高城市规划、建设、治理水平"，[②] 这为新时代如何推进城市高质量发展指明了基本方向，将城市发展的核心聚焦在人民的需求和福祉上，强调城市是人民的城市。这意味着必须以人民的安全和幸福为中心，确保城市的安全措施真正符合人民的利益，提高人民的安全感和生活品质。但中国城市公共安全治理尚未完全发挥人民的主体性，人民只是数据的提供者、安全的消费者，处于客体地位，在安全图景的设计和决策中发挥的作用很小。国家充当着家长的角色，由国家决定人民享有什么样的安全。这不利于人民在多元协治中与其他主体形成良性互动，阻碍了建设人民城市目标的实现。第二是弥合分歧、协调一致的问题。多元协治可能具有"飞镖效应"，[③] 即初衷是引入多元主体以丰富治理内涵，但不同主体之间的分歧和竞争可能导致原本用于促进治理多样性的举措反过来影响了安全治理的效果。例如各类数据所有者（政府、企业和社会组织）可能在数据隐私和安全方面持有截然不同的立场和观点。分歧和对立会导致数据隐私和安全领域的争议不断升级、分散了社会各方的资源和精力，使本可以用于城市公共安全治理

---

① 《城市建设让人民生活更幸福》，人民网，2020年8月14日，http://paper.people.com.cn/rmrb/html/2020-08/14/nw.D110000renmrb_20200814_2-09.htm。

② 习近平：《高举中国特色社会主义伟大旗帜 为全面建设社会主义现代化国家而团结奋斗——在中国共产党第二十次全国代表大会上的报告》，人民出版社2022年版，第32页。

③ 社会心理学上，把行为举措产生的结果与预期目标完全相反的现象，称为"飞镖效应"。

的资源在分歧中被消耗。① 未来需要进一步明晰如何在各方之间建立开放性和包容性的信任关系、如何创建和管理最高效的合作机制、如何在不阻碍自下而上创新的前提下巩固政府的领导地位、如何协调不同主体的安全愿景等问题。

（四）三种形式之间的关系

安全空间、物感—生成系统以及中国化多元协治，这三种形式在中国城市公共安全治理的全貌中呈现出一种紧密相互关联的等边三角形结构（如图2所示）。在这个结构中，三者分别从空间的界定与管理、风险的感知与分析以及主体的协调与分歧三个层面深刻地反映中国城市公共安全治理的多层次、多角度的图景。

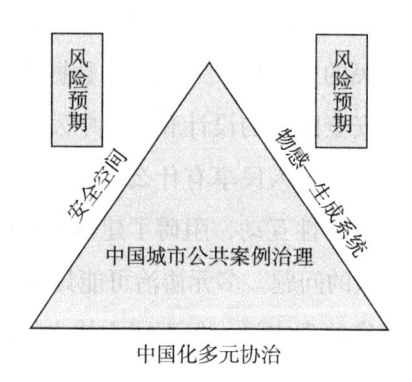

图2 中国城市公共安全治理的等边三角形结构

资料来源：笔者自制。

安全空间、物感—生成系统和中国化多元协治分别扮演着中国城市公共安全治理三角形的边，组合起来共同描绘了治理的整体图景。这表示在复杂的治理网络中，这三种形式在重要性上并无明显次序，任意一边的缺失都将导致对整体特征的误解。三边首尾相连的几何构造凸显了三种形式

---

① Hu Jieren and Zhang Xingmei, "Digital Governance in China: Dispute Settlement and Stability Maintenance in the Digital Age", *Journal of Contemporary China*, 2023, published online.

两两之间也存在紧密互动。安全空间、物感—生成系统和中国化多元协治之间的关联性表明，中国城市公共安全治理的整体图景并非三种形式简单相加，而是通过复杂的相互作用形成。

创造和管理安全空间必须确保空间相对封闭，规范空间内部组织，对人和物的流动进行精密控制，并持续观察和监控"好的"和"坏的"流动。相关的安全技术在物理和信息层面上为这一过程提供了必要支持，例如监控摄像头能够自动识别进入空间的异常物体并迅速发出警报，从而更为有效地实现了安全空间内部和外部在物理层面上的二元隔离。数据和算法的运用可以协助人类完成那些复杂或在认知上存在困难的任务。通过分析历史和当前的数据，生成式 AI 系统能够识别并预测在一定时期和地点内的安全风险，为安全部门提供机会以相应地部署和调整其安全措施。与之对应，安全空间并非仅仅作为被动容纳各类安全技术的场所，更扮演着一种关键的实验场域的角色，为检验新技术的使用条件、效果和潜在缺陷提供了相对纯净的环境，在相对受控的条件下最大限度地展示了技术本身的潜力与效力。这为后续优化技术并将其进一步应用于更广泛范围的安全治理提供了准备，因此安全空间是创新技术理论和安全治理实践的交汇点。而实现一个和谐的安全治理图景，需要各个主体在关于安全空间的定义、人和物在安全空间内外的流动管理、适宜发展和采纳的技术等诸多问题上达成一定程度上的一致，中国化多元协治在这一过程中发挥着至关重要的作用。在中国背景下，尽管各个安全主体通常将政府的安全治理图景作为指导原则，但也会结合自身的实际情况，评估在城市公共安全治理中哪些安全行动是必要的、哪些是非必要的。此外，新的安全空间的创建和新技术的引入也在改变主体间的关系。中国化多元协治为调解分歧，有效识别国家和非国家行为体、人类和非人类行为体之间持续微妙变化的关系指明了方向。

此外，几何三角形结构不仅表明三种形式关系上的稳定性，暗示它们在未来的延续性，而且在拓扑学意义上揭示了治理结构的可调整性。安全空间、物感—生成系统和中国化多元协治的重要性次序可能会在未来发生变化，甚至可能出现新的治理模式（即出现新的形式作为"第四边"），但整体图景仍将保留一些固有特点。这种几何结构既为治理图景的稳固性提供了保证，又为未来调整和创新留下了空间。从整体上来看，中国城市公共安全治理的发展可能会在维持基本框架的同时，适应新的挑战和需求，实现更加全面和可持续的治理效果。

最后还需注意，风险预期和技术政治是中国城市公共安全治理图景及其三种形式形成的重要背景。目前，人们似乎越来越寄希望于技术能够全面预测风险、解决所有安全挑战。在这一背景下，安全治理在多大程度上应该依赖数据和被量化的未来愿景成为一个值得深思的问题。随着技术解决方案的普及，风险预期逐渐被由数据驱动的科学所主导，过去、现在和未来之间的联系被重新配置，现实和虚拟之间的分界逐渐模糊。然而，预期使用的大数据等素材完全依赖过去的规律性，呈现出的未来有贫乏的一面，仅仅基于已经发生过的事件，难以理解新的、异常的或自发的变化。[①] 从这个意义上来说，预期最终"将未来简化为过去，或者更准确地说，简化为过去和现在对未来的预测"，忽略了未来的多重维度和多重潜力。[②] 同时，技术存在算法偏见、算法暴力、深度伪造等隐患，指向的是一个固化社会不平等的未来。或许构建和谐的城市公共安全治理图景（或更广泛意义上的社会图景）最大的挑战在于如何避免未来被现在和过去"扼杀"。这需要鼓励不同主体对替代性的"理想未来的愿景"进行辩论、谈判或协商，因为保持多元性对于维护未来生态至关重要。[③] 这个过程应该引起足够的重视，以确保构建的治理框架能够充分考虑未来的多样性和潜力，避免对未来进行简化和过度依赖过去的经验。

[①] Christophe Lazaro and Marco Rizzi, "Predictive Analytics and Governance: A New Sociotechnical Imaginary for Uncertain Futures", *International Journal of Law in Context*, Vol.19, No.1, 2022, pp. 70–90.

[②] Wendy Hui Kyong Chun, "Crisis, Crisis, Crisis, or Sovereignty and Networks", *Theory, Culture & Society*, Vol.28, 2011, pp. 91–112.

[③] Mike Michael, "Enacting Big Futures, Little Futures: Toward an Ecology of Futures", *Sociological Review*, Vol.65, Issue 3, 2017, pp. 509–524.

结　语

城市公共安全是国家整体安全的重要组成部分，是国家安全和社会稳定的基石。当前，中国城市化进程不断加快，城市运行体系日益复杂，提升城市公共安全治理体系和能力刻不容缓。在此基础上，本文讨论的核心问题是：如何理解当前中国城市公共安全治理的逻辑？其具有哪些特点？

本文对中国城市公共安全治理进行深入探讨，揭示了其在"风险管理"和"技术政治"背景下包含安全空间、物感—生成系统和中国化多元协治三个关键形式。安全治理已经从快速响应向风险预防转变，管理风险和预期未来逐渐成为安全治理的前提，预期是决策的合法依据和采取行动的理由。然而，未来的情境常常呈现偶然性、不确定性和复杂性，超越了人类计算风险的能力，因此数字技术等安全技术的介入日益成为城市安全策略组织和部署的必要选择，标志着城市公共安全治理的"技术转向"。但这种"技术转向"并非简单的技术介入，而是形成了复杂的技术政治格局并打破了"技术中立"的神话，各种安全主体的关系也在其中发生了微妙的变化。

本文以2022年北京冬奥会为具体案例阐明三个关键形式如何相辅相成、相互作用，共同建构出中国城市公共安全治理的复杂图景，但三个形式自身也暗藏着不同的异化风险。米歇尔·福柯（Michel Foucault）曾提出一个名为"异托邦"（heterochronies）的概念，用来代指社会中的特殊场所，这些场所"具有一种奇怪的特性，即与其他所有场所都有联系，但其内部的秩序与规则、内在逻辑都是其他场所的颠倒和镜像"。[①] 在中国城市公共安全治理的背景下，"异托邦"即是一种政治化的另类空间，往往构成对城市公共安全治理逻辑的抵抗和破坏。我们需要谨慎避免各种异化带来的

---

① Michel Foucault, "Of Other Spaces", *Diacritics*, Vol.16, No.1, 1986, pp. 22–27; 杨生平：《异托邦与空间、秩序——福柯异托邦思想与启示》，《华中科技大学学报》（社会科学版），2023年第4期。

"异托邦"。

习近平总书记指出:"要更好推进以人为核心的城镇化,使城市更健康、更安全、更宜居,成为人民群众高品质生活的空间。"① 为了避免"异托邦"困境、促进未来中国城市公共安全治理的进步,应该综合考虑两个在中国独特治理情境下衍生的重要理念:总体国家安全观和人民城市,以总体国家安全观为指导,以人民城市为目标。总体国家安全观和人民城市理念都强调了中国城市公共安全治理的复杂性和多维性,需要综合考虑统筹性、技术性和人本主义。以总体国家安全观为指导,强调对城市安全的全面把握,注重风险管理、技术创新等方面的综合应对。而以人民城市为目标,强调治理的人本性,关注人民的需求和福祉,确保城市安全考虑到社会、文化和人文因素。这样的综合性治理理念有助于构建更为稳定、繁荣、和谐的城市。通过把握国家整体安全、先进技术的运用以及人民的实际需求,可以在中国城市公共安全治理中形成更为有力、灵活和可持续的战略方向,为中国城市的可持续发展提供坚实的理论和实践基础。

---

① 《让城市成为高品质生活空间》,人民网,2022年11月4日,http://paper.people.com.cn/rmrb/html/2022-11/04/nw.D110000renmrb_20221104_6-05.htm。

第二章 双重扩散：
中国治理规范的途径剖析

中国的复合扩散式气候治理

何樱灏

摘要：全球气候治理掀起的"碳中和"潮流正在推动人类社会发展模式发生根本性变革。中国2020年提出了"碳达峰、碳中和"的目标，并以绿色低碳发展作为实施可持续发展国家战略的关键抓手，把保护生态环境和应对气候变化视为制定国家内外政策的重要内容。这些举措让中国成为了当前全球气候治理的引领者。然而，在20世纪90年代，中国仅仅只是全球气候谈判的跟随者。中国在气候治理领域地位的转变主要源于气候环保的理念规范常年来形成的扩散效应。一方面，在参与国际组织气候峰会的过程中，中国通过学习、劝服等扩散机制逐渐接受并内化气候治理规范，形成了不同时期的中国气候政策；另一方面，国内一些省市通过试点、财政激励等方式促进气候政策在省市内和省市间扩散，并且一些省份利用地理位置优势，尝试把气候政策"本地化"，实现了气候规范的内化。国际气候规范扩散和国内气候规范扩散相互交融，形成了中国的复合扩散式气候治理。这为树立人与自然生命共同体的人与自然新范式打下基础，也标志着中国将继续"以身作则"担当全球气候治理引领者的角色。

引　言

工业革命以来，人类对化石燃料的过度使用让全球温室气体排放量持续增加，由此导致了一系列极端的气候事件，也让气候问题成为当前最受关注的全球性问题之一。气候问题从自然科学领域迈入政治领域议题的标志性事件是 1988 年联合国环境规划署和世界气象组织成立了政府间气候变化专门委员会，象征着全球气候治理初现雏形。中国属于较早一批关注气候治理的国家。1993 年，中国加入了《联合国气候变化框架公约》，随后在 20 多年来的全球气候峰会中，中国都积极参与并发挥了重要作用。特别是在 2015 年的巴黎气候变化大会中，中国作出对二氧化碳排放碳达峰的承诺，并最终同全球其他 196 个缔约方共同签署了《巴黎协定》。这一时期，虽然中国在逐渐学习气候治理的知识并跟随全球气候治理的脚步，但作为全球第二大经济体和第一大发展中国家，仍有许多外国声音称中国对于气候问题的重视程度依然不高，做出的气候行动还远远不够。然而，2020 年 9 月，中国作出了在 2060 年前实现碳中和的承诺，提出了"双碳"目标。随后，十三届全国人大四次会议表决通过的第十四个五年规划（2021—2025 年）和 2035 年远景目标纲要再次确认"双碳"目标，象征着中国气候治理的全面铺开。过去学界长期指出中国的气候治理属于环境威权主义，主要表现形式是自上而下的气候治理方式，缺少有效的城市和民众自主参与。为探究中国气候治理的缘来，理解中国为何在 2020 年后把气候治理放在了重要地位，本文通过扩散理论，尝试从国际气候规范和国内气候规范两个层面进行分析，便于更好地理解中国在全球气候治理中扮演的角色及后续中国气候治理的发展路径。

一　中国气候治理的历史梳理

20 世纪 80 年代以来，中国一直是全球气候治理的重要参与者。作为发展中国家，中国对气候治理知识和理念的了解最早源于全球性的气候峰会，这也为中国的气候治理奠定了良好基础。具体而言，中国在气候治理历程中主要分为三个阶段，这也体现出中国对气候治理的思考和实践转化，从较为被动的"参与者"，逐渐成为积极的"贡献者"，再转变为当前主动的"引领者"。

第一阶段是从20世纪80年代至2007年，中国开始参与到全球环境治理（气候治理）。这一时期中国作为最大的发展中国家，正在通过争取"发展排放权"，为广大发展中国家争取经济和发展的宝贵排放空间。1992年，时任国务院总理李鹏在里约地球峰会上指出，"经济发展是保护和改善环境的物质保障，发展经济和消除贫困是发展中国家的当务之急"[1]。国际气候变化谈判虽然对国内政策没有产生实质性影响，但促进了气候政策协调机构的建立。国务院于1998年成立了国家气候变化对策协调小组，后于2003年调整为国家发展和改革委员会牵头的特设部级机构[2]。进入21世纪以来，中国经济发展极大提高，改善了中国人民的生活水平，也让人们关注到一些新的社会现象，例如：媒体报道的环境污染事件增多，从2003年的1件到2011年的58件。[3]2003年7月，时任国家主席胡锦涛提出了"科学发展观"的发展理念，其中蕴含着社会包容性和环境可持续发展的要义，该发展理念也被写入党章中。2007年，中国超过美国成为世界上最大的温室气体排放国，这也让中国提高了对气候问题的重视，于同年制定《中国应对气候变化国家方案》，让气候变化问题首次出现在国务院层面。从1992年联合国环境与发展大会通过了《联合国气候变化框架公约》，到中国坚持"共同但有区别的责任"，推动《京都议定书》的签署。这一阶段中国参与全球气候治理还处于早期阶段，对于国际环境治理依然是探索

---

[1] CCICED Policy Report, *Environment and Development in China: Review and Prospective*, China Environmental Science Press, 2007.

[2] Fei Teng and Pu Wang, "The Evolution of Climate Governance in China: Drivers, Features, and Effectiveness", *Environmental Politics*, Vol.30, 2021, pp.141–161.

[3] 张萍、杨祖婵：《近十年来我国环境群体性事件的特征简析》，《中国地质大学学报》（社会科学版）2015年第2期。

学习和前期准备阶段。

第二阶段是2008—2019年，这一阶段中国开始从全球气候峰会的跟随参与者，转变为积极贡献者。2008年，中国成立了第一个专门负责气候治理的正式政府机构，即国家发展和改革委员会应对气候变化司。至此，中国气候政策开始独立于环境和能源政策，是中国气候治理体系的重要一步。随后，在2009年的哥本哈根世界气候大会上，中国开始联合发展中国家采取"巴厘路线图"中的"双轨制"谈判要求，并最终与美国、印度、巴西等国组成了核心25国小组，联合出台了《哥本哈根协议》。时任国务院总理温家宝在哥本哈根气候变化会议领导人会议上发表重要讲话，表明"遏制气候变暖，拯救地球家园，是全人类共同的使命，每个国家和民族，每个企业和个人，都应当责无旁贷地行动起来。中国在发展的进程中高度重视气候变化问题，从中国人民和人类长远发展的根本利益出发，为应对气候变化做出了不懈努力和积极贡献"。[1]这也是中国国务院总理首次出席联合国气候峰会，展现出中国愿意为全球气候治理承担的责任。作为全球最大的发展中国家，中国需要肩负起降碳减排的责任。与此同时，中国在发展过程中也发现，自然资源日益稀缺、经济结构转型困难以及国内重度雾霾等一系列环境污染问题让低碳和绿色发展成为中国未来发展的内在诉求。因此，中国于2009年倡导成立了与印度、巴西、南非合作的"基础四国"机制，积极参与到国际气候合作中来。从2011年开始，气候变化目标作为有法律约束力的目标纳入了"十二五""十三五"规划中。这也促进诸如国家发改委、国家统计局等23个部门都建立了应对气候变化统计工作领导小组，象征着从政府层面已经开启了气候变化的基础统计和能力建设工作。在党的十八大报告中，首次提出建设"美丽中国"的理念，表明中国正在寻求向低碳的方向转变，实现绿色经济社会发展。这一阶段的里程碑是2015年年底巴黎气候峰会。在此次峰会中，中国国家主席首次到场参与，标志着中国对于全球气候行动的重视已经到了新的阶段。会

---

[1]《温家宝在气候变化会议领导人会议上的讲话（全文）》，中华人民共和国中央人民政府，2009年12月19日，https://www.gov.cn/ldhd/2009-12/19/content_1491149.htm。

议上达成的《巴黎协定》于2016年11月4日生效，成为生效最快的全球气候法律文件，表明气候治理已经在全球范围内取得高度共识。中国的碳排放权交易市场于2017年年底正式启动。2018年3月，气候变化的组织机构开始进一步调整，过去由国家发改委员会承担的应对气候变化和减排职责被整合到了新成立的生态环境部中，是中国应对气候变化历程中的里程碑。其中蕴含的要义是党的十九大报告中提及的"生态文明观"和"人类命运共同体"。众多研究也称此次调整设立的生态环境部弥补了重大气候治理制度缺口，增强了制度力量。[1]

第三阶段是2020年至今，中国逐渐以身作则开始承担全球气候治理的重担。2020年9月，习近平主席向全世界郑重宣布中国二氧化碳排放力争于2030年前达到峰值，努力争取2060年前实现碳中和。随后，在将这一承诺纳入国家气候目标的过程中，党中央领导起草了"十四五"规划和2035年远景目标纲要，其中包含了碳承诺的详细目标和更清晰的路线图。全国人大于2021年春季通过并正式发布了"十四五"规划和2035年远景目标纲要，更新了碳中和的短期目标和时间表。随后，多个部委和省份也相继出台了各自的"十四五"规划，对落实"十四五"气候目标做出了更加细致、本地化的部署。2020年以来，中国对气候问题的重视与日俱增。在2020—2022年年底举行的三次中央经济工作会议中，碳达峰和碳中和的"双碳"问题都被纳入到最高级别经济工作会议中讨论的议题。这是气候变化问题首次出现在最高级别经济工作会议中。在2020年年底召开的中央财经委员会会议后，2021年5月，中央层面成立了碳达峰碳中和工作领导小组作为指导和统筹做好碳达峰碳中和工作的议事协调机构。领导小组办公室由国家发展和改革委员会主办。新一届领导小组的成立也表明气候变化问题在中国政治议程中的重要性日益凸显。

历经三个阶段，中国对气候问题的重视程度不断增加。党的二十大报告强调，实现碳达峰碳中和是一场广泛而深刻的经济社会系统性变革。中

---

[1] 朱松丽等：《"十二五"以来中国应对气候变化政策和行动评述》，《中国人口·资源与环境》2020年第4期。

国气候治理从国际跟随到积极参与再到承担领导，也展现出中国内部气候治理路径的变化。需强调的是，气候政策的特殊性在于它往往需要把气候目标融入各个经济部门，与能源、交通、建筑、工业等政策部门进行政策整合。这给气候政策的制定和实施带来了两个潜在要求：一是国家需要对气候问题表现出相当高的政治意愿，部署涵盖气候减排问题的顶层设计，才有可能推动其发展。二是政府各部门需要不断学习、理解气候科学知识并内化为自身可实施的政策方案。因此，2020年中国首次宣布"双碳"计划，是中国气候治理的转折点，标志着气候目标融入各个政策领域都具备合法性。通常研究认为，一国提出气候目标通常是为了回应全球气候峰会，但中国提出气候目标并非出现在气候峰会前后，说明中国整体对气候治理的理念发生了转变。换言之，气候保护的理念已在国家层面扩散开来。为探究这种转变过程，后文拟用扩散理论进一步论述。

二 理论基础：扩散理论

扩散理论最早起源于传播学的创新扩散理论，它是指"创新的扩散是一种基本社会过程（沟通过程），是创新在特定的时间段内，通过特定的渠道，在特定的社群中传播的过程"[①]。扩散的过程大致可以归纳为一条"S"形曲线，即扩散初期较慢，中期飞速发展，后期曲线渐平代表着扩散接近上限。[②] 政治学中，在观测到一个地区的政策选择很可能受到另一个地区的政策选择的影响时，政策规范扩散理论诞生了。政策扩散理论强调当前世界的政策决策主要是在相互依赖的环境下出现的，行为体很难完全独立自主做出决策。特别是在冷战结束后，全球化高速发展，世界开始变得更加紧密并相互依赖。苏黎世大学教授法布里奇奥·吉拉尔迪（Fabrizio

---

① Rogers, Everett M, "Diffusion of Preventive Innovations", *Addictive behaviors*, Vol.27, No.6, 2002, pp.989–993.

② Elkins, Zachary, and Beth Simmons, "On Waves, Clusters, and Diffusion: A Conceptual Framework", *The Annals of the American Academy of Political and Social Science*, Vol.598, No.1, 2005, pp.33–51.

Gilardi)认为，当今政治的关键特征就是相互依赖，甚至就是扩散本身。①

学者通常用内部因素和外部因素分析扩散的动因。内部因素包含一个国家的特征、政治机构和背景、经济资源和治理能力等。外部因素包含邻国政策、贸易伙伴、国际组织的影响等。政策扩散的动因也造就了不同的扩散机制，学界大致总结为四种：一是来自国际组织或强国的强制要求；二是通过学习某地区成功或失败的经验；三是与其他地区的政策进行竞争；四是对其他地区相关政策进行适当的效仿，即学习、竞争、效仿和强制。②

第一，学习是政治学的关键概念，它通常指"信念的改变或对现有信念的信心的改变，这可能是由于接触新的证据、理论或行为"。③通常我们认为学习机制是指政策主体获取了新的理论、政策或经验，从这些信息中更新了对新的政策效果的信念。但这并不代表政策主体只需复制更有名望的政策主体所追求的政策。实质上，学习机制意味着政策主体需要不断探索，努力找出在其他治理层级中作出选择的盲点并加以修正。这就要求跨国和政府间网络拥有紧密联系，通过密切的网络连接，政策主体才能收获其他管辖区政策的有用信息，④展开学习过程。第二，竞争通常指"决策者预测或对其他国家的行为做出反应以吸引或保留经济资源的过程"。当竞争作为扩散机制时，它往往预示着政策主体间出现由于经济、政治、政党选举等因素形成的竞争关系时，政策主体会为了争夺或保留资源而进行政策调整。竞争机制通常出现在地区税收等案例中，在气候政策中出现的情况还比较罕见。第三，效仿机制关注政策参与者"复制另一方的行为，以

---

① Gilardi, Fabrizio, "Who Learns from What in Policy Diffusion Processes?", *American Journal of Political Science*, Vol.54, No.3, 2010, pp.650–666.

② Beth A. Simmons, Frank Dobbin, and Geoffrey Garrett, "Introduction: The International Diffusion of Liberalism", *International Organization*, Vol.60, No.4, 2006, pp. 781–810.

③ Beth A.Simmons, Frank Dobbin, and Geoffrey Garrett, "Introduction: The International Diffusion of Liberalism", *International Organization*, Vol.60, No.4, 2006, pp. 781–810.

④ Wettestad, Jørgen, and Lars H. Gulbrandsen, eds., *The Evolution of Carbon Markets: Design and Diffusion,* Routledge, 2017, p.17.

使它的政策看起来如同另一方的政策"①。它指出了行为体有限的认知能力和他们处理复杂性的具体策略。效仿的内涵根植于新制度主义,前提假设是全球文化越来越相似。在这种情况下,人们会认为采用一种组织或政策是理所应当的,这意味着这种政策或组织背后的共同理解已经在全球发生扩散,而且这类的政策扩散自然拥有极高的有效性。第四,强制机制,指行为体将某一政策强加给另一政策主体的过程,这种行为源于自上而下的压力,主要手段包含经济激励、规章制度、优惠政策、政府间拨款等。与前三种机制相比,强制机制是唯一"非自愿"的政策调整形式。②

在气候治理规范的研究中,常被提及的是建构主义学者玛莎·芬尼莫尔(Martha Finnemore)提出的著名的"规范生命周期",即规范扩散包含兴起、扩散和内化三个阶段,奠定了规范扩散研究的基石。芬尼莫尔把规范扩散形容成主体向客体主动传播规范的过程,起决定作用的是规范倡议者赖以活动的组织化平台,通常指的是国际组织。国际组织通过"教化"的方式完成规范的扩散。③由于气候变化属于全球性问题,因此气候治理问题最早是国际组织关注的重点,并通过国际性气候大会敦促各国行为体加快气候行动。因此,在规范扩散中,另有奖惩、(规范)劝服、社会学习、战略计算等扩散机制。④奖惩通常包含经济激励、规章制度、优惠政策、政府间拨款等激励性手段,同时也涵盖军事干涉、武力威胁和经济制裁等强制性手段。⑤(规范)劝服机制,是指通过谈判等说服方式,让行为体相信按规范去行动是理所应当的,于是行为体在

---

① Shipan, Charles R., and Craig Volden, "The Mechanisms of Policy Diffusion", *American Journal of Political Science,* Vol.52, No.4, 2008, pp.840–857.

② Maggetti M., "Problems and Solutions in the Measurement of Policy Diffusion Mechanisms", *Journal of Public Policy*, 2016, pp.87–107.

③ [美]玛莎·芬尼莫尔:《国际社会中的国家利益》,袁正清译,浙江人民出版社2001年版,第112页。

④ Checkel, Jeffrey T., "International Institutions and Socialization in Europe: Introduction and Framework", *International Organization*, Vol.59, No.4, 2005, pp.801–826.

⑤ 黄超:《建构主义视野下的国际规范扩散》,《外交评论(外交学院学报)》2008年第4期。

经历反思、辨别后，主动接受规范的机制。①如同规范扩散需要一定时间周期，通过劝说机制推动其他行为体接受规范也需要漫长的过程，且在此过程中，蕴含相关规范理念的政策不一定会出台乃至传播。在全球气候治理的过程中，这是国际组织惯用的气候规范扩散方法。社会学习是指行为体在确信某种规则的适当性后，采用该规则的过程。②战略计算是指行为体遵从理性主义的逻辑，做出符合自身利益的选择，以决定是否要接受相应规范。在这一阶段，规范扩散的研究已经不再是单向地从规范主体向客体传播，而是双向并存的过程。一方面，国际层面的规范理念为行为体接受、内化并扩散，形成了内在的行为准则；另一方面，行为体也可以将自身的信念、规则、规范上传到区域组织、国际层面，从而影响国际规范。与此同时，即使规范接受者在接受新的规范后，它也需要对该规范进行主动翻译和解读，之后会选择性融入。这个过程被称为"本地化"（localization）③，该过程强调规范本地化并不是全盘接受或拒绝，而是确保新进规范和当地社会价值观及身份认知的融合发展。

三 中国气候治理的复合扩散模式

气候治理规范通过国际组织逐渐扩散至各国行为体，也让中国气候治理从20世纪的懵懂跟随者到如今树立碳中和目标的领导者。后文将从全球气候治理规范扩散对中国气候治理的影响及中国气候规范的内部扩散两个方面阐述中国特色的复合扩散式气候治理。

---

① Checkel, Jeffrey T, "International Institutions and Socialization in Europe: Introduction and Framework", *International Organization*, Vol.59, No.4, 2005, pp.801–826.

② Bomberg, Elizabeth, "Policy Learning in an Enlarged European Union: Environmental NGOs and New Policy Instruments", *Journal of European Public Policy*, Vol.14, No.2, 2007, pp.248–268.

③ Acharya, Amitav, "How Ideas Spread: Whose Norms Matter? Norm Localization and Institutional Change in Asian Regionalism", *International Organization*, Vol.58, No.2, 2004, pp.239–275.

（一）全球气候治理规范扩散对中国气候治理的影响

国际气候治理从20世纪90年代开始兴起，主要是由联合国等国际组织通过教化、谈判的方式促进各类行为体学习、理解气候变化问题的急迫性和严重性。这也符合建构主义学者玛莎·芬尼莫尔提出的理论，即把规则扩散解释为一种单向的建构扩散方式，从国际组织自上而下的体系性和单向的规范扩散。在每年参与到联合国气候变化大会的过程中，中国也从谈判中认识到应对气候危机的重要性和中国作为新兴大国需要担负的责任。从2009年哥本哈根气候变化大会国务院总理首次出席和2015年气候变化巴黎大会国家主席首次出席都可见一斑，中国对气候治理的重视程度与日俱增。具体而言，国际组织促进气候规范扩散主要用到以下四种机制。

一是劝服机制。自1995年以来，中国持续参与了联合国气候变化大会，但随着气候问题在世界范围内受到越来越多国家的重视，全球气候治理的参与主体也不断丰富。这就导致中国在全球气候治理的格局中受到了来自发达国家和发展中国家的双重压力。中国需要在国际气候谈判过程中一方面警惕部分发达国家的话语权优势，另一方面又需要协调发展中国家内部存在的立场差异和分歧。因此，在气候峰会中，中国常常担任不同的角色（"跟随者""参与者""领导者"）。在此背景下，中国寻求提升自身气候竞争力，掌握全球气候治理话语权，这就要求中国不断在国际气候治理中发挥积极作用，始终坚持"共同但有区别的责任原则"，促进国际合作和国家间充分沟通的协调机制的建设。在不断巩固这些协调和谈判的过程中，使气候规范在中国高层中扩散开来。

二是学习机制。由于气候变化作为一个科学问题，依然是新兴领域。这要求许多政策制定部门解决气候问题时需要一定的知识储备。每当全球气候谈判举行前，中国需要厘清自身在气候谈判中的立场并依次部署国内气候政策。例如，国家会定期咨询中国工程院、中国科学院和中国国家气候变化专家委员会，加强政策和措施建议咨询。与此同时，国家发改委能源研究所、生态环境部国家应对气候变化战略研究和国际合作中心以及高校、智库也在专家咨询中发挥着重要作用。这些科学界的共识对中国气候关键政策的制定发挥了重要作用。在咨询学习这些的过程中，国家通常会在接受气候科学知识时从两个方面考量出台气候政策的合理性。一方面，当国家确信气候环保的适当性后，会选择采取该政策规范。这符合规范扩散中的社会学习机制。另一方面，当中国面临的气候治理选择与联合国气候变化大会及全球气候治理话语权相关时，气候治理不只是单纯的气候保护问题，而是面对国际复杂形势的战略输出。因此，国家会自然遵守理性主义的逻辑，做出符合自身利益的选择。例如：国家气候中心的研究报告支持了有关中国在《哥本哈根协议》和《巴黎协定》下的气候承诺的决策过程。[1]

三是效仿机制。气候治理是全球治理的新兴发展领域，在20世纪90年代至21世纪初期，一些发达国家已经开始在气候治理领域探索，而中国在这一阶段的发展目标是经济发展。然而，近年来，一方面，中国已经成为全球最大的发展中国家，同时又承担着新兴地缘政治大国的角色，这让中国在承担温室气体减排方面具有天然的责任义务；另一方面，面对国际社会低碳环境约束和国内高质量发展的内在要求，中国的能源结构面临转型，碳排放权交易制度能帮助中国加快能源结构调整，加快转型升级。因此，中国在展开气候治理的过程中，也会从国际气候谈判、双边和多边气候交流中习得气候治理的政策工具。例如：排放交易体系的概念最早出现在《京都议定书》中，后来欧盟在履行"京都目标"的过程中，于2005年开始启动欧盟碳排放交易体系，也是全球首个国际碳排放交易体系。中国出于自身发展需求和学习欧盟的实践经验后，一定程度上效仿建立了自身的碳排放交易体系。2011年，中国"十二五"规划指出中国应积极应对全球气候变化，并逐步建立碳排放交易市场。同年，国家发改委批准了五个主要城市（北京、上海、天津、重庆、深圳）和两个省（广东和湖北）的七个排污权交易试点项目。随后，于2013年启动了七个碳排放交易试

---

[1] Fei Teng and Pu Wang, "The Evolution of Climate Governance in China: Drivers, Features, and Effectiveness", *Environmental Politics*, Vol.30, 2021, pp.141–161.

点覆盖的主要排放部门和企业，帮助当地完成了碳强度和控制温室气体排放的目标。[①]2017年，在总结以往试点经验的基础上，中国从国家层面确立了碳排放交易体系计划，成为继欧盟之后的全球第二大碳排放交易体系，碳市场建设任务以"稳中求进"为总基调，以发电行业为突破口，分阶段、有步骤地建立归属清晰、保护严格、流转顺畅、监管有效、公开透明的全国碳排放权交易市场。中国碳排放交易体系的全面建立可以看作中国气候政策的基石，是中国气候治理实践中的重要一步。

四是财政和技术激励机制。中国作为发展中国家，面临经济发展和环境保护的双重问题，发达国家需要正视历史排放问题，并给予发展中国家相应的资金和技术援助，促进发展中国家提高应对气候变化的能力和绿色低碳建设。2010—2016年，中国从国际多边组织获得了1.58亿美元无偿援助，用在了43个气候变化项目，还从多边银行获得了40亿美元优惠贷款，从双边机构（主要来自欧洲国家）获得了约10亿美元用于实施气候变化项目，[②]促进了中国气候变化应对能力的建设。然而，在低碳能源技术方面的自主创新能力、关键核心技术、自主设计及自主研发能力方面，[③]中国虽然在近几年经历了快速发展，但相比西方国家长期积累的经济和技术基础，中国在低碳技术领域仍需加大投资力度。因此，发达国家和国际组织提供的财政和技术支持很大程度只是为中国走上气候治理之路添砖加瓦，后期中国还需依靠自身能力建设促进低碳技术提升，促进气候规范扩散。

（二）中国气候规范的内部扩散

当中国逐渐转变对气候治理的态度时，中国内部气候治理也呈现出高

---

① Pu Wang, Lei Liu and Tong Wu, "A Review of China's Climate Governance: State, Market and Civil Society", *Climate Policy*, Vol.18, No.5, 2018, pp.664–679.

② "China. National communication (NC). NC 3", United Nations Climate Change，June 25, 2019, https://unfccc.int/documents/197660；《中华人民共和国气候变化第二次两年更新报告》，国家信息通报，2018年12月12日，https://tnc.ccchina.org.cn/Detail.aspx?newsId=73251&TId=203。

③ 温含梅：《挑战与应对：中国参与全球气候治理的思考》，《中国军转民》2023年第16期。

度扩散的趋势。由2007—2019年的数据得知，全国31个省（区、市）的气候政策数量高达4851件。同时，气候政策扩散存在明显的地区差异。一方面，这体现出虽然国家不同时期对于气候问题出台了相应文件，各省市会响应号召，制定、部署、实施气候政策，但不同地区对气候变化问题的认知和实践有着较大区别；另一方面，地区通过自主性学习、咨询等方式因地制宜出台适合本土发展的气候政策。同时由于气候政策通常需要一个部门牵头（通常是国家发改委），统筹协调其他传统部门，进行定期的政策协调和沟通，才能出台相关的气候政策。这就要求不同地区的气候政策制定过程不仅包含企业、行业协会、专家、非政府组织等多个主体参与政策制定，也考验地方对气候理念的认知和应对气候问题决心。由此，中国国内的气候规范扩散主要有以下四种途径。

第一，"试点—推广"是中国内部气候规范自上而下扩散的主要途径。某些西方研究抹黑中国的气候治理属于环境威权主义，但事实上政府的干预手段是与同级政府间的互动关系而定的。"试点—推广"能成为一种政策扩散的方式，但不仅止于自上而下的扩散方式。首先，政策试点意味着新政策在试点地区出现了创新，这是政策扩散的起点。其次，当试点地区拥有相应自主权去探索实施新政策时，很可能该政策会被其他地区学习和效仿，从而让该政策形成扩散效应。最后，如果在试点地区的政策实施效果良好，很大可能会得到国家的认可，并进一步自上而下形成新一轮更广泛的扩散。其中最典型的例子是中国建立的碳排放权交易市场，最早就是从北京、上海、天津、重庆、深圳、湖北、广东七个省市开始试行，通过逐步覆盖地区内的排放部门和企业，获得碳排放交易的实践经验，最后在中央层面形成2017年的国家碳排放交易体系计划，实现了从中央—地方试点—国家层面的气候政策工具的扩散。

第二，财政补贴是地方政府实施气候政策扩散的具体方式。20世纪90年代以来，地方政府的考核标准主要是经济绩效，地方政府也因此把工作重心放在经济发展和社会稳定两项议题上。中国成立由国务院总理担任组长的国家应对气候变化及节能减排工作领导小组以及2008年成立应对气候变化司以来，中国对气候治理越来越重视，使气候变化问题在地区考核中的权重有所增加，于是一些地方政府开始出台相关奖励和补贴政策，促进区域内高耗能企业完成节能减排目标。这是因为一方面，地方政府发现诸如风电、光伏制造等低碳产业属于全球新兴产业，能为该地带来富有成效的经济效益；另一方面，为了保障传统能源产业和新能源产业的和谐共存和持续发展，地方政府并不倾向于选择惩罚性措施，而是通过政策激励的方式，主动为高耗能企业承担减排成本，渐进式展开绿色转型。

第三，中国各地区气候政策的扩散很大程度上受到地理位置的影响。省份间地理邻近的本质是环境趋同，地理相邻、距离接近的省份在气候、社会、经济状况上相似程度更高，彼此可以共享一部分潜在的气候政策。比如，内蒙古光能、风能充沛，适合建设大型风电光伏基地，与之相邻的甘肃、宁夏等地在气候环境上与之相近，因而这些省份更有可能出现有关光伏、风能等气候政策的扩散。然而，相隔较远的云南、贵州等西南省份，在气候环境上与西北地区大相径庭，风能与太阳能相对匮乏，所以西南地区与西北地区便不可能出现与光伏、风能相关的气候政策扩散。通过2007—2019年的数据可知，内蒙古、甘肃、宁夏三地的光伏、风能政策明显多于云南、贵州两省。一方面，说明由于气候环境、社会经济情况的趋同，相邻地区更容易出现气候政策区域性的水平扩散；另一方面，不同地理环境条件不同会导致地方政府需要因地制宜采取适合当地发展的气候政策，而非单纯照搬中央或其他省份的政策。由此，这两种方式本质上都促进了气候治理理念在各省之间进行水平扩散，并转化为不同的政策形式。

第四，自2020年习近平总书记宣布"双碳"目标，同年11月颁布《中共中央关于制定国民经济和社会发展第十四个五年规划和二〇三五年远景目标的建议》，由此开启了中国气候治理的系统化发展模式。由于中国确定了明确的碳达峰和碳中和目标，意味着各经济政策部门都需要在出台政策时，考虑到对气候目标的影响程度。与此同时，气候理念开始成为各个政策部门必须具备的基本知识，并通过学习、效仿等机制更新对气候变化问题的认知，指导其与气候目标整合，以出台新的气候政策。表1是笔者总结的中国应对气候变化的相关政策,可见,相较于2020年后,2007—2019年发布相关气候政策较少。2020年以来,金融、住房、交通、能源等主管部门开始整合气候理念,形成新的发展方案或战略,逐步形成全面的气候治理发展体系。这些政策意味着中国已经开始尝试把气候理念进行内化,从而出台符合中国实际的部门政策。与此同时,当气候目标与所有政策领域整合时,中国的经济社会将朝着人与自然生命共同体的新范式转变。

表1　　　　　　　　　中国主要应对气候变化相关政策总结

时间	气候政策	颁发部门
2007年6月	《中国应对气候变化国家方案》	国务院
2011年10月	《关于开展碳排放权交易试点工作的通知》	国家发展和改革委员会
2011年12月	《"十二五"控制温室气体排放工作方案》	国务院
2013年11月	《国家适应气候变化战略》	国家发展和改革委员会
2015年10月	《关于加快电动汽车充电基础设施建设的指导意见》	国务院
2016年2月	《城市适应气候变化行动方案》	国家发展和改革委员会、住房和城乡建设部
2016年3月	《海绵城市专项规划编制暂行规定》	住房和城乡建设部
2016年7月	《工业绿色发展规划(2016—2020年)》	工业和信息化部
2017年12月	《全国碳排放权交易市场建设方案(发电行业)》	国家发展和改革委员会
2019年5月	《关于做好2019年重点领域化解过剩产能工作的通知》	国家发展和改革委员会、工业和信息化部、国家能源局
2020年11月	《中共中央关于制定国民经济和社会发展第十四个五年规划和二〇三五年远景目标的建议》	—
2020年12月	《碳排放权交易管理办法(试行)》	生态环境部
2021年1月	《关于统筹和加强应对气候变化与生态环境保护相关工作的指导意见》	生态环境部
2021年5月	《银行业金融机构绿色金融评价方案》	中国人民银行
2021年8月	《绿色建筑评价标准》	住房和城乡建设部
2021年9月	《关于完整准确全面贯彻新发展理念做好碳达峰碳中和工作的意见》	中共中央、国务院

续表

时间	气候政策	颁发部门
2021年10月	《关于印发2030年前碳达峰行动方案的通知》	国务院
2021年10月	《中国应对气候变化的政策和行动》白皮书	国务院
2021年10月	《关于推动城乡建设绿色发展的意见》	中共中央办公厅、国务院办公厅
2021年10月	《绿色交通"十四五"发展规划》	交通运输部
2021年11月	《"十四五"工业绿色发展规划》	工业和信息化部
2021年11月	《高耗能行业重点领域能效标杆水平和基准水平（2021年版）》	国家发展和改革委员会、工业和信息化部、生态环境部、国家市场监督管理总局、国家能源局
2021年11月	《"十四五"能源领域科技创新规划》	国家能源局、科学技术部
2022年1月	《"十四五"节能减排综合工作方案》	国务院
2021年11月	《关于推进中央企业高质量发展做好碳达峰碳中和工作的指导意见》	国务院国有资产监督管理委员会
2022年1月	《促进绿色消费实施方案》	国家发展和改革委员会、工业和信息化部、住房和城乡建设部、商务部、国家市场监督管理总局、国家机关事务管理局、中共中央直属机关事务管理局
2022年1月	《"十四五"现代能源体系规划》	国家发展和改革委员会、国家能源局
2022年3月	《关于做好2022年企业温室气体排放报告管理相关重点工作的通知》	生态环境部办公厅
2022年3月	《氢能产业发展中长期规划（2021-2035年）》	国家发展和改革委员会、国家能源局
2022年4月	《煤炭清洁高效利用重点领域标杆水平和基准水平（2022年版）》	国家发展和改革委员会、工业和信息化部、生态环境部、住房和城乡建设部、国家市场监督管理总局、国家能源局
2022年4月	《关于加快建设全国统一大市场的意见》	中共中央、国务院
2022年4月	《加强碳达峰碳中和高等教育人才培养体系建设工作方案》	教育部

第二章 双重扩散：中国治理规范的途径剖析

续表

时间	气候政策	颁发部门
2022年4月	《关于加快建立统一规范的碳排放统计核算体系实施方案》	国家发展和改革委员会、国家统计局、生态环境部
2022年5月	《国家适应气候变化战略2035》	生态环境部等17部门
2022年5月	《财政支持做好碳达峰碳中和工作的意见》	财政部
2022年5月	《支持绿色发展税费优惠政策指引》	国家税务总局
2022年6月	《工业能效提升行动计划》	工业和信息化部、国家发展和改革委员会、财政部、生态环境部、国务院国有资产监督管理委员会、国家市场监督管理总局
2022年6月	《减污降碳协同增效实施方案》	生态环境部、国家发展和改革委员会、工业和信息化部、住房和城乡建设部、交通运输部、农业农村部、国家能源局
2022年1月	《"十四五"现代能源体系规划》	国家发展和改革委员会、国家能源局
2022年6月	《城乡建设领域碳达峰实施方案》	住房和城乡建设部、国家发展和改革委员会
2022年6月	《科技支撑碳达峰碳中和实施方案（2022—2030年）》	科技部、国家发展和改革委员会、工业和信息化部等9部门
2022年7月	《农业农村减排固碳实施方案》	农业农村部、国家发展和改革委员会
2022年7月	《工业领域碳达峰实施方案》	工业和信息化部、国家发展改革委、生态环境部
2023年7月	《关于修改〈乘用车企业平均燃料消耗量与新能源汽车积分并行管理办法〉的决定》	工业和信息化部
2023年8月	《关于深化气候适应型城市建设试点的通知》	生态环境部办公厅等8部门

结　语

　　中国气候治理在历经国际和国内气候规范的复合式扩散后，当前已逐渐发展到内化气候规范的阶段。通过学习气候知识，各政策部门和省市政府也正在通过"本地化"的方式推动气候政策的制定和实施。目前，随着气候变化问题成为当前全球治理最紧要的问题，中国已把气候规范与中国实际融合，提出了共建人与自然生命共同体的人与自然新范式。在此理念指引下，中国作为最大的新兴发展中国家，预计会坚持复合式的气候规范扩散方式。一方面，在国内通过试点、激励、设立气候目标等政策扩散手段促进气候政策在全国铺开，并跟踪政策的实施效果加以修正，创造人与自然的和谐共生环境；另一方面，中国已经通过"以身作则"的方式向世界展现了中国的气候雄心，未来也将担当全球气候治理引领者的角色，发挥大国作用，制定气候大战略，推进南北气候合作和南南绿色合作，最终携手国际社会实现构建人类命运共同体的远大愿景。

第二章 双重扩散：中国治理规范的途径剖析

中国治理理念的次国家规范化传播

明玉琳

摘要： 中国作为治理大国越来越因其突出的治理成效而成为全球治理的重要贡献者，在贫困治理、海洋治理等领域有着独特的国际话语权。中国政府本着发展合作、平等互助的原则正积极推广其治理理念。随着中国次国家行为体参与跨国合作的机会、能力和意愿的不断增加，借助次国家行为体进行治理理念的规范性传播成为中国向世界贡献中国方案的路径之一。事实上，次国家行为体在进行对外扩散时有着自身的逻辑机理和方式路径。基于此，本文提出"次国家规范化"这一概念，以地方政府作为次国家行为主体，分析它们在扩散中国治理理念表现出的行为逻辑。本文认为，次国家规范化是主权国家的治理规范经由次国家主体向外扩散的一种方式，通过身份融合、规范进化机制打破规范扩散的传统认知，发挥地方议程参与全球治理的身份和经验优势。基于此，本文利用两个机制在贫困治理、海洋治理领域进行具体分析。最后，本文对未来如何加强次国家规范化提出路径建议。

引　言

冷战后两大阵营解体，半全球化开始朝着全球化方向发展，全球事务的覆盖范围和发展理念也逐渐演变为真正意义上的全球治理。西方国家作为国际制度的缔造者，长期以来掌握全球治理的话语权。从中华人民共和国成立到改革开放再到"一带一路"倡议的提出，中国始终以平等共赢的原则展开国际合作,从全球治理的拥护者演变为贡献者和创新者。随着中国跨国合作的深入以及制度理念的不断丰富,中国在全球治理的舞台崭露头角,成为当前全球事务有力的治理主体。

一、中国治理理念及其传播简况

(一)中国治理理念的主要内容和特征

中国治理理念有着浓厚的哲学基础和成功的实践经验作为支撑,成为全球治理重要的公共物品。本文从价值核心、理念目的、传播平台三个视角对中国治理理念进行凝练和梳理。

1. **主要内容**

以构建人类命运共同体为价值核心。自2013年人类命运共同体理念亮相于世界,中国一直以来以"共商共享共建"原则推动全球治理朝着更为公平共赢的方向发展。人类命运共同体以全球化和全球主义为现实观照,[①] 积极顺应全球化发展浪潮,要求利益攸关主体共同协商全球发展事宜,共同推动全球治理制度机制完善和改革,以便各国人民共享发展成果。人类命运共同体提出十周年以来,中国在践行政策沟通、设施联通、贸易畅通、资金融通、民心相通"五通"方面取得重要成果。例如,中国与全球超过3/4的国家和30多个国际组织签署合作文件、"六廊六路多国多港"的互联互通架构基本形成、亚投行等组织和基金提供投融资支持、菌草等惠民生项目在非洲太平洋岛国等地扎实推进。[②] 人类命运共同体在推动新型国际关系过程中也不断引申新的内涵和外延,包括亚洲命运共同体、周边命运共同体、海洋命运共同体等,都是中国为全球治理合作所贡献的重要的价值观念。

---

① 丛占修:《人类命运共同体:历史、现实与意蕴》,《理论与改革》2016年第3期。
②《携手构建人类命运共同体:中国的倡议与行动》,国务院新闻办公室,2023年9月26日,https://www.gov.cn/zhengce/202309/content_6906335.htm。

第二章 双重扩散：中国治理规范的途径剖析

以推动全球治理机制革新为理念目的。西方国家虽然在治理机制建设、治理经验、治理秩序方面具有悠久历史和主导权，但它们往往以推动西方式民主模式和自由主义价值观为目的，传播所谓"普世价值"。[①] 西方国家在对外输出时"夹带"自身政治理念，以经济援助、政治秩序重建等方式干预他国内政。这就意味着旧式全球治理机制以反映西方理念和利益为主，亟须革新。与西方全球治理理念不同，中国以公正、平等、共赢的原则推行治理理念，不追求放之四海皆准的"普世价值"，而是坚信每个民族与国家根据自身生存与发展的需要来形成自身的共同价值。[②] 中国希望全世界共享中国方案和中国智慧，将治理技术和经验贡献给世界，让其他国家搭乘中国发展的便车，共同推动全球治理格局的新发展。

以"一带一路"倡议为传播平台。"一带一路"倡议于2013年由习近平总书记正式提出，是中国围绕政策沟通、设施联通、贸易畅通、资金融通、民心相通为建设目标的全球性合作倡议。作为国际合作平台和中国治理理念的集中体现，该倡议将主权国家、地区组织、国际组织、地方政府、市场企业等多元主体纳入到协商合作过程中，同时积极对接其他地区和国家的发展战略，让"一带一路"真正成为全世界共商共享共建的合作平台。"一带一路"作为中国治理理念的传播平台，同时也是中国推动国际发展合作成果惠及全球的重要渠道，帮助越来越多的国家减少贫困饥饿、发展基础设施建设、加快经济发展。正如世界银行指出，共建"一带一路"将使相关国家的760万人摆脱极端贫困、3200万人摆脱中度贫困。[③] "一带一路"倡议的提出加深并扩宽了中国向世界贡献治理智慧的决心与路径，中国的全球治理及其理念由此进入到新的历史发展阶段。

[①] 张建成：《"美式民主"输出的普世价值质疑——兼论国际关系民主化的基本原则》，《陕西师范大学学报》（哲学社会科学版）2006年第6期。

[②] 鲁品越、王永章：《从"普世价值"到"共同价值"：国际话语权的历史转换——兼论两种经济全球化》，《马克思主义研究》2017年第10期。

[③] 《人类减贫的中国实践》白皮书，国务院新闻办公室，2021年4月，http://www.scio.gov.cn/ztk/dtzt/44689/45216/index.htm。

2. 主要特征

国家权力的主体性。全球治理深入发展的同时，也出现了全球治理理念的认知冲突，对全球治理是否去政治化的探讨越来越多。本文认为全球治理并非一种去政治化的治理。有学者指出，当前的全球治理过分强调"全球"而忽视了"国家"，尤其是全球性大流行病印证了全球卫生治理的韧性很大程度上取决于国家和次国家各层级的情况。① 基于此种观点，我们认为，当全球资本、人才、技术无时无刻不跨边界流动的图景展现在我们面前时，不能否认的是边界所象征的国家角色及权力依旧是全球治理中的主导。强调国家权力的政治观念不是否认全球性的悲观论述，而是要重视全球概念背后的权力所起到的关键作用。中国作为国际社会的新兴市场国家，为提升中国在全球认知度和话语权，从塑造国家形象、发展国际伙伴关系、到支持对外发展援助、传播中国治理理念，都需要国家作为关键行为主体在其中发挥作用，从而高效、统一地推动中国争取国际话语权。包括中国次国家主体在内的其他主体参与国际事务都是以维护和发展国家形象而亮相于世界舞台。

国际合作的多边性。一直以来中国坚持多边主义而非霸权主义、保护主义和单边主义的全球合作理念。特朗普政府时期，美国的保护主义和单边主义达到高峰，尽管拜登上台后积极修缮被破坏的美国全球伙伴关系，但我们可以看出，美国所追求的多边主义仍然是以美国为首的一种俱乐部式的、本国至上的合作关系。多边主义意味着多元性、合作性和平等性，中国践行多边主义表现在：共同维护以联合国为核心的国际体系，维护和推进广大发展中国家正当权益，在重大倡议中强调共商共建共享的原则。② 这种多边主义同时也是全方位、多层次、宽领域的合作关系，中国根据不同的合作议题，与国际组织、地区性国家组织、主权国家等多元主体保持

---

① Lee Jones and Shahar Hameiri, "Explaining the Failure of Global Health Governance During COVID-19", *International Affairs*, Vol.98, Issue 6, 2022, pp.2057–2076.
② 杨洁勉：《中国应对全球治理和多边主义挑战的实践和理论意义》，《世界经济与政治》2020 年第 3 期。

着平等包容和互利共赢的合作关系。

理念发展的时代性。中国的全球治理理念随着时代的进步而不断得到丰富，理念发展的时代性特征尤为强烈。这种时代性的动力源于中国不断扩散的全球治理实践。从中华人民共和国成立之初，受制于两大阵营，中国治理理念具有局部性。改革开放后，中国参与全球经济进程加快，推动了发展治理理念的进步。而"一带一路"倡议是在新时代背景下中国全球治理理念新发展的具体表现。"一带一路"作为中国向世界提供的公共产品，中国希望将"一带一路"成果惠及到非洲、东南亚、拉丁美洲的欠发达国家，帮助它们破除基础设施、经济欠发达等瓶颈制约，推动全球发展合作。因此，理念发展的时代性不仅源于中国参与全球治理的主动性增强，也是中国不断丰富和完善全球治理理念的时代要求。

（二）中国治理理念的传播情况

中国治理理念因其突出的治理成效而在国际发展合作中得到广泛扩散和认同。与西方国家扩散民主模式的目的和方式不同，中国治理理念的扩散以不干预他国主权、平等合作、和谐共赢为核心原则，这也是中国治理理念立足世界的强大支撑。

在研究方面，中国学者主要从传播动因、传播内容、传播路径以及意义等角度分析中国治理理念的扩散情况。这些研究从中国减贫、北极治理等各个领域出发，涉及中国治理理念的全球意义[1]、中国身份的建构[2]、国际话语权的提升[3]等具体研究内容。在实践方面，中国治理理念主要借助国际交流平台、国际合作项目、人才技术培训、主流媒体报道等渠道进行传播。上述两个方面都涉及一个核心传播目的，即讲好中国故事。习近平总

---

[1] 张新平、成向东：《新时代"中国减贫方案"的世界意义》，《甘肃社会科学》2020年第6期；马俊毅：《从民族精神共同体到人类命运共同体——"一带一路"与中国特色的全球治理价值》，《思想战线》2018年第5期。

[2] 赵洋：《身份叙事与中国参与北极事务身份建构》，《东北亚论坛》2022年第1期。

[3] 张新平、庄宏韬：《中国国际话语权：历程、挑战及提升策略》，《南开学报》（哲学社会科学版）2017年第6期。

书记曾强调:"要广泛宣介中国主张、中国智慧、中国方案,我国日益走近世界舞台中央,有能力也有责任在全球事务中发挥更大作用,同各国一道为解决全人类问题作出更大贡献。"①然而当前,中国传播治理理念面临着复杂的国际舆论环境,包括影响力和引导力强大的西方媒体对中国的恶意解读,以及中国对外传播和叙事能力相对较弱所带来的不平衡性问题。②因此,提升讲好中国故事的传播能力,对塑造正面国家形象、提升中国文化软实力、③塑造中国国际话语权具有重要意义。

二 次国家规范化:一种新的中国治理理念规范性传播方式

(一)何为次国家规范化

1. 次国家规范化的概念界定

新兴市场国家追求国家形象的整体性塑造,整体性形象能够以统一的、强大的力量具象化理念所传达的特征。当国家身份在全球舞台上越来越突出时,我们也应该在国家整体形象中寻求不同主体的独特性。次国家主体就是其中重要的一支力量。事实上,国际关系中的平行外交论、多层次治理理论、城市外交理论等相关论述已经将次国家行为体视为全球治理的重要主体,打破了主权国家、国际组织、跨国公司在全球舞台中的"垄断"地位。例如,多层次治理理论的贡献者盖里·马科斯(Gary Marks)等人认为,决策能力由不同层面的行为者共享,而不是由国家垄断,次国家行为体可以同时在国家和超国家领域运作。④

---

① 《中共中央政治局召开会议》,《人民日报》2021年6月1日第2版。
② 徐占忱:《讲好中国故事的现实困难与破解之策》,《社会主义研究》2014年第3期;郭信峰:《对外讲好中国故事的困难挑战与对策建议》,《党的文献》2020年第1期。
③ 徐占忱:《讲好中国故事的现实困难与破解之策》,《社会主义研究》2014年第3期。
④ Gary Marks, Liesbet Hooghe and Kermit Blank, "European Integration from the 1980s: State-Centric v. Multi-level Governance", *Journal of Common Market Studies*, Vol.34, No.3, 1996, p.346.

因此，基于次国家行为体在国际关系学科中角色作用的日益凸显，我们提出次国家规范化概念。所谓次国家规范化，是主权国家的治理规范经由次国家主体向外扩散的一种方式，通过身份融合、规范进化等机制传播治理理念，发挥地方议程参与全球治理所具有的人文互动、信息传播、执行能力等优势。这一概念提出的目的，一是凸显次国家行为体在国际事务中的重要地位，二是打破规范由主权国家和国际组织扩散的传统认知，后者我们将在后文详述。

2. 次国家规范化的逻辑特征

我们认为，相较传统的传播方式，次国家规范化传播的不同在于次国家行为体在国家治理理念规范扩散中表现得更为主动。这种主动性特征表现，一是次国家行为体开始对国家在外交理念中所赋予的身份定位以及所代表的国际性角色有了更为深刻的认知，这种身份定位上升为整个地方权力结构的共同的政治话语；二是次国家行为体不仅仅局限于完成上级政府所交代的国际交流任务，还更希望提升国际发展合作的制度化和规范化；三是次国家行为体在治理经验传送的过程中，更加重视治理理念在当地的接受和融合，促进治理规范的在地化，甚至以自下而上的方式促成地方国际合作上升为国家间议程。

（二）次国家规范化的动力来源

次国家规范化作为一种治理理念的扩散方式，其扩散动力源于地区、国家、地方等众多因素。我们从地区治理、国家（间）制度以及地方自主三个维度对次国家规范化的动力机制进行分析。

地区治理。全球治理理念不断传播的同时，全球治理失灵引发思考。尤其是新冠疫情的暴发，将全球治理失灵暴露得更为明显，这也为全球治理的区域（地区）转向提供契机。[1] 事实上，地区治理的转向不是否认全球治理，而是通过各国际行为体在地区层面的合作，以全球主义为最终归

---

[1] 张云：《新冠疫情下全球治理的区域转向与中国的战略选项》，《当代亚太》2020年第3期。

宿，走出当前全球治理的困境。① 地区治理往往是各个国家形成的治理秩序，秩序的塑造源于地区内各主权国家的相互协商、让步和认同。而这些国家有时也在文化、语言等方面具有相似的历史背景，在规范传播的过程中一定程度上起到了弱化规范冲突的作用，易于促进治理秩序的稳定性和实现规范传播的目的。次国家行为体加入地区治理，面对与传统公共管理极为不同的环境秩序，所遭遇的挑战和得到的机遇都是前所未有的。在复杂的过程中，次国家行为体的国际行为能力能够得到激发和提升。因此，国家间形成的地区治理活动塑造次国家行为体的国际主体性特征的同时，也为次国家规范化传播提供了有利的地区秩序和扩散平台。

国家（间）制度。国家作为全球治理最基本的行为体，其权力结构和外交架构仍然决定了治理秩序和次国家参与国际合作的基本走向。国家的外交制度赋予次国家行为体强大的动力，为其加入地区国际合作扫清了很多进入障碍。除了国家制度，国家（间）制度也为地方政府实施次国家规范化提供了相较有序的地区制度环境。国家（间）制度对次国家规范化扩散的庇护，能够帮助减少地方跨国合作存在的信息沟通成本和合作壁垒。对次国家行为体来说，搭乘国家（间）制度的平台加入地区治理秩序和规范体系是最为快捷的方式。新型国际关系、全球伙伴关系网络、大国关系、周边外交、"一带一路"倡议等对外布局② 不仅拓宽了中国的全球合作伙伴，也将更多的次国家行为体纳入到地区合作的治理格局中。

地方自主。除了地区和国家有利因素的促进外，地方政府的能动性也是影响次国家规范化扩散的重要动力。一直以来，地方政府以本地区经济锦标赛和社会公共服务为主，国际参与性较低，国际化色彩相对较薄弱。随着全球信息资源渗透到全球各个角落，地方政府加入到全球化浪潮中。正如前文所述，次国家规范化的关键在于地方在治理理念扩散中扮演更主

---

① 耿协峰：《全球性地区治理的观念生成和实现路径——兼以互联互通的政策扩散为例》，《国际政治研究》2021 年第 4 期。
② 杨洁篪：《在习近平外交思想指引下奋力推进中国特色大国外交》，《求是》2019 年第 17 期。

动的角色，这也意味着地方自身的意愿和能力是影响次国家规范化扩散的关键要素。在中国，"地方从外向型经济开发中获益，而国家参与全球治理很大程度上也在于谋求发展权，这就比较容易形成央地协力"。① 因此，在中央外交驱动下，地方政府的能力和意愿呈正相关关系，国际行为能力越强，国际合作意愿也越强；国际合作意愿越强，越能推动地方走向国际化道路，进而提升国际行为能力。

三 次国家规范化：传播机制与实践领域

（一）次国家规范化的具体传播机制

我们提出两种传播机制——身份融合和规范进化，认为基于这种机制的次国家规范化传播有利于破除传统规范扩散的认知。

1. **身份融合——破除规范接受者和传播者的分离性与等级性**

规范传播与接受并非一种单向关系，而是互动的动态过程。在国际规范扩散的相关研究中，规范扩散者和接受者往往被认为是分离的两种主体。尤其是国际组织基于其拥有的丰富的治理资源和国际沟通机制，往往被视为规范的传播者，甚至将其规范视为一种权威的标准。在规范扩散中，接受者处于被动地位，对二者身份赋予了等级化色彩。但事实上，规范接受者（消费者）同样也可以成为规范传播者。② 每个行为主体，在规范产生—扩散—内化的过程中，③ 都能对规范进行不同的解释、加工和传播，因此每个主体也能成为规范的制造主体。此外，规范扩散实践是多元化复杂化

---

① 张鹏：《中国参与全球治理的地方支持——兼论长三角次区域的地方全球联系与责任》，《国际政治研究》2011年第1期。

② 作者以国际组织为例，指出国际组织不仅是规范的传播主体，同样也是规范的消费者。基于此，本文认为规范的消费主体也能成为传播者。参见 Susan Park, "Norm Diffusion within International Organizations: A Case Study of the World Bank", *Journal of International Relations and Development*, Vol.8, 2005, pp.111–141.

③ Martha Finnemore and Kathryn Sikkink, "International Norm Dynamics and Political Change", *International Organization*, Vol.52, No.4, 1998, pp.887–917.

的动态过程，绝对且清晰地区分二者存在极大困难，因为接受者往往也在向传播者反馈自身的规范，传播者同样承担了接受者的角色。因此我们认为规范主体的二元划分和等级化特征在治理主体多元化和治理理念包容性的时代存在不合理之处。

基于此，我们提出身份融合机制以分析中国治理理念传播的新路径。我们选取中国西南地区作为身份融合机制的主体代表。西南地区是中国发展周边外交的前沿省份。地理相邻的次国家主体，由于地理优势、历史渊源、人文互动更紧密，与周边国家在很多方面存在文化互通，因此它们在规范扩散中往往处于平等的对话关系。身份融合意味着次国家主体利用互通紧密的人文关系传播治理理念，破除"传播者输出—接受者接收"的传统扩散认知。

2. 规范进化——破除规范传播过程中一致性的认知

传统国际规范的研究往往将规范当作一种自变量以分析规范如何得到传播和内化，将规范在扩散到内化过程中设定为保持一致性。这种一致性将传播环境和路径理解得过于简单和单一，[1]认为国际规范落实国内议程后就会得到一致性在地化，往往忽视了地方能动性对规范的影响。次国家行为体作为规范传播扩散的主体，在扩散过程中有自身的规范认知，通过嵌入国家间合作平台，在规范扩散中既会内化原本规范，但也会变动或丰富规范内容，保持规范活力，使其具有适应性。因此，规范在扩散过程中并不是固定不变的，而是具有进化性特征。

国家间制度合作体系是规范传播的重要渠道，制度本身也具有规范性特征，国家间制度体现了合作治理原则、目标和行动规范，而且利用双多边常态化合作平台，更有利于促进治理理念的扩散。国家间制度会留给地方行为主体一定的回旋空间，使其可以发挥能动性对规范进行改动或丰富。因此，我们提出规范进化机制，破除国际规范研究中将扩散中的规范

---

[1] Susanne Zwingel, "How Do Norms Travel? Theorizing International Women's Rights in Transnational Perspective", *International Studies Quarterly*, Vol.56, No.1, March 2012, pp.115–129.

视为一致性的认知。

（二）贫困治理领域的次国家规范化传播

1. 中国贫困治理理念

2021年，随着最后一个贫困县摘帽，中国宣布历史性地解决了9899万农村人口的绝对贫困问题，832个贫困县全部摘帽，12.8万个贫困村全部出列，完成了消除绝对贫困的艰巨任务。① 这个胜利意味着中国不仅提前10年实现了《联合国2030年可持续发展议程》减贫目标，② 更是解决了全球70%以上的绝对贫困。中国减贫方案所蕴含的成功经验和价值理念成为全世界广泛讨论的议题。中国重大减贫胜利背后的贫困治理理念拥有强大的理论内核和价值理性，是保持该理念生命力的重要源泉。

首先，中国贫困治理理念根植于马克思主义贫困理论的哲学性。马克思从制度根源指出，资本家不断把剩余价值中的一部分转化为资本，扩大资本主义再生产以攫取更多的剩余价值。③ 如此循环往复下，工人的状况必然随着资本的积累而恶化，在资本积累的同时，是贫困、劳动折磨……的积累④。马克思反贫困理论揭示资本主义制度下工人遭受的剥削和贫困问题，因此要消灭剥削、消除两极分化，实现共同富裕。在马克思主义贫困理论的指导下，中国以社会主义制度为根本，积极促进生产力发展。中国的减贫战略同时也意识到贫困主体的发展问题，以技术培训、教育减贫、产业扶贫、完善基础设施等方式促进减贫的长远性巩固。

其次，中国贫困治理理念具有历经实践检验的合理性。中国的贫困治理理念是从长达七十余年的减贫实践所凝练出来的核心内容。20世纪80年代左右，中国结束了以往相较分散化的扶贫工作，开启了阶段性、综合

---

① 《习近平著作选读》（第二卷），人民出版社2023年版，第429页。
② 《人类减贫的中国实践》白皮书，中国国务院新闻办公室，2021年4月6日，https://www.gov.cn/zhengce/2021-04/06/content_5597952.htm。
③ 李少荣：《马克思主义反贫困理论的发展及其指导意义》，《理论探讨》2006年第1期。
④ 中共中央马克思恩格斯列宁斯大林著作编译局编译：《马克思恩格斯选集》（第2卷），人民出版社2012年版，第289—290页。

性、战略性的全国扶贫工作。从《国家八七扶贫攻坚计划（1994—2000年）》，到21世纪的《中国农村扶贫开发纲要（2001—2010年）》《中国农村扶贫开发纲要（2011—2020年）》，再到具有全球贡献意义的精准扶贫战略和巩固扶贫成果的乡村振兴战略，这种阶段性的减贫工作使中国贫困治理享有自上而下的政策指导、自下而上的实践反馈以及充分的政策完善空间。具体来看，全国一线扶贫工作人员作为政策执行主体，扎根基层，推动国家政策与群众需求的对接。在这个过程中所出现的新情况、新问题，地方政府和扶贫人员将其反馈到上级政府。在新扶贫阶段开启前，政策主体根据前一阶段所总结的减贫经验和问题，继续完善减贫政策，发挥顶层制度设计的纲领性作用。

最后，中国贫困治理理念包含赋权于民的主体性。赋权于民是贫困治理将边缘群体纳入治理空间的首要原则，是进一步提升贫困主体的话语权和减贫长效性的手段。中国扶贫举措紧紧围绕农村社区建设和发展贫困人口的可持续生计能力而展开，以推动实现贫困地区和贫困人口的内源发展。① 无论是发展地方特色产业，还是开展农业技术教育培训，都是将贫困主体置于减贫决策、执行、监督的环节，真正成为基层治理的主人翁。除本土减贫外，中国在国际发展合作所秉持的造血式扶贫原则也遵循合作平等和自我发展的原则。与西方传统国际扶贫追求单向援助的垂直范式不同，② 中国对外发展合作重视合作主体的平等性、自主性和可持续发展。为深入贫困实际，惠及更多的贫困群体，中国向发展中国家组织开展农林牧渔、加工制造、建筑、科教文卫、手工技艺等领域培训，③ 注重提升贫困地区的自我发展能力。

---

① 钱宁、卜文虎：《以内源发展的社会政策思维助力"精准扶贫"——兼论农村社会工作的策略与方法》，《湖南师范大学社会科学学报》2017年第3期。

② 垂直范式建立在将国际援助划分为"援助者"和"受援者"的基础上，该范式认为国际援助是资金和物资从发达国家向欠发达国家的单向流动。而与之对应的是水平范式，更加强调援助双方作为发展伙伴的平等性和团结合作。详情参见庞珣《新兴援助国的"兴"与"新"——垂直范式与水平范式的实证比较研究》，《世界经济与政治》2013年第5期。

③《〈新时代的中国国际发展合作〉白皮书》，国务院新闻办公室，2021年1月10日，http://www.scio.gov.cn/ztk/dtzt/44689/44717/index.htm。

第二章　双重扩散：中国治理规范的途径剖析

2. 中国贫困治理理念的次国家规范化传播

基于中国贫困治理理念的价值性，我们以云南、广西作为地方政府代表分析次国家规范化传播的身份融合机制。云南、广西与东南亚国家毗邻，其中广西是中国西部地区唯一临海省份，与越南接壤，是中国构建面向东盟的国际大通道。云南，中国西南地区唯一与缅甸、越南、老挝三个东南亚国家相邻的省份，边境线长达4060公里，是中国面向南亚和东南亚国家的辐射中心。云南和广西是中国较早一批参与东南亚次区域合作机制的省份，分别于1992年、2005年加入大湄公河次区域经济合作，在传播中国贫困治理理念和参与地区减贫合作方面有着丰富的实践经验。云南、广西以身份融合为机制的次国家规范化传播主要体现在以下三个方面。

一是尊重规范主体的平等性和自主性。身份融合机制的首要原则是平等性。若主体间没有平等性意识，那么很容易陷入等级化思维桎梏，即将自身的规范视为权威。身份融合还要求规范主体的自主性，因为无论是破除身份壁垒还是规范的内化都在很大程度上取决于规范主体的自由意愿和能力。强制性的规范传播不仅会造成规范本身的破坏，还可能会引起规范的退化和消亡。从具体实践来看，中国与东南亚国家长期以来形成的和合共生、平等自主的外交合作关系为次国家规范化传播营造了良好的秩序环境。遵循主权国家层面形成的合作原则，以地方政府为主的次国家行为体在参与国际减贫合作时充分考虑合作对象的自我发展和内生性需求，在治理理念和规范传播时尊重地方自主性。2017年中国与柬埔寨、老挝、缅甸合作的"东亚减贫示范合作技术援助项目"交由广西、云南、四川正式实施。广西作为该项目的主体之一，深入当地了解贫困现状，分析致贫根源。广西在当地先后实施了修建乡村道路桥梁、发展黄牛养殖、织布等乡村产业、改善乡村水电基础设施等系列减贫举措，开发式减贫取得明显成果。在尊重主体意愿和提升能力建设的原则指导下，地方主体帮助当地实现个体与村庄的统筹发展，为践行以合作共赢为核心的新型国际减贫交流合作关系①的理念做出示范。

二是在互动中学习和反思规范。在规范"刺激—反应"的传统传播链中，②传统规范认知存在的最大误区就是规范扩散的单向逻辑和静态性。这种误区大大阻碍了规范双方主体的反馈、互动和学习。规范主体若无法互动，则会进一步加深双方的身份壁垒。因此，我们认为在互动中学习和反思规范是身份融合机制破除规范主体角色分离的有效行为。作为影响农业生产的关键因素，农业技术开发和传播因其长效性、合作性和学习性，成为广西与东南亚减贫互动的重要表现。广西与周边国家的农业合作基于双方农业的互补性和优势性，在农作物推广种植、技术合作等方面提升了减贫效能。例如，作为中国与东盟农业技术合作的前沿省份，广西近年来投入大量财政支持在缅甸、老挝、越南、柬埔寨、马来西亚等国的农作物优良品种试验站项目建设，以加大双方农作物培育合作、传播本地种植经验，优化当地土地利用效率。在东盟累计示范推广的面积超400万亩，这些农作物品种普遍比当地品种增产20%—50%。③与此同时，广西在推广中国农业技术时，将自身视为接受者和学习者，积极吸纳合作主体的种植经验，引进玉米、水稻等种植品种，在区内也建立了来自越南等国优良品种的广西试验站。这样一来，双方的农业技术互动将进一步提升农业减贫的覆盖范围，惠及更多贫困主体。

三是通过地方性合作机制扩大规范传播。宏观层面的制度保障为地方政府减少互动成本和风险，但这并不意味着地方政府无法在合作机制方面发挥自身的影响力。利用中央授予的国际合作的机会，中国西南省份加大与周边国家的地方性合作机制建设。边境省份在与周边建立多元化、多领域的合作机制表现出强烈的主动性，包括中国广西与越南边境省份建立农

---

① 习近平：《携手消除贫困 促进共同发展——在2015减贫与发展高层论坛的主旨演讲》，人民出版社2015年版，第9页。
② 陈拯：《建构主义国际规范演进研究述评》，《国际政治研究》2015年第1期。
③《关于自治区政协十二届三次会议第20200097号提案答复的函（桂农厅函〔2020〕679号）》，广西壮族自治区农业农村厅，2020年7月13日，http://nynct.gxzf.gov.cn/xxgk/jcxxgk/jytajggk/t6061482.shtml。

业和农村发展厅厅长联席会议机制;云南于2007年与越南边境省河江、奠边、老街、莱州成立联合工作组会议机制,2021年双方又同意建立省委书记会晤机制。①此外,在20世纪90年代末,云南学界提出"孟中印缅地区经济合作"的次区域合作构想得到相关国家的积极响应,2013年四国共同倡议建立孟中印缅经济走廊,该合作由此正式升级为国家层面的合作。②地方性合作上升为国家议程的案例更加突出了规范主体双方对治理合作的一致性认知。因此,通过建立地方性合作机制,规范主体双方沟通更为便捷,也减少了主权国家自上而下信息传递的成本。同时,地方性合作机制为次国家规范化传播提供了多元化平台,加深了规范主体间合作信赖。在这种紧密的地方互动下,规范更能潜移默化地实现扩散化和在地化。

综上所述,次国家规范化传播的身份融合机制通过尊重规范主体的意愿和能力、加强规范的学习反思以及积极创建地方性合作平台,扩散中国贫困治理理念,对破除规范接受者和传播者的分离性和等级化特征起到了重要作用。

(三)海洋治理领域的次国家规范化传播

1. 中国海洋治理理念

人类社会在进入高速发展的同时,全球气候变暖、海洋生态恶化等非传统安全威胁全人类的生存环境,尤其是低海平面国家的生存条件。与此同时,国际海洋战略博弈激化,美国以印太战略为核心,促进北约盟友、美日印澳"四方会谈安全对话"(QUAD)首脑会谈、美英澳三边安全伙伴关系(AUKUS)、双边关系等多层次联盟体系建构,西方国家纷纷加入海

---

① 《把会晤机制打造成中越地方交流合作的重要平台 2021年中国云南省与越南老街、河江、莱州、奠边省委书记会晤举行》,云南网,2021年05月18日,https://m.yunnan.cn/system/2021/05/18/031456567.shtml?ivk_sa=1024105d。

② 李水凤:《"一带一路"倡议下"孟中印缅"经济走廊建设》,云南出版集团2018年版,第74—75页。

洋话语权争夺，多次重申建立一个自由开放的印太地区的共同愿景，[①]试图塑造以自身利益为核心的海洋秩序格局。在非传统安全和传统安全的双重冲击下，海洋治理成为全球治理中棘手且尤为重要的议题。

中国拥有广阔的海洋面积，海域总面积约473万平方千米，是名副其实的海洋大国，海洋资源丰富，是世界上少数几个同时拥有海草床、红树林、盐沼三大"蓝碳"生态系统的国家之一[②]。中国的海洋事业自改革开放以来得到快速发展，随着海洋综合实力的上升，中国海洋强国的身份叙事日益显著。中国海洋治理理念是中国在海洋命运共同体的基础上所形成的对海洋生态环境、防灾减灾、蓝色伙伴关系等方面的认知、价值观和行为机制。

近年来，由于海洋生物资源的过度开发和海洋生态的严重污染，海洋生态环境演变为关系全球生态系统的"公地悲剧"，海洋治理成为各个国家尤其是岛屿国家治理议题的重要关切。中国海洋生态治理注重海洋经济发展与海洋生态保护的平衡性。随着国家海洋强国的叙事凸显，中国强调以对接国际海洋生态保护和搭建海洋保护对话平台的方式推动全球性海洋合作。为落实联合国海洋保护倡议，除了加入《联合国海洋法公约》《生物多样性公约》等重要公约以外，中国在"一带一路"建设中，支持落实《2030年可持续发展议程》融入高质量共建"一带一路"，成立"一带一路"绿色发展国际联盟，共同打造发展的绿色之路。[③]在双多边合作方面，中国搭建海洋保护对话平台，如"中国—东盟海洋合作中心""中国—小岛屿国家海洋部长圆桌会议"等多层次的大型国际交流活动，共同对话协商国际海洋生态保护议题。

---

① "Quad Leaders' Joint Statement: 'The Spirit of the Quad'", The White House, March 12, 2021, https://www.whitehouse.gov/briefing-room/statements-releases/2021/03/12/quad-leaders-joint-statement-the-spirit-of-the-quad/

② 张偲、王淼：《海上丝绸之路沿线国家蓝碳合作机制研究》，《经济地理》2018年第12期。

③ 段克、刘峥延、梁生康等：《海洋生态保护修复：国际议程与中国行动》，《中国科学院院刊》2023年第2期。

此外，海洋自然环境复杂多变，往往频发地震、海啸、火山等自然灾害。沿海国家海洋经济依赖性强，频发的海洋灾害直接对港口贸易、海洋资源开发等海洋产业和居民生存造成严重威胁。加上气候变暖、海平面上升以及海洋生态的破坏等因素使海洋防灾减灾成为国际海洋合作议程中的议题焦点。中国防灾减灾理念重视国际合作、灾害预警监测、技术开发等方面。例如，中国积极开展的西太平洋海域海洋灾害对气候变化的响应、南中国海区域海啸预警和减灾系统、① 东南亚海洋环境预报与灾害预警系统、与印度尼西亚共建的中国海外第一个海洋联合观测站等项目，② 推动中国防灾减灾在国际对话和技术方面实现更进一步的合作。

同时，全球治理中关于"蓝色"的声音越来越突出，不仅是大国在地区战略中强调蓝色伙伴的叙事，而且小岛屿国家也联合起来为自身海洋利益发声。例如太平洋岛国由于自身经济实力和国际话语权有限，从20世纪起，这些岛国坚持用"一个声音说话"的太平洋方式参与国际事务。③ 2017年"蓝色太平洋"正式被提出作为太平洋地区认同的"新叙事"。④ 中国的蓝色伙伴关系事实上是一个总括性理念，在防灾减灾和生态治理同样具有适用性。中国发布的《"一带一路"建设海上合作设想》提出加强共建国家战略对接，发展蓝色伙伴关系。在蓝色伙伴关系的建构路径中，中国积极帮助发展中国家提升海洋治理能力，力所能及地为全球海洋治理提供中国公共产品，推动当前全球海洋治理机制改革完善，携手各国共同打造海洋命运共同体。

2. 中国海洋治理理念的次国家规范化传播

中国沿海省份对外开放早，经济综合实力强，海洋经济发达。作为中

---

① 马英杰、姚嘉瑞：《基于人类命运共同体的我国海洋防灾减灾体系建设》，《海洋科学》2019年第3期。
② 薛桂芳：《"一带一路"视阈下中国—东盟南海海洋环境保护合作机制的构建》，《政法论丛》2019年第6期。
③ 徐秀军、田旭：《全球治理时代小国构建国际话语权的逻辑——以太平洋岛国为例》，《当代亚太》2019年第2期。
④ 陈晓晨：《多重内涵的"蓝色太平洋"——太平洋岛国对地缘政治新环境的应对》，《当代世界与社会主义》2021年第5期。

国"一带一路"海上丝绸之路的重要门户，沿海省份基于其积累的国际海洋治理合作经验，借助国家间海洋合作的制度体系和沟通平台，对践行和传播中国海洋治理理念具有重要的示范作用。基于此，我们选取中国沿海省份（广东、福建）作为分析次国家规范化传播中规范进化机制的案例。广东海域面积42万平方千米，海岸线长4114千米，海洋矿产资源尤为丰富。福建，中国古代丝绸之路的重要发源地，海岸线长达3752千米，拥有万吨级及以上泊位198个，港口贸易发达。广东、福建利用规范进化机制进行次国家规范化传播主要体现在以下两个方面。

一是以创新丰富规范内容。规范并不是不变的，而是在传播中不断丰富和进化的。地方政府丰富治理规范的方式之一是从长年的治理实践中汲取成功经验为国家治理理念输送和反馈新的内容。"蓝碳"是海洋生物从大气中捕获二氧化碳对其进行吸收、转化并长期保存的这部分碳，以及一部分从海岸带向近海及大洋输出的有机碳，[①] 利用"蓝碳"进行市场交易是发展"蓝碳"合作和缓解气候变化的重要手段。中国"蓝碳"市场交易尚处于开发阶段。广东作为中国的海洋大省，红树林、海草床、盐沼等"蓝碳"资源丰富，尤其是红树林面积高达1.4万公顷，约占全国总面积的56.9%，拥有中国乃至全球"蓝碳"合作的重要平台——国际红树林中心。"广东湛江红树林造林项目"作为中国首个符合核证碳标准和气候社区生物多样性标准的红树林碳汇项目，于2021年正式完成交易，成为中国首个通过"蓝碳"碳汇项目实现机构碳中和的项目。[②] 这种首创性实践还包括广东深圳大鹏区于2021年发布了全国首部《海洋碳汇核算指南》，2022年全国综合性海洋碳汇核算标准才正式出台，这对未来规范"蓝碳"交易市场提供了重要的方法理念。地方政府利用海洋优势，以创新性实践输送新的治理内容和实践范式，进一步完善中国"蓝碳"市场机制以及推动"蓝

---

① 唐剑武、叶属峰、陈雪初等：《海岸带蓝碳的科学概念、研究方法以及在生态恢复中的应用》，《中国科学：地球科学》2018年第6期。
②《国内首个"蓝碳"项目交易正式完成》，中国日报网，2021年6月8日，https://cn.chinadaily.com.cn/a/202106/09/WS60c0595ca3101e7ce97541a2.html。

碳"的国际合作。

二是推动国家海洋治理理念的具象化和落实。海洋治理理念作为一种观念上的认知或愿景，还需要以具象化的成果实现理念扩散和落实。沿海省份作为海洋治理的最前线，在推动海洋治理理念落实方面具有成功的治理方式和路径，能够在技术、机制等方面实现从愿景向现实的转化。防灾减灾作为中国与太平洋岛国的重要合作领域，推动中国防灾减灾理念的落实是地方政府发挥能动性的重要方式。在防灾减灾技术方面，福建的厦门大学等单位联合研制的"海丝一号"和"海丝二号"卫星先后于2020年和2021年成功发射，致力于为全球海洋灾害监测提供智力和技术支持。该技术在2022年汤加火山爆发事件中起到重要作用。"海丝一号"卫星利用先进的雷达和成像技术对汤加灾区进行观测，为抗震救灾提供了重要的SAR卫星影像。在防灾减灾机制建设方面，2021年中国—太平洋岛国外长会议上，中国提出未来将建设防灾减灾合作中心的倡议。在多方共同努力下，广东省于2023年正式成立中国—太平洋岛国防灾减灾合作中心。广东不仅具有丰富的防灾减灾经验，而且与太平洋岛国有相关合作历史，包括广东作为中国—太平洋应急物资储备库，在资源调动方面具有极大能动性。可见，广东、福建等沿海省份正一步步落实中国为全球海洋灾害治理做出重要贡献的愿景。

通过分析，我们认为次国家规范化传播通过丰富国家治理理念、落实治理理念愿景的方式，印证了规范不断进化的认知和地方能动性对治理理念传播的重要作用。这种能动性作用还会进一步上升，因为中国海洋治理在建立全方位、多层次、宽领域的蓝色伙伴关系方面取得重要成果，并在"保护和可持续利用海洋和海洋资源，实现人海和谐、共同发展，共同增进海洋福祉"[1]方面不断发力，为地方政府未来进一步促进规范进化和落实提供了更广阔的发展空间和动力源泉。

---

[1] 《"一带一路"建设海上合作设想》，中华人民共和国中央人民政府，2017年6月，https://www.gov.cn/xinwen/2017-11/17/5240325/files/13f35a0e00a845a2b8c5655eb0e95df5.pdf。

结　语

次国家规范化传播不仅对主权国家来说是扩散治理理念的重要渠道，而且对于促进全球治理规范对话而言也是有效的传播媒介。次国家行为体在直接的经验示范、紧密的人文互动、丰富的治理经验等方面具有突出优势，尤其是同周边地区人文关系的强化，为规范潜移默化的扩散提供了内生动力。然而当前，次国家规范化还处于发展起点，但可以肯定的是，随着中国治理的国际话语权上升以及次国家行为体在国际合作作用的日益凸显，次国家行为体必然会成为中国发挥国际影响力的重要力量。为此，有必要对提升次国家行为体扩散治理理念的自主性和规范性提出政策建议。

第一，重视次国家行为体在全球和地区治理中的作用，将其视为国家理念规范扩散的主体。次国家行为体在国际关系学科中被视为"低级政治"，认知层面的偏差阻碍了次国家行为体对外发挥作用的进程。事实上，次国家行为体可以在一些领域，尤其是在主权国家某些敏感的议题领域发挥重要作用，以自下而上的方式补充国家外交。因此认知层面的转变是发挥次国家行为体传播治理理念的首要前提。

第二，扩大次国家行为体参与全球治理的路径和深度，为次国家规范化提供能力保障。中国许多发达省份的地方政府的国际合作经历了重要发展，从缔结友好省际关系、经济贸易合作到创建对话平台，参与国际发展合作的范围在逐渐扩宽。这些地方政府的国际行为能力较高，国际经验丰富，这种经验性累积应逐渐转化成制度机制。次国家行为体丰富的国际合作是次国家规范化传播的基础，而制度机制建设能够促进次国家规范化传播的有序化和有效性。

第三，在自我和他者的互动中强化次国家行为体的身份建构，为次国家规范化提供身份保障。"一带一路"倡议框架下次国家行为体的身份认知逐渐清晰强化，越来越多的地方政府为推动中国治理方案走向全球做出突出贡献。因此，在大力发展次国家行为体的国际性角色时，主权国家应在自我和他者的互动中强化次国家行为体的身份建构,利用官方媒体大力宣传次国家行为体的国际合作成果、促进次国家行为体国际合作中自我价值的提升、为次国家行为体在制度平台的创建上提供支持。次国家行为体也应该在这些方面继续发力。

中国治理理念的传播还处于历史的新发展阶段,讲好中国故事还需要主权国家、国际组织、区域性国际组织以及广大的次国家行为体等主体的合力作用。我们坚信,中国治理经验和治理理念作为惠及全球的公共物品,必然会在全球治理中发挥更关键的作用。

第三章　分化与极端化：
网络空间与国际舆情治理

中国的网络主权共同体道路与"南北之分"的再现

乔光宇（Guangyu Qiao-Franco）

摘要： 在国际舞台上，中国正积极推进以国家为中心的网络空间治理手段的普及。本文旨在通过研究该行动，探讨"实践共同体"（Communities of Practice）的界定行为（Boundary-work）相关的问题。我们可以看到，发展水平上的全球南北之分在"网络主权共同体"的扩张之中再现，这表明目前有关实践共同体的文献存在着解释力不足的问题，它们忽略了界定行为积极主动的面向以及其受到历史背景影响的可能性。本文认为这种再现发生的原因在于实践共同体形成过程中有意或无意的行动。第一，临界空间（Liminal space）的反身性（reflexivity）使饱受争议的实践共同体试图划分出一道具有历史共鸣的边界，以创造出一种志同道合的感觉来进行自我确证。第二，尽管背景知识会在情境学习和成员互动中逐渐转化，但实践共同体的成员在策略选择上还是存在路径依赖。因此，实践共同体的研究者应注意到社群行为者有意的或习惯性的发展边界的尝试，以及他们与社会世界业已构建的联系。

第三章　分化与极端化：网络空间与国际舆情治理

引　言

网络安全已经成为许多国家政治议程中的重要话题，各国政府都不约而同地将网络安全视为本国的核心利益。近年来，针对网络空间的破坏行为呈现激增的态势，从传播虚假信息、从事谍报活动到对关键基础设施实施网络攻击，各种网络犯罪的案例屡见不鲜。为了应对这种日益严峻的挑战，一系列国家主导的行动得到了稳进落实。

这些国家主导的行动都以网络主权原则为依据，也就是说在治理网络空间时回归"威斯特伐利亚模式"（Westphalian model），即国家对其领土内的网络基础设施和网络活动拥有国际承认的最高权力。[①] 而这显然与互联网与生俱来的开放、无门槛和去中心化的本质特征相矛盾了。[②] 作为网络主权原则的提倡者，中国不仅在国内践行这一原则，还通过由本国牵头举办的世界互联网大会（World Internet Conference，WIC）以及各种国际多边组织，如联合国（the United Nations，UN）、上海合作组织（Shanghai Cooperation Organization，SCO）、东盟（ASEAN）、金砖国家（BRICS），积极推动这一"更公平""更合理"的互联网治理模式。[③]

我们可以观察到，包括俄罗斯在内的发展中国家对网络主权的重视程度更高。例如，在2012年迪拜世界国际电信大会上颁布的《国际电信规则条约》修订版和上合组织成员国在联合国大会上提出的《国际信息安全行为准则》（包括2011年和2015年提交的两个版本），这两份旨在加强政

---

① Demchak, Chris C., and Peter Dombrowski, "Rise of a Cybered, Westphalian Age", *Strategic Studies Quarterly*, Vol.5, No.1, 2011, pp. 31–62.

② Mueller, Milton L,"Against Sovereignty in Cyberspace", *International Studies Review*, Vol.22, No.4, 2020, pp. 779–801; Deibert, Ronald J., "Black Code: Censorship, Surveillance, and the Militarisation of Cyberspace", *Millennium*, Vol.32, No.3, 2003, pp. 501–530.

③ "President Xi Stresses International Cooperation in Cyberspace Governance", Xinhua News, November 16, 2016. http://www.chinafrica.cn/China/201611/t20161117_800071907.html.

府对互联网控制能力的文件都得到了发展中国家的广泛支持。① 而相对地，以美国为首的发达国家则坚决捍卫所谓"自由开放的互联网"，强烈反对国家主导的互联网治理模式。② 所以，南北分化在过去三十年中的互联网政治中变得愈加明显。

本文从实践共同体理论的视角出发，分析中国在南半球国家推动国家主导的网络治理模式的过程中发挥的积极作用。③ 实践共同体是指一群从事某项共同事业的行动者，他们通过持续的互动发展出了一套共同的知识和专长。④ 该理论提出后，国际关系学界的相关应用研究不断增多，在讨论实践共同体的内部动态及其与外部其他共同体互动问题的过程中产出了十分丰硕的成果。⑤ 还有一类成果与本研究的相关度更大，它们主要是针

---

① 新版《国际电信规则条约》已由 89 个国家签署，其中大部分来自亚洲、拉丁美洲和非洲。参见 J. Nocetti, "Contest and Conquest: Russia and Global Internet Governance", *International Affairs*, Vol. 91, 2015, pp.111–130。上合组织提出的《国际信息安全行为准则》得到了成员国之外的众多发展中国家的积极认可，包括印度尼西亚、马来西亚、白俄罗斯、越南、尼日利亚、巴西、阿根廷、斯里兰卡、尼泊尔等。目前上合组织成员国包括中国、印度、哈萨克斯坦、吉尔吉斯斯坦、俄罗斯、巴基斯坦、塔吉克斯坦和乌兹别克斯坦。

② 一些研究将一些新兴经济体（如巴西、印度和印度尼西亚）归类为"摇摆国家"或"未定国家"，因为它们在网络主权模式和多利益攸关方共治模式之间摇摆不定。参见 Ron Deibert, "Cyberspace Under Siege", *Journal of Democracy*, Vol. 26, No.3, 2015, pp.64–78; J. Nocetti, "Contest and Conquest: Russia and Global Internet Governance", *International Affairs*, Vol. 91, 2015, pp.111–130; Hannes Ebert and Tim Maurer, "Contested Cyberspace and Rising Powers", *Third World Quarterly*, Vol.34, 2013, pp.1054–1074。然而，近年来，许多新兴经济体国家都通过了包含数据本地化和内容封锁等网络主权方法要素的法规或法律。

③ Emanuel Adler, "The Spread of Security Communities: Communities of Practice, Self-Restraint, and NATO's Post—Cold War Transformation", *European Journal of International Relations*, Vol.14, No.2, 2008, pp.195–230; Christian Bueger and Frank Gadinger, *International Practice Theory*, Basingstoke: Palgrave Macmillan, 2018.

④ Etienne Wenger, *Communities of Practice: Learning, Meaning, and Identity*, Cambridge: Cambridge University Press, 1998.

⑤ Federica Bicchi, "The EU as a Community of Practice: Foreign Policy Communications in the COREU Network", *Journal of European Public Policy*, Vol.18, No.8, 2011, pp. 1115–1132; Qin Yaqing and Astrid H. M. Nordin, "Relationality and Rationality in Confucian and Western Traditions of Thought", *Cambridge Review of International Affairs*, Vol.32, No.5, 2019, pp. 601–614; Mathew Davies, "A Community of Practice: Explaining Change and Continuity in ASEAN's Diplomatic Environment", *The Pacific Review*, Vol.29, No.2, 2016, pp.211–233; Niklas Bremberg, "The European Union as Security Community-Building Institution: Venues, Networks and Co-operative Security Practices", *Journal of Common Market Studies*, Vol. 53, No. 3, 2015, pp.674–692.

第三章　分化与极端化：网络空间与国际舆情治理

对"界定行为"的讨论。① 然而那些同时运用实践共同体理论和界定行为理论的文献讨论的都是实践共同体的成员在与外部环境互动的事中或是事后的界定行为，极少有对社群成员主动管理边界的行为以及他们在社群形成前和形成时的活动进行详细探讨的研究。

本文力图解释为何实践共同体在自身还未完全形成的情况下就迫切地进行边界划定的工作，并将对这项工作如何开展进行描述。本文审视了由中国牵头的"网络主权共同体"的演变历程，该共同体一直以来都力图重现南南合作鼎盛时期的社群边界。我们知道，在那时，全球的发展中国家都联合起来，试图建立起一个新的国际政治经济秩序。② 笔者在研究了网络主权共同体的发展以及其在南半球国家的扩张趋势之后，认为尽管实践共同体中的行为主体受新形势所驱，其创造性行动展现出了较高的灵活性，但在特定情况下的社群的边界划分行动仍有一定的规律可言。网络主权共同体的边界与现有的全球南北格局划分趋于拟合的现象源于实践者在摸索建立社群之道时的倾向性和反身性（relexivity）。

尽管一些实践共同体能更灵活地迈向新的组织结构，③ 但在某些情况下，选择与现有的秩序保持一致的边界划分更能增强社群的公信力。因此对于网络主权共同体的组建来说，选择继承旧有的南半球结构显然更加方便省事，中国和俄罗斯在完善美西方建构的"网络自由"原则时面临对全球公信力的争夺。尽管我们不能说要赢得国际网络治理话语权的斗争非复现南半球的边界不可，但它确实能为在这场斗争中的网络主权共同体成员提供可利用的资源。

然而要在新的背景下复现旧的结构就必须加大界定行动的强度，以在

---

① Maïka Sondarjee, "Collective Learning at the Boundaries of Communities of Practice: Inclusive Policymaking at the World Bank", *Global Society*, Vol.35, No.3, 2021, pp. 307–326. Maren Hofius, "Community at the Border or the Boundaries of Community? The Case of EU Field Diplomats", *Review of International Studies*, Vol.42, No.5, 2016, pp. 939–967.

② Dena Freeman, "The Global South at the UN: Using International Politics to Re-Vision the Global", *The Global South*, Vol.11, No.2, 2017, pp. 71–91.

③ Etienne Wenger, Richard A. Mcdermott and William Snyder, *Cultivating Communities of Practice: A Guide to Managing Knowledge*, Boston, MA: Harvard Business School Press, 2022.

保持现有的边界的基础上扩大边界的范围。社群内部的实践行为以及那些用于表达成员观点，促进成员交流的"边界目标"（boundary objects）都必须经过精心设计，以适应目标成员的需要。与其说是老成员教导了新成员，倒不如说是新成员（或潜在的成员）的偏好塑造了老成员的行为，这揭示了临界情境中的反身性[①]。而该视角也是一个未被主流的实践共同体理论研究深入探讨过的方面。实践共同体的关注点并不总集中在诸如开发和传播专长的"内部目标"上，它们还致力于通过争取更多追随者来增加其影响力，以达成"外部目标"。中国提出的网络主权原则、政府主导的多边合作以及有关隐私和非国家利益相关方参与修订的条款，都是界定工作的一部分，旨在与尽可能多的发展中国家达成共识。相比于西方国家主导的所谓"网络自由"原则以及多利益攸关方博弈的治理模式，中国的主张对那些担心在信息时代处于从属或附庸地位的发展中国家更具有吸引力。

本文接下来将首先介绍实践共同体和界定行为的概念，并将它们用作分析网络主权共同体的理论工具。其次是对研究背景的描述，本文将简要勾勒网络空间，尤其是中国网络空间的发展历程，也正是它的发展催生了网络主权的概念。再次，本文将深入研究案例，分析网络主权共同体的界定行为以及他们是如何在"网络外交"中试图重现与南南合作类似的社群边界的。最后是本文关于对网络主权共同体对实践共同体理论以及网络空间治理模式的影响的一些思考。

一　实践共同体和界定行为

实践共同体是由安悌拿·温格（Etienne Wenger）及其团队在组织管理研究领域中创造的一个概念，用于概括这样一种现象：一个群体充满热情地持续关注一个或一系列共同的问题，他们通过持续地互动发展他们自身

[①] Emanuel Adler, *World Ordering: A Social Theory of Cognitive Evolution*, Cambridge: Cambridge University Press, 2019.

以及整个社群在该领域里的知识和专长。①

实践共同体有多种形式,既包括为了促进某个给定领域知识的发展而专门建立的社群,也包括那些经由自发的非正式互动和学习而自然形成的有机组织。② 尽管实践共同体的形式各不相同,但它们都有一个共同的基本结构,这个结构由三个关键的互补要素组成,即领域、社区和实践。③ 领域指的是社群所从事的共同事业,社群成员将共同履行对领域的承诺并且共享那些将成员与外来者区别开来的能力;社区指的是社群成员建立关系、进行互动和学习所处的环境;实践则指的是全部共享的技能资源,也就是说社群成员拥有一套共同的"行动框架、理念、工具、信息和行事风格"。④

学者们有意无意地将界定行为(boundary-work)的概念理解为在共同实践发生演变后或是在新成员加入后发生的事后行为,又或是社群成员在与外部环境接触时"在工作中"习得的事中行为。他们大都忽略了社群成员对边界的主动管理行为。换言之,社群边界可能是由实践共同体的召集者在边界形成前事先提出以供商议的,其目的在于尽可能地吸纳目标成员。因此,当前实践共同体理论的应用存在很大的盲区,他们没有关注到社群在形成前或是形成过程中划定边界的主动行为。在政治主体如何构思"理想"的边界以及如何在社会和结构的现实中优先建立共同体的问题上,学术界也缺乏相应的解释。这些不足之处也正是本文想要解决的问题。

本文认为,我们应注意早期实践共同体界定行为的两种来源。首先,

---

① Etienne Wenger, Richard A. Mcdermott, and William Snyder, *Cultivating Communities of Practice: A Guide to Managing Knowledge*, Boston, MA: Harvard Business School Press, 2002.

② Etienne Wenger, Richard A. Mcdermott, and William Snyder, *Cultivating Communities of Practice: A Guide to Managing Knowledge*, Boston, MA: Harvard Business School Press, 2002, p. 244.

③ Etienne Wenger, Richard A. Mcdermott, and William Snyder, *Cultivating Communities of Practice: A Guide to Managing Knowledge*, Boston, MA: Harvard Business School Press, 2002, pp. 23–41.

④ Etienne Wenger, Richard A. Mcdermott, and William Snyder, *Cultivating Communities of Practice: A Guide to Managing Knowledge*, Boston, MA: Harvard Business School Press, 2002, p. 29.

边界的形成受实践者所继承的已构建的制度环境影响和制约。按照皮埃尔·布迪厄（Pierre Bourdieu）的观点，行动者具有习惯性（habitus），而习惯性是外部结构的内在反应，它既能使行动者的信念和行为成为可能，又限制了这种信念和行为的方式。① 正如艾弗·B. 纽曼（Iver B. Neumann）和文森特·帕里奥（Vincent Pouliot）所言，习惯性产生了"基于先前接触过的世界和曾经实践过的特定行为方式"的倾向和倾向性。② 社会和政治行动者所做的事（以及他们做事的方式）依赖于从"已完成的事情"中获得的诀窍，尽管这个过程并不排除一定程度的偏离、即兴和审时度势的考虑。③ 在行动者以其惯常的行为方式参与到界定行动当中时，边界的连续性就产生了。从这个意义上来说，过去的机构界定可能会成为新实践共同体的参考边界线。

其次，本文认为界定行为可以是实践者们有意识的行动。实践共同体的成员在边界划定的过程中会有意识地呼应现有成功的社群结构，因为无须摆出理由证明，这些社群有公认的与世界进行有效互动的能力。这一有意识的过程类似于组织同构的现象，即"组织机构会选择同一领域内公认的更为成功的类似组织作为其榜样"。④ 当在国际话语角力存在分歧时，特别是社群的行为准则在这个过程中面临威胁的时候，实践共同体的成员可能会不断重新定义自己的团体来证明他们优于竞争对手，这是社群应对斗争不确定性的一种方式。要重新定义自身，可以通过强调一个截然异于众人的身份来达成，同时也可以策略性地改变边界，将自己塑造成人数多的那一方以增加社群的公信力。正如我们观察到的，网络主权共同体在争取

---

① Pierre Bourdieu, "The Peculiar History of Scientific Reason", *Sociological Forum*, Vol.6, No.1, 1991, pp. 3–26.

② Iver B. Neumann, and Vincent Pouliot, "Untimely Russia: Hysteresis in Russian-Western Relations over the Past Millennium", *Security Studies*, Vol.20, No.1, 2011, pp. 105–137.

③ Vincent Pouliot, "The Logic of Practicality: A Theory of Practice of Security Communities", *International Organization*, Vol.62, No.2, 2008, pp. 257–288.

④ Paul J. DiMaggio, and Walter W. Powell, "The Iron Cage Revisited: Institutional Isomorphism and Collective Rationality in Organizational Fields", *American Sociological Review* Vol.48, No.2, 1983, pp. 147–160.

第三章 分化与极端化：网络空间与国际舆情治理

资源和公信力的过程中试图利用南南合作的现有结构和范围，以凸显其合理性和成员数量的优势。

以上观点对于理解为何国际社会中的社群一直处于建构过程之中的现象具有重要意义，也是当前文献尚未充分论证之处。尽管如此，我们并不能否认已构筑的边界会随着时间的推移而固化的可能，只能说这种相对固定的边界不是永久性的。特定议题下的国际互动以及地缘政治的变化都会引发边界的调整。换言之，界定行动通常都伴随着持续的紧张和数不尽的争议，人们为此不断地探索，寻求和解的脚步也从未停歇。[①]

预划定的边界只有在社群既有的成员和目标成员都接受的情况下才能够真正地建立起来，即使这些边界是沿着旧有机构的路线来划定的。通常情况下，行动者必须通过开展界定行动来拉近目标边界和现有边界之间的差距，这就需要行动者在实践中确定什么对于社群来说是合适的，什么又是不合适的。主张扩张的社群行为者有理由相信潜在的新成员能够接受本社群的共同实践，因为这能证明本组织目标的正确性并增强成员的认同感，从而在一定程度上压制住内部的差异性带来的离散倾向。

跨边界的联系可以促成这种扩张性的界定行为，而跨边界联系又是通过作为"定界物"（boundary objects）的流通制品、语言、协调程序，或者是通过边界交锋产生的。所以对于一个正在商议边界的新实践共同体来说，能引起共鸣的历史论述是一种可资利用的资源。"历史共鸣话语"指的是那些"已经被使用了很久的，或是已经被制度化了的观点和概念，以至于其意义和价值在很大程度上被认为是先验的"。[②] 这些话语可以被用来构建"定界物"，为主张和论据的合理化创造基础，而行为者则可以利用这些主

[①] Emanuel Adler, *World Ordering: A Social Theory of Cognitive Evolution*, Cambridge: Cambridge University Press, 2019; Maren Hofius, "Community at the Border or the Boundaries of Community? The Case of EU Field Diplomats", *Review of International Studies* Vol.42, No.5, 2016, pp. 939–967.

[②] Abby J. Kinchy, and Daniel Lee Kleinman, "Organizing Credibility: Discursive and Organizational Orthodoxy on the Borders of Ecology and Politics", *Social Studies of Science*, Vol.33, No.6, pp. 869–896.

张和论据来追求自己的利益。网络主权共同体从组建伊始就进行了主动的界定行动,随着时间的推移,国家主导的网络空间治理策略、程序和工具都得到了巩固和加强。而与此同时,网络主权共同体也有意淡化了国家控制的强制因素以及对非国家行为体的框架性排斥。以上行为都是界定行动的一部分,网络主权共同体可以通过这些界定行动与意图纳入的行为者之间达成临时的共识。

一言以蔽之,要理解一个社群是如何与它所在的环境之间区别开来的问题就必须关注共同体行动者构建边界的行为,这些行为可能是有意的,也可能是习惯性的;此外还必须关注已经构建好的社群内环境,因为内环境能够促成或限制行动者构建边界的行为。至此,我们已经简要地解释了实践共同体理论和界定行为理论,并且探讨了它们在解释网络主权共同体扩张行为上的适用性,接下来我们将展示实证调查的结果,详尽阐述网络主权共同体构建和传播网络主权原则的不同过程,并进行更细致的分析。

二 网络主权的起源

尽管互联网最早起源于美国五角大楼的一个项目,但它的早期发展和大规模商业化则主要是由科技界、私营企业和一些美国主导的管理机构推动的。[①] 互联网自诞生之日起就包含着平等主义的基因,但"平等代表全球互联网用户"的模式在实践中却一直广受批评。这一模式指导之下的一些做法受到指责,比如,缺乏社会公民的参与、政府权力不足又或是过度监督及其所带来的合法性问题,等等。[②] 此外,美国在世界互联网领域一直保持着强势地位,美国商务部也与国际互联网名称与数字地址分配机构(The Internet Corporation for Assigned Names and Numbers,ICANN)有着紧

[①] Hannes Ebert, and Tim Maurer, "Contested Cyberspace and Rising Powers", *Third World Quarterly*, Vol.34, No.6, 2013, pp. 1054–1074.

[②] Jeanette Hofmann, "Multi-stakeholderism in Internet Governance: Putting a Fiction into Practice", *Journal of Cyber Policy*, Vol.1, No.1, 2016, pp. 29–49; Milton Mueller, *Networks and States: The Global Politics of Internet Governance*, Cambridge: MIT Press, 2010.

密的合作关系，这使人们对互联网政策制定中的政治代表性问题愈加地担忧。像中国等互联网领域的后发国家为了追赶上西方发达国家，基本都依赖国家主导的模式，统一规划、指导和协调网络空间的发展。例如，中国最早的四个国家级网络——中国教育和科研计算机网、中国科技网、中国公用计算机互联网骨干网（ChinaNET）和中国金桥信息网分别由教育部、中国科学院、邮电部门和电子工业部建立和管理[1]；而将这些网站接入国际互联网，为中国用户提供国际网关的实体也是国有企业中国电信。中国在国际互联网标准化和资源分配领导机构中的代表则主要是国家机构和国有的研究机构，当然，2000年以来，这些机构中来自私营企业的中国代表在不断增加，但他们的话语权仍不及国有机构的代表。与中国一样，许多发展中国家的互联网事业也是由国家机构主导的，这些实践从一开始就与以分散为特点的国际互联网管理协议产生了一定的矛盾。

网络主权原则的基础，也就是中国政府主导下的互联网治理模式的构建动力最初来源于经济领域。自1994年接入国际互联网开始，中国政府的领导层锐意改革，力图通过包括互联网在内的多种途径实现中国经济与全球的重新连接。[2] 2000年时，威瑞信（VeriSign）几乎垄断了中文域名标准化和注册，美国企业在中国互联网市场的主导趋势初现端倪，这引发了中国的焦虑。[3]为了改变中国在网络空间领域的边缘地位，支持国内互联网产业成了政府的当务之急。政府的措施颇有成效，自20世纪90年代末开始，腾讯、阿里巴巴、百度、华为和中兴等中国科技企业相继崛起。[4]

---

[1] Shen Hong, "China and Global Internet Governance: Toward an Alternative Analytical Framework", *Chinese Journal of Communication*, Vol.9, No.3, 2016, pp. 304–324.

[2] Shen Hong, "China and Global Internet Governance: Toward an Alternative Analytical Framework", *Chinese Journal of Communication*, Vol.9, No.3, 2016, pp. 304–324.

[3] Jiang Tianjiao, "The Shift of China's Strategic Thinking on Cyberwarfare since the 1990s", *Journal of Chinese Political Science*, Vol.28, No.2, 2022, pp.127–149; Monika Ermert, and Christopher R. Hughes, "What's in a Name?: China and the Domain Name System", in *China and the Internet: Politics of the Digital Leap Forward*, edited by Christopher R. Hughes and Gudrun Wacker, London: Routledge, 2003, pp. 127–138.

[4] Jiang, Tianjiao,"The Shift of China's Strategic Thinking on Cyberwarfare Since the 1990s", Greg Austin, *Cyber Policy in China*, Cambridge & Malden: Polity Press, 2014.

对失去互联网治理主动权的担忧使中国在国际上不遗余力地推动以政府间合作为基础的网络治理模式，力图改变以美国为主导的全球互联网的格局，尤其是美国对域名系统（DNS）的单方面控制的现状。① 中国在2003年和2005年的信息社会世界峰会都提出了提案，积极寻求域名系统管理的国际化，力争将其管理权转移至国际机构的控制下，如作为联合国信息和通信技术管理专门机构的国际电信联盟（International Telecommunication Union，ITU）。② 这一举动并不出乎意料，因为中国等国家在联合国系统中的发言权显然大于那些由多个商业利益相关方投票进行决策的组织，而后者通常仅有利于发达国家。③ 当中国政府意识到有必要加强互联网内容控制的时候，网络主权原则很快得到了政治上的推动。除了和其他国家一样致力于保护网络安全，打击网络恐怖主义外④，中国还对其他国家利用互联网对中国社会施加影响的恶意行为进行反击。正如时任信息产业部部长吴基传在2002年太平洋电信会议上所言，信息流动的不均衡"严重挑战"了发展中国家的"文化传统、道德标准和价值观""互联网上90%的信息都是英文的，且绝大多数来自发达国家，而发展中国家则大都是信息接收者的角色"。⑤ 尽管彼时"主权"一词在发展中国家领导人的讲话中被不时提及，以争取自身认为应得的对本地网络空间的控制权，但那时网络主权的概念还未发展完善。

---

① Jiang Tianjiao, "The Shift of China's Strategic Thinking on Cyberwarfare since the 1990s", *Journal of Chinese Political Science*, Vol.28, No.2, 2022, pp.127–149; Monika Ermert, and Christopher R. Hughes, "What's in a Name?: China and the Domain Name System", in *China and the Internet: Politics of the Digital Leap Forward*, edited by Christopher R. Hughes and Gudrun Wacker, London: Routledge, 2003, pp. 127–138.

② "Measuring Digital Development: Facts and Figures 2021", ITU, August 16, 2022, https://www.itu.int/en/ITU-D/Statistics/Documents/facts/FactsFigures2021.pdf.

③ Shen Hong, "China and Global Internet Governance: Toward an Alternative Analytical Framework", *Chinese Journal of Communication*, Vol.9, No.3, 2016, pp. 304–324.

④ Ron Deibert, "Authoritarianism Goes Global: Cyberspace Under Siege", *Journal of Democracy*, Vol.26, No.3, 2015, pp. 64–78.

⑤ Monika Ermert, and Christopher R. Hughes, "What's in a Name?: China and the Domain Name System", in *China and the Internet: Politics of the Digital Leap Forward*, edited by Christopher R. Hughes and Gudrun Wacker, London: Routledge, 2003, pp. 127–138.

第三章　分化与极端化：网络空间与国际舆情治理

直到 2010 年，谷歌和中国政府在内容审查的问题上产生分歧，由社交媒体推动的西亚北非地区动荡也引起了中国政府的高度重视。在此之后，中国在网络主权问题上的立场变得更加地成熟和坚定了。2010 年国务院新闻办公室发布的《中国互联网白皮书》首次明确提出了网络主权的概念，主要包括四个要点：其一，各国对其境内的信息和通信技术基础设施拥有管辖权；其二，各国政府有权根据本国国情制定适当的互联网公共政策；其三，任何国家不得利用互联网干涉他国内政或损害他国利益；其四，应在联合国的框架下进行国际互联网的治理，所有国家都有平等的参与权。

在 2015 年乌镇第二届世界互联网大会上，中国国家主席习近平更详细地阐述了"网络主权"的内涵。他认为《联合国宪章》中的主权原则同样适用于网络空间：……我们应该尊重各国自主选择网络发展道路、网络管理模式、互联网公共政策和平等参与国际网络空间治理的权利，不搞网络霸权，不干涉他国内政，不从事、纵容或支持危害他国国家安全的网络活动。[1]

从采取技术措施到制定相关的法律法规，中国已经建立起了一整套环环相扣的监管机制来保障其网络主权。罗恩·德贝特（Ron Deibert）将这些管控机制归纳为两类：其一，第一代管控机制：防守型的，主要目的是构建国家网络边界，限制本国公民接触境外信息，以中国于 2000 年建立的互联网审查制度"长城防火墙"为代表；其二，第二代管控机制：以法律、法规或行政指令的方式要求私营企业扩大信息管控的范围，若其平台危害到了国家安全或者侵犯了公民个人隐私就必须承担相应的法律责任，例如 2016 年出台的《网络安全法》就包含了数据本地化的规则，要求在中国生成或收集的重要数据必须储存在国内，只有在经过安全评估后才能向海外传输数据。[2]

---

[1]《习近平关于网络强国论述摘编》，中央文献出版社 2021 年版，第 153 页。

[2] Ron Deibert, "Authoritarianism Goes Global: Cyberspace Under Siege", *Journal of Democracy*, Vol.26, No.3, 2015, pp. 64–78.

三　网络主权共同体的发展历程

尽管网络主权的理念主要是由中国提出的，并在中国得到了最全面的实践，但其在世界其他地区也有着不同的实践形式。与中国一样，这些国家都是互联网产业的后发国家，它们都意图平衡国际网络治理体系内现有的权力结构。所以俄罗斯、中东地区和其他地区的发展中国家就顺理成章地成为中国在重塑网络空间治理格局行动中的可靠伙伴。

客观地说，发达国家是互联网技术的先行者，网络治理权力的结构性不平等问题有其历史性原因。为了解决这一历史性矛盾，中国政府大力推动新网络治理模式的发展。在网络主权共同体的雏形远未出现之前，对新网络治理模式的探索还未成为中国等国家政府的"共同实践"之时，中国政府就已经展开了针对全球网络空间的界定行动，时常在其国际声明和公共政策的制定中引入界定性话语。例如，早在2000年第16届世界计算机大会上，时任国家主席江泽民就曾呼吁解决"信息富国"和"信息穷国"之间两极分化的问题。[①] 中国外交部在对联合国互联网治理工作组（Working Group on Internet Governance，WGIG）2005年工作报告的评论中继续强调了南北半球之间的数字鸿沟，并敦促国际社会"加强发展中国家、欠发达国家和联合国在全球互联网决策过程中的作用"[②]。因此，从这个意义上来说，网络主权共同体的界定行动要早于其形成。

中国自身的发展中国家角色以及与其他发展中国家合作的经验决定了网络主权共同体形成之初的界定倾向。除了这种作为发展中国家的非反身性（unreflexive）的习惯行为外，南南合作的成功先例，尤其是在"G77+

[①] 《在第十六届世界计算机大会开幕式上的讲话》，中华人民共和国中央人民政府，2000年8月21日，https://www.gov.cn/gongbao/content/2000/content_60444.htm。

[②] "China's Comments to the WGIG on Draft Working Papers: Identifying Issues for Internet Governance", Last Modified February 11, 2005, accessed August 12, 2022, www.wgig.org/docs/Comment-China.doc.

中国"框架下的合作为中国赢得这场治理模式争夺战提供了公信力资源。①只有在国际层面得到更多的支持才能改变美西方控制的全球互联网规范体系。

尽管中国希望将所有的发展中国家都纳入网络主权共同体，但这个理想边界的实现在共同体建立的早期绝非易事。首先，在国际政治层面，网络主权仍是一个有争议的概念。其次，并非所有国家都有能力独立地发展自己的互联网基础设施（如大规模铺设光缆和设立互联网交换节点）和本土的互联网平台，更何况许多国家更希望利用数字技术发展经济，而不是监管信息流。最后，许多新兴经济体起初持观望态度，比如巴西、印度和南非，它们在国际互联网治理的问题上更倾向于让联合国发挥更大的作用，而在发展国内网络产业时则更倾向于采用多利益攸关方共治的模式。②

面对这些挑战，在一个更具包容性的实践共同体建立起来之前，中国首先在几个重要的发展中国家地区合作机制里进行了"试点"：在上合组织、金砖国家和东盟等现有主要多边合作机制下对网络主权原则下的实践合作框架进行"预运行"（soft launch）。本文发现，能引起历史共鸣的主权概念可以成为实践共同体建立的早期凝聚点，可以吸引和团结那些担心内政被国外势力干预，并在信息时代被动陷入从属地位的国家。但此时主权概念在网络空间中的应用方式和具体含义都没有固定下来，它们会在这些机构的实践中不断进行调适。随着时间推移，网络主权共同体的含义和共同目标经过不断演变、调适，不仅在社群内部取得了广泛的认同，在国际上也吸引到许多其他南方国家的关注。这为与之建立共识奠定了基础。后文将具体阐述中国在2013年网络主权共同体成形之前在各个国际机构内的探索，及其在2014年世界互联网大会和2015年"数字丝绸之路"启动后在构建网络主权共同体时主动进行的界定行为。

---

① "G77+中国"在各种国际会议中成功捍卫了共同利益，例如1992年联合国环境与发展会议、联合国大会年度会议、联合国经济及社会理事会、可持续发展委员会、联合国妇女地位委员会和联合国贸易和发展会议。

② Hannes Ebert, and Tim Maurer, "Contested Cyberspace and Rising Powers", *Third World Quarterly*, Vol.34, No.6, 2013, pp. 1054–1074.

四 试点工作

中国致力于通过多种方法，在多个面向上构建网络主权共同体。总的来看，中国的共同体建设在上合组织框架下取得的进展最为显著。自2001年成立以来，上合组织一直都是其成员国举行商讨以取得共识的重要平台。上合组织将目光聚焦于三大安全威胁之上，为消除恐怖主义、分裂主义和极端主义展开务实合作。近年来，在中国和俄罗斯的支持之下，上合组织很快将信息安全也纳入其议程内。2007年，成员国元首首次就《上海合作组织保障国际信息安全行动计划》达成一致。在该计划书的倡议下，上合组织成员国于2009年签署了正式的信息安全公约，即《上合组织成员国保障国际信息安全政府间协定》，该协议确定了数字领域的主要威胁并定义了相关的概念。2011年，上合组织成员国开始在全球范围内推动类似协议的达成，意图为世界信息安全问题提供解决方案。"信息安全国际行为准则"就这样应运而生，并于2011年9月被提交至联合国大会。[①] 该准则虽然没有直接使用网络主权这一概念，但其包含的一系列思想都体现了互联网中的主权原则，比如，"尊重各国主权和领土完整""不利用信息和通信技术进行侵略或开展敌对活动"；此外，该提案还呼吁"开展国际合作以打击犯罪和恐怖活动"以及"在联合国的框架下建立一个民主多边的互联网管理体系"。

然而，上合组织2011年的提案并未获得广泛的支持。一些美西方国家强烈反对这种在多边政府间合作体系下管理互联网的想法。这些反对国家坚持认为现有的国际法（如《布达佩斯网络犯罪公约》）已经可以满足网络空间的管理需求了，并声称目前流行的多利益攸关方共治模式具有不

---

① Zeng Jinghan, Tim Stevens, and Yaru Chen,"China's Solution to Global Cyber Governance: Unpacking the Domestic Discourse of 'Internet Sovereignty'", *Politics & Policy*, Vol.45, No.3, 2017, pp. 432–464.

可替代的优势。① 一些反对上合组织提案的专家还认为，对网络主权原则的强调是强化互联网国家审查的一种方式。此外，"信息安全"的概念也存在争议，上合组织成员国认为网络信息的治理不当将构成一种潜在的安全威胁，因此应该予以监管；而西方一些国家则宣称此种程度的互联网内容监管会损害公民的信息权。②

与上合组织相比，金砖国家内部针对网络主权的讨论着眼的问题就更为有限了。尽管信息安全问题早在2009年举行的金砖国家领导人叶卡捷琳娜堡首次正式会晤中就已被列入协商议程之中，但各个成员国对此都持保留意见，特别是就网络空间中政府应扮演何种角色的问题上分歧最大。这种分歧将成员国对信息安全问题的讨论限制在了反恐和打击网络犯罪的范围之内。③ 比如按照2011年金砖国家《三亚宣言》的提法：成员国将"合作加强国际信息安全"，同时"在打击网络犯罪的问题上应予以特别的关注"。

与上合组织不同，金砖国家并没有明确地在世界范围内推广网络主权的原则，但对于在联合国框架下解决互联网治理的问题上还是表达了明确的支持态度。金砖成员国之间积极配合，试图将国际互联网监管从多利益攸关方共治的模式转变为国际政府间合作共治的模式，将监管权从互联网名称与数字地址分配机构等组织转移至国际电信联盟。金砖国家在《国际电信规则》（ITR）更新的问题上寻求与更多国家达成共识，以推动将加强政府间合作的条款写入条例。2013年，金砖国家向联合国经济及社会理事会提交了一份题为《加强国际合作以打击网络犯罪》的报告，该报告建议

---

① Zeng Jinghan, Tim Stevens, and Yaru Chen, "China's Solution to Global Cyber Governance: Unpacking the Domestic Discourse of 'Internet Sovereignty'", *Politics & Policy*, Vol.45, No.3, 2017, pp. 432–464.

② Keir Giles, "Russia's Public Stance on Cyberspace Issues", The 4th International Conference on Cyber Conflict, Tallinn, 2012.

③ Luca Belli, "BRICS Countries to Build Digital Sovereignty", in *CyberBRICS: Cybersecurity Regulations in The BRICS Countries*, edited by Luca Belli, Cham: Springer, 2021, pp. 271–280.

联合国建立起一套政府间合作的机制来打击网络犯罪。[1] 但这些提议遭到了发达国家的阻挠，它们认为这会损害互联网表达自由，限制互联网推动经济增长的作用。

中国与东盟在网络领域的合作重点更多地集中在经济方面。2005年，中国与东盟国家的电信部门发表了旨在建立信息通信领域伙伴关系的《北京宣言》，双方在信息和通信技术领域的合作开始走向常态化。2007年在第十次中国—东盟领导人会议期间，中国和东盟各成员国又通过了将《北京宣言》落实的行动计划。在这些协议的基础上，中国扩大了与东盟国家在信息基础设施建设、人力资源和技术研究方面的合作，以促进信息和通信技术的长期发展。中国与东盟国家合作建设网络基础设施，建设"信息高速公路"——高带宽网络光缆，以加快互联网连接从而促进数字应用与服务的发展。[2] 2009年签署的《中国—东盟电信监管理事会关于网络安全问题的合作框架》是合作中唯一以网络安全问题为重点的协调机制。该框架主要涉及应急演练的联合开展、网安能力的建设、应急机制的制定等工作，还包括互联网技术的交流、联合研发和实践，但有关该机制的执行情况，目前还缺少相关评估数据。[3]

五 成为规则的制定者

早期的网络主权共同体通过这些地区合作平台开展的活动可以促进对社群实践批判性反思，同时为进一步达成更大范围的共识奠定了基础，为更大的改变提供了可能。越来越多的国家承认，当前互联网治理的主导模

---

[1] Gao Wanglai, "BRICS Cybersecurity Cooperation: Achievements and Deepening Paths", *China International Studies*, Vol.68, No.1, 2018, pp. 124–139.

[2] "Beijing Declaration on ASEAN-China ICT Cooperative Partnership for Common Development", ASEAN, last Modified May 12, 2005, accessed August 16, 2022. https://asean.org/beijing-declaration-on-asean-china-ict-cooperative-partnership-for-common-development-beijing/.

[3] "Full Text: The Internet in China", Last Modified June 9, 2010, accessed August 16, 2022, http://www.bjreview.com/Cover_Story_Series_2010/2010-06/09/content_302264_8.htm.

式存在不可忽视的缺陷，因此急需变革。但从网络主权原则在地区合作平台中的推广情况上来看，适应本国国情的、由政府主导的互联网治理模式难以被西方主导的互联网体系所接受。中国在探索自己的模式，一种更适合自身发展，以及更好地服务于互联网后发国家或落后国家的模式。目前看来，只有一部分南方国家能接受这一模式背后的网络主权原则，因为它们都有着类似的互联网发展和管理经验与挑战。随着发展中国家用户在全球互联网用户中的占比不断提高，①如果想要奠定未来全球互联网治理的大方向，获得发展中国家的支持就变得越来越重要了。

2013年，美国中央情报局前雇员爱德华·斯诺登（Edward Snowden）披露了美国政府企图对全球互联网进行大规模监控而实行的"棱镜计划"，这在一定程度上加快了中国构建网络主权共同体和推广互联网治理新原则的步伐。"棱镜门"事件加剧了世界各国对网络安全的担忧，互联网治理问题重新得到了各国政府的重视，曾经对网络主权原则持观望态度的几个主要新兴经济体纷纷宣布要加强互联网管制以回应美国政府的监控行为。例如时任巴西总统迪尔玛·罗塞夫（Dilma Rousseff）下令采取多项措施，以加强巴西网络的独立性和安全性，包括绕开美国区域，铺设直接与欧洲相连的网络光缆②；印度同样也表达了对美国行为的担忧，并采取相关措施以加强本国的网络安全。

在美国主导的国际互联网治理体系面临信任危机而动摇之时，中国提出的网络主权原则赢得了更多的支持。上合组织通过了若干文件，巩固和发扬了网络主权的理念，例如反恐公约、反恐部队培训协议和国际信息安全合作协议都体现了网络主权的原则③。此外，上合组织还于2015年向联合国大会提交了新一版的"国际信息安全行为准则"，并得到了广泛的认可。

中国在与东盟国家和其他金砖国家的信息安全合作中发挥着积极的引

---

① 据国际电信联盟统计，到2021年这一占比已达75%。

② Bradley Brooks, "Brazil Looks to Break from US-centric Internet", *AP News*, September 17, 2013.

③ "SCO Leaders Conclude Summit with Calls for Enhanced Cooperation to Tackle Regional, International Issues." *Xinhua News*, June 16, 2009, http://english.cctv.com/20090616/110249.shtml.

领作用。中国政府在这两个组织中明确地呼吁"尊重国家在网络空间中的主权"。① 金砖国家在信息安全合作中可运用的协商措施、工具和渠道都有所增加,例如金砖国家安全事务论坛在2016年正式成立,成员国的国家安全顾问定期举行会议,讨论反恐、网络安全和能源安全等议题。2019年,金砖国家未来网络研究院在深圳成立,旨在推进成员国在5G、人工智能和信息安全领域的务实合作。② 另外,由中国国家互联网信息办公室牵头筹办的中国—东盟信息港论坛也于2015年成立,该论坛的议题从基础设施建设、技术合作、贸易服务、信息共享到文化交流无所不包,意在推动中国和东盟之间宽领域的合作;论坛的另一个目的是在"尊重他国互联网相关主权"的基础上,以求建立起一个"多边民主透明的互联网监管体系",增强应对网络攻击的能力。③

中国正在通过联合国平台大力推动互联网治理相关规则的制定。除了继续动员其他南方国家支持国际电信联盟加强其在互联网治理中的作用外,中国还一直支持联合国信息安全政府专家小组(United Nations Groups of Governmental Experts,UNGGE),资助他们起草新的国际网络安全公约。从2011年到2021年,政府专家小组已经召开了六次会议,确定了若干网络空间国家行为准则。各国在该协商平台上就国际法和《联合国宪章》在网络空间的适用性问题上达成了一致,事实上承认了网络主权原则,尽管各国对其含义的理解仍有很大差异。此外,在呼吁各国政府承担起更多保护网络及其基础设施方面责任的同时,中国和俄罗斯还以反对网络空间军事化为由,联合抵制"网络战"和"网络武器"的相关实践,这也与美国

---

① "China Focus: BRICS Should Play a Bigger Role in International Affairs", *Xinhua News*, September 4, 2016. https://www.chinadaily.com.cn/china/2016-09/04/content_26693882.htm; Zhao Shengnan, and Jiao Wu, "Xi: Respect Cyber Sovereignty", *China Daily*, July 17, 2014, https://usa.chinadaily.com.cn/epaper/2014-07/17/content_17818027.htm.

② Wang Cong, "BRICS Countries to Unite Against Protectionism", *Global Times*, November 14, 2019. https://www.globaltimes.cn/content/1169948.shtml.

③ "China Proposes Deeper Cyberspace Cooperation with ASEAN", *China Daily*, September 14, 2015. https://www.chinadaily.com.cn/business/informationharbor/2015-09/14/content_21852177.htm.

推动武装冲突法适用于网络空间的做法大相径庭。①

除了在现有国际机构的平台上促进各国在网络主权问题上互相理解、达成共识外，中国还通过自己创建的平台来传播互联网治理的新理念。自2014年起，每年在浙江乌镇举行的世界互联网大会就是这样一个向国际社会传递中国方案的舞台。该会议的宗旨是推动构建"网络空间命运共同体"，其议程的重点之一就是如何确立"网络主权"。

习近平主席在2015年第二届世界互联网大会上呼吁建立一个"公平""合理"的多边合作体系。在这个体系内，中国模式将能"让更多发展中国家和人民共享互联网带来的发展机遇"。②例如，2015年举办的第二届世界互联网大会上，中方选择的主旨发言人基本都来自网络主权共同体的发展目标国。当时，来自120个国家的代表齐聚一堂，但只有一些发展中国家的领导人和联合国的代表获邀在大会开幕式上发表演讲，其中包括俄罗斯、巴基斯坦、乌兹别克斯坦、哈萨克斯坦、吉尔吉斯斯坦、塔吉克斯坦和汤加。③

中国还通过国际贸易和投资的政策和实践传播其网络安全观和全球互联网治理的理念。"数字丝绸之路"是"一带一路"倡议的一部分。"数字丝绸之路"合作的建设重点是光纤通信、移动网络、卫星中继站、数据中心和智慧城市。"数字丝绸之路"的合作建立在"尊重各参与国的网络主权、历史、文化和宗教信仰"的基础之上。④来自中国的工程师、管理人员和外交官通过参与这个项目，与成员国人员接触，相互学习并解决反复出现的问题。据媒体报道，一些中国公司参与了相关的建设工作，包括帮助海外用户建立网络审查机制，提供政府治理急需的审查和监管技术，以及为

---

① Adam Segal, "When China Rules the Web: Technology in Service of the State", *Foreign Affairs*, Vol. 97, No.5, 2018, pp. 10–14,16–18.

② 习近平：《论党的宣传思想工作》，中央文献出版社2020年版，第174页。

③ Shi Anbin, "China's Role in Remapping Global Communication", in *China's Media Go Global*, edited by Daya Kishan Thussu, Hugo de Burgh and Anbin Shi, London, New York: Routledge, 2017, pp. 34–51.

④ Zhao Huanxin, "Web Companies Asked to Support Digital Silk Road", *China Daily*, July 18, 2015, https://usa.chinadaily.com.cn/business/2015-07/18/content_21318972.htm.

外国官员提供相关的技术应用培训。[①] 而对于有意加入共同体的国家来说，接纳共同体的社群行动模式和行动目标，学习中国的互联网管理经验是融入共同体，成为新社群成员的必由之路。

六　界定行为：吸纳与排除

捍卫网络主权以应对网络空间的安全威胁，这是广大发展中国家的基本共识。近年来，破坏性的网络攻击事件频发，WannaCry 勒索病毒的传播和声称来自民主党全国委员会（Democratic National Committee，DNC）的黑客攻击使人们认识到开放模式下的网络空间是如此的不堪一击，而中国模式则有望解决这一问题。但目前的中国方案只能在有限共识的基础上为发展中国家提供大方向上的指导，中国仍需制定出该模式的更多具体细节，才能团结起更多的国家。目前，各国在什么是网络空间负责任的政府行为问题上存在立场分歧，这不可避免地影响到了界定行动的效率。因此，中国必须照顾到这些分歧，据此为共同体制定出更合理的发展路线。

在全球信息和资源的交换和流通中，中国通过不同的政治语言和外交措辞来表达自己的网络主权观，以争取更多发展中国家能与自己携手同行。在如何维护网络主权的问题上，最关键的争议在于如何在这个过程中平衡国家安全与人权之间的关系。为了回应人们对此表达出的担忧，一位官员在外交部发布立场文件 2017 年《网络空间国际合作战略》时指出：网络主权原则与信息的自由流动并不矛盾……当前网络安全形势严峻，仅靠公民个人是无法抵抗网络犯罪和网络恐怖主义的……只有捍卫网络主权，才能保护人权和自由。[②]

对比上合组织发布的两版"信息安全与国际行为准则"，其中数字权

[①] James Griffiths, "China is Exporting the Great Firewall as Internet Freedom Declines around the World", CNN, November 1, 2018, https://edition.cnn.com/2018/11/01/asia/internet-freedom-china-censorship-intl/index.html.

[②] Bai Tiantian, "China Pushes for Global Cyber Sovereignty Agreement", *Global Times*, March 3, 2017, https://www.pressreader.com/china/global-times/20170303/textview.

利保护措施相关内容发生的变化十分耐人寻味。2011年版"行为准则"提到，可以"根据相关国家的法律法规"对数字权利进行限制，但鉴于上合组织各成员国政府的司法体制对侵权行为的容忍度更高，因此这点很容易成为反对者批评的目标。而在2015年的版本中，作为限制权利依据的"相关国家的法律法规"被替换成了国际法，即《公民权利和政治权利国际公约》；2015年版还增加了一个新的章节（第七节），肯定了"个人在离线环境中的权利在在线环境下也必须得到保护"的原则，尽管这些权利仍受到一定限制，如"必须尊重他人的权利和名誉"以及"不得损害国家安全和公共秩序"等。从某种意义上来说，这些改动针对的是那些之前出于对个人权利的考虑而不接受该提案的国家。

在让非国家行为体参与互联网管理的问题上，中国的立场也做了适度调整。这首先与中国互联网产业的发展态势有关，在互联网快速发展和互联网企业技术能力逐步增强的当下，中国政府意识到，单靠政府是无法维护网络安全的，在战略上需要让多利益攸关方参与到共治之中。[①] 中国政府积极支持本土企业的发展，欢迎外国企业对其投资，以推动海外用户群的增长。相比以往，中国政府此时对多利益攸关方参与网络治理持有更加包容的态度，新的网络主权观变得更具有包容性，更容易被不同国家所接受。所以，目前的界定行为更加强调共同体的"开放性"。新的模式为国家和非国家行为体在互联网治理中的角色作出了更合理的划分。正如2017年的《网络空间国际合作战略》提出：中国支持加强包括各国政府、国际组织、互联网企业、技术社群、民间机构、公民个人等各利益攸关方的沟通与合作。各利益攸关方应在上述治理模式中发挥与自身角色相匹配的作用，政府应在互联网治理特别是公共政策和安全中发挥关键主导作用，实现共同参与、科学管理、民主决策。

2019年世界互联网大会组委会在其发布的《携手构建网络空间命运共同体》概念文件中重申，应"坚持多边参与、多方参与，积极推进全球互

[①] Shen Hong, "China and Global Internet Governance: Toward an Alternative Analytical Framework", *Chinese Journal of Communication*, Vol.9, No.3, 2016, pp. 304–324.

联网治理体系变革""发挥政府、国际组织、互联网企业、技术社群、社会组织、公民个人等各主体的作用"。网络主权共同体正是在制定共同话语和协商共同事业的界定行为中筛选行动者的,有选择地吸纳和排除一些原则,从而推动形成更广泛的联盟。

中国互联网管理模式的影响力逐步扩大。许多国家开始学习中国的数据治理模式,要求互联网企业在其境内存储来自本国公民的数据,并允许政府对其网络设备进行安全审查,这些国家包括但不限于坦桑尼亚、印度尼西亚、马来西亚、白俄罗斯、越南、印度、巴基斯坦、尼日利亚和土库曼斯坦;还有一些中国的合作伙伴国同时引入了互联网内容控制的机制,如埃塞俄比亚、苏丹和埃及;其他国家则部分地采用了中国模式。与此同时,许多海湾国家和东南亚国家也与中国政府签署了网络安全能力建设和技术交流谅解备忘录。[①] 金砖各国开始利用数据隐私保护相关的法律法规来遏制外国科技公司的势力,以凸显自身在网络空间的主权。[②] 马来西亚等国虽仍在制定具体的执行措施,但它们已在事实上承认了网络主权的存在。2018年,中国和俄罗斯与其他发展中国家合作,推动联合国大会支持《国际网络犯罪公约》的通过,该公约以网络主权原则为基础,允许政府加强对网络内容的监管。尽管遭到了美国等发达国家的反对,但该决议还是在大多数非洲、亚洲和拉丁美洲国家的支持下获得通过。以发展中国家阵营为根据地的网络主权共同体已初现雏形。

结　　语

相比于美国主导下的多利益攸关方共治的互联网管理模式,广大发展

[①] Miyeon Oh, "US-China Rivalry and Digital Connectivity in the Indo-Pacific", *Global Asia*, Vol.16, No.4, 2021, pp. 54–59.

[②] Luca Belli, "BRICS Countries to Build Digital Sovereignty", in *CyberBRICS: Cybersecurity Regulations in The BRICS Countries*, edited by Luca Belli, Cham: Springer, 2021, pp. 271–280.

第三章 分化与极端化：网络空间与国际舆情治理

中国家更倾向于采用中国提出的基于网络主权原则的治理模式。本文阐释了在中国政府带领下发展中国家积极主动的界定行动如何塑造了全球网络主权共同体。本文的研究有利于增进对实践共同体形成过程的理解。虽然实践共同体的边界永远在变化，但临界空间中的习惯性行为和反身性会限制其界定行为的可能范围，在某些情况下会导致既有组织的边界在新组织结构中的再现。正如我们在网络主权共同体中观察到的那样，由于中国为共同体争取公信力的需求以及其与发展中国家合作的偏好，新组织的边界发展产生了与南半球国家的边界相拟合的倾向。

虽然本文的分析并未就网络主权是否可取的问题作出规范性的判断，但笔者认为有必要就网络主权共同体在南半球国家中的拓展所产生的影响发表一些评论。本文承认，中国模式有望解决网络空间带来的国家安全问题，让发展中国家有了支配自己的网络空间和本国数据的权力。当然，这种模式也面临着一些问题。一些国家和专家担心，对数据的过度控制可能会对竞争、投资和产业发展产生负面影响。例如，通过服务提供商控制互联网流量会带来更高的运营成本，因为服务提供商无法选择成本最低的网络路由。[①] 此外，如何在国家主导的网络治理模式下妥善处理政府与非政府主体、国家安全与个人权利之间的关系，仍是未来中国与发达国家争论的焦点。

在未来网络空间的治理架构之争中，中国所面临的挑战是如何找到合适的方案来解决争议问题。正如本文所阐述的那样，拓展实践共同体边界的界定行为不仅可以表现为内部成员与新成员的共同实践，还可以表现为内部成员针对潜在成员对本社群的知识和实践进行的调整。所以，本文希望在网络主权共同体拓展的过程中，通过各个有知识、有专长的参与者之间的"边界交锋"来促成出一种新模式，在维护国家安全、保持数字市场的开放以及保护个人权利之间取得一种精妙的平衡。

[①] Thomas Dewaranu, "Between Cyber Sovereignty and Cross-border Data Flow", *The Jakarta Post*, December 2, 2021, https://www.thejakartapost.com/opinion/2021/12/01/between-cyber-sovereignty-and-cross-border-data-flow.html; Milton L. Mueller, "Against Sovereignty in Cyberspace", *International Studies Review*, Vol.22, No.4, 2020, pp. 779–801.

伪信息引动的极端化认知及其媒介反制策略①

刘天阳　关天如　袁冉东

摘要： 伪信息的生产与传播加剧了全球安全文化的退化。在有效干预缺失的情况下，伪信息问题将升级为政治安全威胁。在新冠疫情中，一些欧美政客与极右翼媒体捏造的涉华伪信息更导致了部分西方民众对中国及华裔群体怀疑、偏见等负面情绪的极端化。对此，本文开创性地采用针对美国民众的媒体与心理学实验（样本量N=401），发现对伪信息的驳斥可以减少极端观念的影响力。本文发展了三种伪信息驳斥路径：针对传播内容的预先接种法、科学信息矫正法，以及针对媒介受众的伪信息祛魅法。研究证明，预先接种法可以防止极端思想的加剧，但不足以产生显著的去极端化效果，而科学信息矫正法与伪信息祛魅法可以催生一种认知上的转变，以扭转极端化认知走向。科学信息矫正法与伪信息祛魅法是通过减低个体的竞争性受害感与阴谋论信念来影响极端化过程的，而此作用机制在以往研究中缺少相应的实证探索。此外，受个体差异性的影响，当群间接触较少且存在集体剥夺感时，驳斥伪信息的方法会更有效地降低阴谋论信念并进一步弱化极端化认知。最后，本文认为，在后疫情时代的中美关系中，中国需避免"共极化"陷阱，警惕极端认知的"深度耦合化"，并重塑全球合作型安全的心智基础。

---

① 本文受到2020国家社会科学基金重大项目"百年变局下的全球治理与'一带一路'关系研究"（项目批准号：20&ZD147）资助。

第三章 分化与极端化：网络空间与国际舆情治理

引　言

自新型冠状病毒感染肺炎（COVID-19）的全球大流行以来，西方某些国家政府通过大量散布新冠疫情"起源论"重创合作型全球安全文化，加速国际关系向以封闭安全、孤立安全、零和安全为特点的冲突性安全文化转向。[①] 随着国际政治斗争的日趋激烈，如何有效地遏制伪信息在国际传播空间的生成与扩散是对冲内向化安全、重塑合作型安全的核心任务之一，更是发展总体国家安全观与建构国际舆情安全治理体系的重大课题。在对伪信息的社会危害性的反思基础上，本文试图建构国际舆情治理的新思想与新方法。本文以美国民众为调查对象，从对伪信息的媒介干预角度对重大突发事件中的伪信息防治进行系统性考察，评估不同伪信息驳斥机制的有效性，以期降低伪信息所带来的"次生危害"影响。

在众多的伪信息"次生危害"中，极端化是一个日益严峻的问题，但缺乏以实证为基础的理论研究。在现实政治中，随着极右翼媒体规模在美国的不断壮大（例如，阴谋论网站 Infowars），伪信息的生产与扩散，美国社会的"反智"与"向右转"思潮，与极端排外思想呈现出一种"三位一体"的螺旋式上升趋势。党派政治和种族问题引发的暴力冲突日益加剧，针对华人群体的仇恨犯罪率也显著上升。如何治理伪信息连带的极端化问题直接关系到国际政治与社会环境的稳定。面对日益复杂的伪信息治理环境，本文从伪信息反制机制的角度探索去极端化的可行路径，削弱冲突型安全的心智根基。需要说明的是，本文中的"极端化"一词主要指"观念维度"而非"行为维度"的变化。极端化个体与群体提倡运用暴力实现自己的政治目或维护自己的政治权利，其思维封闭而教条，对事物采取二元对立、非黑即白的认识。虽然极端化一词在 2005 年的伦敦爆炸案后才激起了社会与学术界的高度关注，但本文并非关注此狭义上限于恐怖主义

[①] 关于近年来全球安全文化的转变，请参见秦亚青《新冠肺炎疫情与全球安全文化的退化》，《国际安全研究》2021 年第 1 期。

研究的极端化，而是聚焦于任何个体与社会群体都可能落入其中的、在观念层面上对暴力手段的激进认同过程。

基于对美国民众的心理学实验，本文发现，在全球新冠疫情的环境下，对伪信息的驳斥可以减少极端观念的影响力。借助过往的伪信息驳斥方法研究，本文发展了三种伪信息驳斥路径：针对传播内容的预先接种法、科学信息矫正法，以及针对受众的伪信息祛魅法。研究发现，预先接种法可以防止极端思想的加剧，但不足以产生显著的去极端化效果，而科学信息矫正法与伪信息祛魅法可以催生一种认知上的转变，以扭转极端化认知走向。此外，本文还发现科学信息矫正法与伪信息祛魅法是通过个体的竞争性受害感与阴谋论信念来影响极端化过程的，而此作用机制在以往研究中缺少相应的实证探索。受到个体差异性的影响，伪信息驳斥与去极端化之间的关系往往比理论假设要更为复杂。研究指出，在参与者与中国人或华人接触越少的情况下，驳斥伪信息的方法对阴谋论信念的降低作用却越大。同时，通过降低集体剥夺感，人们对于阴谋论和伪信息的相信程度向极端观念的转化会相应降低。最后，基于这些认识，本文指出在后疫情时代的中美关系与全球治理中，中国需避免"共极化"陷阱，警惕极端认知的"深度耦合化"，重塑全球合作型安全的心智基础。

一 极端化与去极端化

本研究以伪信息与极端化的关系为研究核心。首先需区分"极端主义"（radicalism）与"激进主义"（activism）这两个相关概念。激进主义行为倾向于非暴力手段，且不超过法律允许的限度，而极端主义则往往是通过违法与暴力形式呈现的；激进主义的观念与行为可以非常普遍地存在于社会生活之中，而极端主义意识形态则极少广泛存在[①]。极端主义是一个相对概

[①] Sophia Moskalenko and Clark McCauley, "Measuring Political Mobilization: The Distinction Between Activism and Radicalism", *Terrorism and Political Violence*, Vol. 21. No.2, 2009, p.240.

念，反映了观念体系中连接两极的价值"轴线"（continuum）上的一个相对位置，而极端化则表示了在这个价值轴线上的一种单极运动[①]。在观念体系中的单极运动逐渐形成极左或极右或其他类型的激进主张与行为。但在现实中，一个政党，一个群体或个人往往可能持有多重激进主张。例如，伊斯兰激进主义往往并非只关注单一问题，而是多重主张并行。由于这种现实的模糊性，极端化尚无一个公认的定义[②]。虽然表述各异，但学术界一般认为，极端化是一个渐进的，社会、群体与个人相互建构的，主体间性的生成过程[③]。极端化现象可以发生在每个人身上，所以，应以常态心理学（normal psychology）予以分析。极端化是一个社会化过程，意指个体心理从激进主义向极端主义的一种认知趋近过程，从对"合法而非暴力"行为的认同转向对"非法与暴力化的政治行为"的认同，并以僵化、封闭、非此即彼与对差异性的极度排斥为其心理特点[④]。

随着民粹现实主义的强势兴起，上述封闭化与冲突化心智将加剧国际安全观念的内向化走势，即国家"不再以外展视角内观自我，而是以内窥视角外观世界，重新定义自我，将自我视为开放交往过程中的受害者，将

[①] Mark Sedgwick, "The Concept of Radicalization as A Source of Confusion", *Terrorism and Political Violence*, Vol.22, No.4, 2010, p.482.

[②] Rik Coolsaet, "EU Counterterrorism Strategy: Value Added or Chimera?", *International Affairs*, Vol.86, No.4, 2010, pp.857–873.

[③] Alex P. Schmid, "Radicalization, De-Radicalization, Counter-Radicalization: A Conceptual Discussion and Literature Review", ICCT, 2013, p.18; Donatella, Della Porta and Gary LaFree, "Guest Editorial: Processes of Radicalisation and De-Radicalisation", *International Journal of Computer Vision*, Vol.6, No.1, 2012, pp.6–7; Clark McCauley and Sophia Moskalenko, "Mechanisms of Political Radicalization: Pathways toward Terrorism", *Terrorism and Political Violence*, Vol.20, No.3, 2008, p.416.

[④] Sophia Moskalenko and Clark McCauley, "Measuring Political Mobilization: The Distinction Between Activism and Radicalism", *Terrorism and Political Violence*, 2009, p.241; John Horgan and Curt Braddock, "Evaluating the Affectiveness of De-Radicalisation Programs: Towards A Scientific Approach to Terrorism Risk Reduction", in Sarah Canna (ed.), *Countering Violent Extremism. Scientific Methods & Strategies*. Washington, DC: NSI, 2010; Joshua Sinai, "Radicalisation into Extremism and Terrorism", *Intelligencer: Journal of U.S. Intelligence Studies*, Vol.19, No. 2, 2012 Summer/Fall.; Dirk Baehr, Der Weg in den Jihad, *Radikalierungsursachen von Jihadisten in Deutschland*, Wiesbaden: Springer, 2019.

开放交往的过程视为负荷互动,将交往他者视为竞争者甚至敌人"①。为了能有效干预作为"过程现象"的极端化,相关研究通过不同模型对极端化轨迹进行了可视化分析②。在极端化所涉及的诸多维度中,认知与环境因素是最为核心的。具体而言,个体极端化过程由三组因素共构:目的导向的动机因素、为达成此目的的手段与支撑此手段合理化的认知因素,以及形成此认知特点的社会过程与群体压力③。本研究主要研究心理认知层面的极端化过程,并融入对第三个因素的政治心理学基础分析。

构成极端化的认知动因是多重且互相关联的。首先,行为主体的威胁感知与自我身份的受害者化是构成极端化的主要动因之一。当个体感到某种来自外部环境的"危险"削弱了其个体能动性,或感到外部环境对其所属群体构成"威胁"时,个体的极端化情绪就可能发酵④。根据社会身份理论,社会群体会造成社会压力从而引发个体某种偏见性认知,促使其认为外部力量对其所属群体构成根本性伤害,而只有诉诸暴力行动方可缓解其群体苦境并削弱想象中的外部威胁⑤。

其次,极端化的驱动因素还包括个体对于自身社会意义的心理诉求:

---

① 秦亚青:《新冠肺炎疫情与全球安全文化的退化》,《国际安全研究》2021 年第 1 期。

② 例如, Quintan Wiktorowicz, "Joining the Cause: Al-Muhajiroun and Radical Islam", The Roots of Islamic Radicalism Conference, Yale University; Fathali M. Moghaddam, "The Staircase to Terrorism: A Psychological Exploration", *American Psychologist*, Vol.60, No.2, 2005, pp.161–169; Mitchell D. Silber and Arvin Bhatt, *Radicalization in the West: The Homegrown Threat*, New York: NYPD Intelligence Division, 2007; Marc Sageman, *Leaderless Jihad: Terror Networks in the Twenty-First Century*, Philadelphia: University of Pennsylvania Press, 2008; Michael King and Donald M. Taylor, "The Radicalization of Homegrown Jihadists: A Review of Theoretical Models and Social Psychological Evidence", *Terrorism and Political Violence*, Vol.23, No.4, 2011, pp.602–622.

③ Arie W. Kruglanski, et al., "The Psychology of Radicalization and Deradicalization: How Significance Quest Impacts Violent Extremism", *Political Psychology*, Vol. 35, No. S1, 2014, p.71.

④ Arie W. Kruglanski, et al., "The Psychology of Radicalization and Deradicalization: How Significance Quest Impacts Violent Extremism", *Political Psychology*, Vol. 35, No. S1, 2014, p.71; John Horgan, *The Psychology of Terrorism*, New York: Routledge, 2005; Quintain Wiktorowicz, *Radical Islam Rising: Muslim Extremism in the West*, Oxford, United Kingdom: Rowman & Littlefield, 2005; Michael A. Jensen, et al., "Radicalization to Violence: A Pathway Approach to Studying Extremism", *Terrorism and Political Violence*, Vol.32, No.5, 2020, pp.1067–1090.

⑤ Michael A. Jensen, et al., "Radicalization to Violence: A Pathway Approach to Studying Extremism", *Terrorism and Political Violence*, Vol.32, No.5, 2020, p.2081.

第三章 分化与极端化：网络空间与国际舆情治理

对可能的社会意义丧失的心理回避与对重获社会意义或重要性的渴求①。"意义寻求理论"（Significance Quest Theory，SQT）认为，个体对社会群体认同的渴望由极端化的基础性心理构成②。社会意义（可能的）丧失是引动个人为重获自身或群体重要性而诉诸极端行为的基础性心理条件之一。比如，被羞辱或侮辱的经历会使人感到其个体或群体的重要性被严重威胁或已然丧失，进而激发旨在恢复或增强其重要性的行为。同时，激发意义寻求行为的另一主要条件是相对剥夺感的产生。这是一种比较过程，在该过程中，个人认为自己或其所属的群体没有得到应有的对待，从而导致自我剥夺感（egoistic deprivation）与群体剥夺感（fraternal deprivation）的出现或发展。③

最后，个体对其所处环境及其身份的不安感与不确定感会导致焦虑感的产生或剧增，而试图降低焦虑感的行为意图会推动极端化的发展。④ 具体而言，不确定性增强了个体对于稳定性的需求，却也可能强化人们已有意识形态中的排他性元素；强化民族或种族中心主义的群体认同，降低对于差异性的容忍度，致使认识结构固化；助长参与暴力性群体斗争的积极性。⑤

---

① Arie W. Kruglanski, et al., "Fully Committed: Suicide Bombers' Motivation and the Quest for Personal Significance", *Political Psychology*, Vol.30, 2009, pp. 331–557; Arie W. Kruglanski, et al., "Terrorism—a (Self)Love Story: Redirecting the Significance Quest Can End Violence", *American Psychologist*, Vol. 68, No. 7, 2013, pp.559–575.

② David Webber et al., "The Road to Extremism: Field and Experimental Evidence that Significance Loss-Induced Need for Closure Fosters Radicalization", *Journal of Personality and Social Psychology*, Vol.114, No.2, 2018, pp.270–285.

③ David Webber et al., "The Road to Extremism: Field and Experimental Evidence that Significance Loss-Induced Need for Closure Fosters Radicalization", *Journal of Personality and Social Psychology*, Vol.114, No.2, 2018, pp.270–285.

④ 例如, Michael A. Hogg and Danielle L. Blaylock, eds., *Extremism and the Psychology of Uncertainty*, Wiley-Blackwell, 2012; Micheal A. Hogg, Arie Kruglanski, & Kees van den Bos, "Uncertainty and the Roots of Extremism", *Journal of Social Issues*, Vol.69, No.3, 2013, pp.407–418。

⑤ 例如, Eva Jonas and Fritsche, I. "Destined to Die but Not to Wage War: How Existential Threat Can Contribute to Escalation or De-Escalation of Violent Intergroup Conflict", *American Psychologist*, Vol. 68, No.7, 2013, pp.543–558; Arie W. Kruglanski, et al., "Groups as Epistemic Providers: Need for Closure and the Unfolding of Group-Centrism", *Psychological Review*, Vol.113, 2006, pp.84–100; Kees Van den Bos. "Making Sense of Life: The Existential Self Trying to Deal with Personal Uncertainty", *Psychological Inquiry*, Vol.20, 2009, pp.197–217.

根据"不确定性身份认同理论"（Uncertainty-identity Theory），不确定性心理可以强化内群认同，并将极端观念与行为作为减轻焦虑感与认同危机的有效途径①。人们通过强化认知的"实质性"（entitativity）与"闭合性"（closure）以应对无法回避的不确定性所造成的不安感，最终导致对内群与外群更为对立化的区分②。

基于极端化的危害，现有研究已经在如何有效"去极端化"这一问题上展开探索。去极端化是极端化趋向的逆转。去极端化意味着个人不再接受某种意识形态目标与实现此目标所需要采取的暴力手段③。在去极端化过程中，对暴力手段的放弃反映了基于伦理性判断（即认为暴力手段本身或在其特殊背景下的使用是不道德的）或效度性判断（即暴力是无效的、无法达到目的的）的基本观念的转变④。

去极端化策略可以分为四种形式。第一种是"去自然化"，即使被干预对象不再认为其极端信念的假设与意义是恒久的、客观的与"自然生成"的。第二种是澄清，即暴露其极端观念中的不一致性与自相矛盾的地方。第三种是差异化和复杂化，即揭示群体内部成员之间的利益差异，以弱化内群与外群之间的对立心智。第四种是重组，即促进较温和的替代性方案的生成以取代将暴力合理化的极端观点⑤。这些去极端化的策略会弱化个人

---

① Michael A. Hogg, "Subjective Uncertainty Reduction Through Self-Categorization: A Motivational Theory of Social Identity Processes", *European Review of Social Psychology*, Vol.11, 2000, pp.223–255; Michael A. Hogg, "Uncertainty-identity Theory", in P. A. M. Van Lange, A. W. Kruglanski, & E. T. Higgins (eds.), *Handbook of Theories of Social Psychology*, Thousand Oaks: Sage, 2017.

② Arie W. Kruglanski, et al., "Groups as Epistemic Providers: Need for Closure and the Unfolding of Group-Centrism", *Psychological Review*, Vol.113, No.1, 2006, pp.84–100; James, Y. Shah, et al., "Membership Has its (Epistemic) Rewards: Need for Closure Effects on In-Group Bias", *Journal of Personality and Social Psychology*, Vol.75, No.2, 1998, pp.383–393.

③ Arie W. Kruglanski, et al., "The Psychology of Radicalization and Deradicalization: How Significance Quest Impacts Violent Extremism", *Political Psychology*, Vol.35, No.1, 2014, p.84, 87.

④ Arie W. Kruglanski, et al., "The Psychology of Radicalization and Deradicalization: How Significance Quest Impacts Violent Extremism", *Political Psychology*, Vol.35, No.1, 2014, p.85.

⑤ Alex P. Schmid, "Radicalization, De-Radicalization, Counter-Radicalization: A Conceptual Discussion and Literature Review", *Terrorism and Counter-Terrorism Studies*, Vol.4, No.2, 2013, p.46; Angela Tretheway, et al., *Out of their Heads and into Their Conversation: Countering Extremist Ideology*, Arizona State University: Consortium for Strategic Communication, 2009.

意识形态中"排他性结构",降低对内外群差异的过度强化,避免认知的完全闭合,挑战僵化的、种族中心主义的族群与社群认同。基于过往研究在去极端化方面的探索与发现,本研究认为,当对于伪信息的驳斥策略产生了上述类似的效果时,对传播内容的去伪存真也就构成了一种去极端化行为。

二 伪信息研究

自 2017 年以来,伪信息研究已成为政治传播研究最为热门的新兴研究领域。伪信息(disinformation)可被定义为:"为促成某种政治目的而以新闻报道或模拟纪实形式传播的带有特定意图的虚假内容"。[1]伪信息强调通过误导信息蓄意欺骗他人的行为动机,制造与散布经常含有政治性,旨在误导包括政府或社会成员在内的特定受众以影响政治进程。作为一种叙事文体,伪信息通常体现为难以追踪检索的模糊信息源、情绪宣泄式的行文风格、极端化的夸张表述以及浅显直白的警示语等[2]。而"后真相"时代网络伪信息的传播机制,则带有"事实让位于立场""圈群化传播使得可视化带来负效应"和"谣言传播的少数群体情绪启动效应"等特征[3]。实证研究发现伪信息主体(比如造谣者)具有一定的聚合性身份特征,多媒体的佐证形态和新异性的话题塑造是其重要手段,主要传递恐惧和愤怒等负面情绪。

根据技术本体论的观点,网络数字媒体的主体选择性、算法特征与信息超载导致了信息失序,进而催生伪信息的生成与传播。但是,只有在基础性制度和政治文化结构被瓦解的情况下,技术才可能通过加剧政治极化而使社会坠入危机。西方民主体系的内生性危机是伪信息现象生成的重要

---

[1] Freelon Deen and Wells Chris, "Disinformation as political communication", *Political Communication*, Vol. 37, No.2, 2020, pp.145-156.

[2] 施爱东:《网络谣言的语法》,《民族艺术》2016 年第 5 期。

[3] 李彪、喻国明:《"后真相"时代网络谣言的话语空间与传播场域研究——基于微信朋友圈 4160 条谣言的分析》,《新闻大学》2018 年第 2 期。

社会因素。此政治社会的阐释视角可分为制度性与社会性两个方面。

在制度性层面，西方民主制度的信任危机促成了伪信息的制造。西方民主制的信任危机是指公众对于现行民主制度与资本主义制度的合法性的认知危机。政治学学者认为西方世界的民主正日益"浅薄化"（superficial），即商业精英的崛起以及对"社会问题市场化解决"模式的依赖削弱了选举和政策的全民代表性。在此"后民主"的背景下，社会成员对其治理结构与传播体系的认同在日渐削弱。"爱德曼2020信任度晴雨表"报告（2020 Edelman Trust Barometer）显示，美国、英国与日本等国家的民众普遍对其政府与媒体表示较低信任度。据"欧洲晴雨表"民意调查分析报告，欧洲民众对国家议会和政府机构的平均信任度已经下降到30%左右[1]，进一步印证了"资本主义遭受批判"的趋势[2]。伪信息、阴谋论与流言等信息形式恰恰利用公众对体制的信任的丧失来提供一种替代性现实。

在社会性层面，社会极化与民粹主义的盛行加速了伪信息的流通。伪信息是针对于人们对其社会关系及其所处社会地位的感受而生成影响的。当前以美国为代表的西方社会普遍存在社会撕裂和民粹主义思潮盛行的现象，这就为以"耸人听闻""强烈情感唤起"和"将对方党派邪恶化"为特征的伪信息提供了丰沛的民意土壤。2021年年初，美国前总统特朗普的支持者冲击国会山，引发震惊全美的政治风暴，正是美国社会极化和民粹主义盛行等痼疾的集中体现。各党派的支持者将对立党派的支持者视为有着与自己截然相对的政治信念和价值观的人，加剧了对对立党派的怀疑与敌意。在日益极化的党争中，强烈的负面情感成为许多党派人士对另一方成员态度的主要特征。在这种社会氛围里，人们更加青睐于将对方党派敌对化恶魔化的负面媒体信息，使"事实让位于情感"。这进一步损害了中立派新闻媒体的社会调节作用，加速了伪信息的流通。此外，现有研究还

---

[1] "Eurobarometer", European Parliament, https://www.europarl.europa.eu/at-your-service/en/be-heard/eurobarometer/.

[2] "2021 Edelman Trust Barometer", Edelman, https://www.edelman.com/trust/2021-trust-barometer.

从政治经济学视角将"情感经济"(the economics of emotion)阐释为伪信息的主要影响因素。情感经济意指媒体利用公众的情绪来获取关注、增加观看时间,进而将其转化为广告收入。伪信息、假新闻和阴谋论三种叙事都是情感经济的产物,它们通过激发受众的情感共鸣从而制造替代性解释以取代那些已被证实的信息。

值得注意的是,伪信息的生产主体可以是政府。一些研究从国际关系的视角探索"伪信息战"的影响和作用。例如,美国中央情报局一度宣称俄罗斯利用"伪信息运动"(disinformation campaign)操纵2016年的美国大选。此论点认为俄罗斯借助于"草根营销"的策略,将机器人账号伪装成美国普通公民,对社交媒体上支持特朗普的帖子进行大量的转发。虽然美国往往将自己描述为俄罗斯政府操纵的虚假信息宣传活动的受害者,但也有一些研究证实美国政府本身就有使用伪信息进行宣传和政治干预的历史和传统,目标主要是俄罗斯、拉丁美洲国家和中东国家。在2020年的新冠疫情中,特朗普政府对伪信息的制造与推动已经给包括美国社会在内的世界人民带来深重灾难。

就其影响而言,伪信息由于其煽动性与高情绪化的"控诉叙事",使信息本身成为情绪的载体,而社交媒体的圈层化不仅禁锢了网民的认知,也同质化了他们的情绪[1]。伪信息削弱了选民的理性甄别能力,从而对民主体系与程序的公正性与合法性构成威胁。实证研究表明伪信息宣传活动能够影响人们在总统选举、公投或其他投票环境中的判断[2]。伪信息还破坏了审议制民主与公共场域的健康运转。尤尔根·哈贝马斯(Jürgen Habermas)主张政治行为体就共同关心的政策问题通过理性与平等对话以寻求共识、商定最佳方案。但如果伪信息在社会扩散而未及时纠正,这将摧毁哈贝马斯所倡导的以公众场域为基石的民主理想。在国际关系层面,学者们认为

---

[1] 宋凯、袁奂青:《后真相视角中的网民情绪化传播》,《现代传播》2019年第8期。

[2] Swami Viren, Barron David, Weis Laura, and Furnham Adrian, "To Brexit or not to Brexit: The Roles of Islamophobia, Conspiracist Beliefs, and Integrated Threat in Voting Intentions for the United Kingdom European Union Membership Referendum", *British Journal of Psychology*, Vol. 109, 2018, pp. 156–179.

伪信息的传播会加剧政治不稳定，因此政府需适度限制某些自由权利以提高社会对伪信息的抵抗力[①]。此外，伪信息的传播效果还取决于不同群体的认知差异。受众的信息诉求、思维方式、对体制的信任程度与其解析性思维的发展程度都会影响伪信息的传播效果。

三 去极端化与伪信息驳斥

前文分别对极端化与伪信息的相关研究进行了梳理，但现有文献对二者关系的探究尚处萌芽阶段。少量研究指出，伪信息助长偏见、歧视与暴力倾向，会加深行为体对激进主义与极端主义观念的认同。伪信息会加倍极端化的程度并加速其在群体内的"传染"，被视为"极端化的效能增倍剂"（radicalization multipliers）[②]。伪信息既是极端化过程的动因，又是其社会产物之一。当前新冠疫情在全球大流行，以美国前总统特朗普和国务卿蓬佩奥为首的欧美政客与右翼媒体捏造新冠疫情"起源论"，目的在于掩盖和转移本国政府抗疫不力的事实。与此同时，在美国、英国与澳大利亚等西方社会，反华浪潮高涨，针对华裔群体的歧视性暴力行为剧增。在这一背景下，本文聚焦于涉华伪信息如何影响西方民众对华裔群体极端负面情绪的消长，考察对伪信息的反制策略可否消解部分极端化观念，并剖析"驳斥伪信息—降低极端情绪"这一机制的政治心理路径。

本文首要任务是验证对伪信息的驳斥是否可以有效降低受众的极端情绪。具体来说，本文将伪信息驳斥策略分为两类：以传播内容为中心与以受众心理为中心的伪信息反制策略。其中，科学信息矫正法与预先接种法是较为广泛应用的针对传播内容的反制策略。当采用科学矫正法时，对伪信息的反驳主要集中在提供科学性与事实性的矫正信息，不需要重复虚假信息从而能够避免"熟悉逆火效应"（familiarity backfire effect）。对事实和

---

① 例如，Alexander Lanoszka, "Disinformation in International Politics", *European Journal of International Security*, Vol. 4, No. 2, 2019, pp. 227–248。

② Jamie Bartlett and Carl Miller, *The Power of Unreason: Conspiracy Theories, Extremism and Counter-Terrorism*, London, UK: Demos, 2010.

科学的信息的强调能够有效地降低伪信息、假新闻和阴谋论的可信度。例如，为了应对伪信息的泛滥，美国的 PolitiFact 与 FactCheck.org 等事实核查（fact checking）平台在纠正伪信息上起到一定作用。此外，预先接种法是另一种被相对广泛采用的针对信息内容的驳斥法，通过向信息接收者"接种"弱化的和有明显逻辑漏洞的伪信息或阴谋论话语，进而催生受众对于伪信息内容的怀疑和"抵抗力"。除了针对传播内容的驳斥实践，针对信息接收侧（受众心理）的驳斥方法则强调通过解构阴谋论等伪信息表现形式的叙事逻辑与心理反应来根本性地改变受众对伪信息的认识。本文将这种解构策略称为"伪信息祛魅法"。笔者认为，如果伪信息叙事会强化极端观念，那么无论是以传播内容还是以受众为对象的反制方式都将削弱极端化观念，甚至逆转其发展趋势。基于这些认识，本文提出以下假设：

H1：驳斥伪信息的方法可以起到去极端化的作用。
H1a：预先接种法可以起到去极端化的作用。
H1b：科学信息矫正法可以起到去极端化的作用。
H1c：伪信息祛魅法可以起到去极端化的作用。

若第一个假设成立，本研究将进而考察"驳斥伪信息将降低极端情绪"这一机制是否存在中介变量（mediators），即通过何种"心理桥梁"，信息澄清可以有效抑制受众的极端负面情绪？在重大公共突发事件中，恐惧、焦虑与对现实的失控感会将人们推向一种"过敏化的动机探测"（hypersensitive agency detection）心理[①]，即倾向于过度地假设事件背后有某种秘而不宣的企图或试图借助阴谋论思维去假想一个强大而敌对的他者存在。这种"阴谋论信念"（conspiracy beliefs）不仅加固了受众对伪信息的相信程度，而且加深了受众将自身所属群体受害者化的认知倾向，即"竞争性受害感"（competitive victimhood）。具体而言，伪信息通过阴谋论叙事

[①] Benjamin Lee, "Radicalization and Conspiracy Theories", in Butter, M., & Knight, P. (eds.), *Routledge Handbook of Conspiracy Theories*, New York, NY: Routledge, 2020, p.18.

等将群体内部与外部严格界分,塑造一种非此即彼的二元对抗图景,并提供一种内部"专有"知识以强化内群认同、加深群体身份的边界感[①]。现有研究认为,伪信息叙事通过强化受众的"阴谋论信念"和"竞争性受害感",造成群内健合、激化外群对抗,进而推动极端化走向群体暴力[②]。因此,本文假设"阴谋论信念"及"竞争性受害感"会成为"驳斥伪信息将减低极端情绪"这一机制内嵌的中介变量,即:

H2:对伪信息的驳斥将有效降低受众的阴谋论信念,进而起到去极端化的作用。

H3:对伪信息的驳斥将有效降低受众的"竞争性受害感",从而起到去极端化的作用。

此外,需要意识到的是,即便接触同样的媒体内容,人们对伪信息的接受程度和既有的极端程度都呈现出显著的个体差异。因此,本研究还将探究受众在个体层面的差异对于"伪信息驳斥—降低极端情绪"这一机制起到调节作用(moderator)。本研究提出两个可能的调节变量,即"群间接触"(intergroup contact)与"群体性被剥夺感"(collective deprivation)。既有研究证实,群间接触——无论是想象的还是现实的,直接的还是间接的——可以减少对外群体,特别是疫情中的亚裔群体的威胁认知[③]。通过降低已有的族群偏见,群间接触可以降低动机性推理(motivated reasoning)

---

① Benjamin Lee, "Radicalization and Conspiracy Theories", in Butter, M., & Knight, P. (eds.), *Routledge Handbook of Conspiracy Theories*, New York, NY: Routledge, 2020, p.22.

② Jamie Bartlett and Carl Miller, "The Power of Unreason: Conspiracy Theories, Extremism and Counter-Terrorism", *Demos*, 2010; Fathali M. Moghaddam, "The Staircase to Terrorism: A Psychological Exploration", *American Psychologist*, Vol.60, No.2, 2005, pp.161–169; Sophia Moskalenko and Clark McCauley, "Measuring Political Mobilization: The Distinction Between Activism and Radicalism", *Terrorism and Political Violence*, Vol. 21, No.2, 2009, pp.239–260.

③ Croucher Stephen M, Hguyen Thao and Rahmani Diyako, "Prejudice toward Asian American in the COVID-19 Pandemic: The Effects of Social Media Use in the United States", *Frontiers in Communication*, 2020.

所导致的证实偏向等认知问题对人们的信息甄别能力的破坏。换言之，一种更为复杂的对于外族群的认知可以减少人们对于阴谋论的非黑即白式叙事的共鸣，降低阴谋论和伪信息的可信度。此外"群体性被剥夺感"也被看作是极端化过程的主要心理阶段之一。例如，莫加达姆（Moghaddam）的研究证实，那些怀有较高"群体性被剥夺感"的人，倾向于采用较为负面和极端的视角来理解现实政治与社会问题[1]。此类群体更易将伪信息和阴谋论叙事"内化"，进而走向暴力与极端。对此，本文提出最后两点假设：

H4：受众与中国人或华人的接触程度能调节"驳斥伪信息—降低极端情绪"的运行机制。具体而言，与中国人或华人接触越多，驳斥伪信息的方法对阴谋论信念的降低作用越大。

H5：受众本身的"群体性被剥夺感"能调节"驳斥伪信息—降低极端情绪"的运行机制。具体而言，"群体性被剥夺感"越强，则阴谋论信念对极端情绪的放大作用越大。

本文的研究目的不在于重新阐明伪信息与极端化的因果关系，而是开辟干预途径以改造社会，探索降低或防治由伪信息引发的反华情绪的有效途径，以及构成伪信息与极端化的因果关系的中介因素。需要注意的是，现有研究证明，"元共谋"（meta-conspiracy）、"熟悉逆火效应"和"集体动机推理"（collective motivated reasoning）等心理机制对消除伪信息的影响会产生阻抗效应[2]。在充分认识到上述困境的前提下，本文将讨论它们的影响与破解之道。

---

[1] Fathali M, Moghaddam, "The Staircase to Terrorism: A Psychological Exploration", *American Psychologist*, Vol.60, No.2, 2005, pp.161–169.

[2] Winiewski Mikolaj, Soral Wiktor, and Bilewicz, Michal, "Conspiracy Theories on the Map of Stereotype Content: Survey and Historical Evidence", in M. Bilewicz, A. Cichocka and W. Soral eds., *The Psychology of Conspiracy*, Abingdon, UK: Routledge, 2015, p.23.

四 研究思路

本文采用实证主义研究范式，在分析归纳澄清伪信息的几种具体方式的基础上，运用实验法考察上述澄清方式的去极端化效果。具体来说，本文将预先接种法、科学信息矫正法和伪信息祛魅法三种干预方式作为实验刺激，进行控制实验研究，进而对不同实验刺激下的去极端化效果加以探究。本文主要考察传播效果的认知层面，即通过澄清伪信息的干预办法，是否能够有效降低外国受众对中国和华裔群体负面极端情绪。

（一）实验材料

本实验的测试材料皆来自于视频网站 Youtube 上关于新冠疫情的伪信息（及澄清）内容。具体来说，在预先接种组中，被试者观看的材料是美国臭名昭著、广受批判的右翼阴谋论网站 Infowars 上的一则有关新冠疫情的伪信息。需要强调的是，本组被试者在完成全部实验后（即被试者填写完问卷，并且不可以修改答案），会接触针对 Infowars 中所提出的伪信息的驳斥材料，以免实验材料对被试者产生不当的引导效果。在科学信息矫正组中，被试者观看的材料是一段多位西方科学家们针对新冠病毒起源的论述。在材料中，科学家们统一指出新冠病毒起源于自然界，并且在 2019 年意大利的废水样本中已经发现其存在。在伪信息祛魅组中，被试者观看的材料是一段荷兰社会心理学家对于伪信息及阴谋论的微型讲座，阐释在重大危机发生时人们寻求和相信此类内容的社会心理根源。

（二）实验主体

本研究的被试者均招募于亚马逊旗下 Amazon Mechanical Turk（Mturk）平台。MTurk 作为一个众包（crowdsourcing）平台，提供了一种发布任务并收集数据的新途径，起初主要被用于训练人工智能，随后广泛地被应用于定量研究、市场调查等领域。由于其具有便捷高效的优点，Mturk 深受科研人员的欢迎。Mturk 所提供的样本不同于以高校大学生为主体的便利样本，在人口学、职业分布、性格特征、文化背景等个体变量上具有多样性，非常接近传统大众样本。此外，Mturk 样本还具有较高的可靠性，实验研究表明使用 Mturk 的样本复制以往实验时，得到的数据与先前的结果没有太大出入，实验质量有所保障。因此，亚马逊 Mturk 成为当今社会科学领域广泛认可的被试者招募平台。

在本研究中，所有被试者（共 420 人）被随机分配为 4 组，其中 3 组被试者接受澄清伪信息干预，另有 1 组作为控制组，未接受任何实验刺激。所有被试者完成实验后，排除了 20 名在过短时间内完成测试的被试者（小于 120 秒），最终共计招募 401 名被试者。

（三）实验过程

实验在 2020 年 10 月展开。每位被试者通过亚马逊 Mturk 平台点击链接进入研究者设置的网页之中，首先填写一些人口学及个人性格方面的相关题目，然后随机分组体验实验材料，其后填答问卷相关题目。每位被试者的实验时间大约为 20—25 分钟。

（四）实验数据处理

本实验主要使用 SPSS 软件对实验数据进行统计分析，主要采取的统计方法为多元线性回归分析以及基于回归分析的中介与调节效应分析。其中，含哑变量（dummy variables）的多元线性回归分析主要考察三个实验组与对照组之间是否具有显著差异；含中介变量的多元线性回归分析用来研究自变量是否通过两个中介变量来对因变量产生影响；含中介变量和调节变量的多元线性回归分析用来研究两个调节变量是否分别对自变量和其中一个中介变量以及这个中介变量和因变量之间的关系起到调节作用。

五 结果

(一) 通过驳斥伪信息降低极端情绪的效度分析

四组实验对象的极端化情绪的测量值的描述性统计如表1所示。每组的样本量在97—102。对照组的极端化情绪的测量值的均值高于各实验组。

表1　　　　　　　　极端化情绪测量值描述性统计

	样本量	均值	标准差	标准误	最小值	最大值
对照组	101	3.004	1.112	0.111	1.00	5.00
第一组	97	2.731	1.123	0.114	1.00	5.00
第二组	101	2.637	1.254	0.125	1.00	4.75
第三组	102	2.650	1.162	0.115	1.00	4.75
总计	401	2.756	1.170	0.058	1.00	5.00

第一组假设是关于三种澄清伪信息的方式对极端化情绪的降低作用。本文以极端化情绪的测量值作为因变量，以3个分别对应于3个实验组的哑变量作为自变量，使用多元线性回归分析法来检验第一组假设。对于每一个哑变量的赋值，当数据点是来源于这一哑变量所对应的实验组时，其值为1，否则为0。

表2　　　　　　　各实验组与对照组对比回归分析结果
因变量：极端化情绪测量值

自变量	系数	标准误	p-值
第一组	−0.273	0.166	0.100
第二组	−0.366	0.164	0.026
第三组	−0.354	0.163	0.031
常数项	3.004	0.116	<0.000

检验结果部分支持了本文假设，如表2所示。具体来讲，H1a预测了

预先接种法可以起到去极端化的作用。由于与第一组所对应的哑变量的系数的 p- 值为 0.100，因此该系数在 5% 显著性水平上并无统计显著性，实验结果无法支持预先接种法对受众的极端情绪的降低作用（H1）。H1b 预测了科学信息矫正法可以起到去极端化的作用。由于与第二组所对应的哑变量的系数为负数（-0.366）且 p- 值为 0.026，因此该系数在 5% 显著性水平上具有统计显著性。第二组的实验对象在观看了关于新冠病毒起源和传播途径的科学解释的视频后，取得了显著低于对照组的极端情绪的测量值。因此，实验结果支持 H1b。H1c 预测了伪信息祛魅法可以起到去极端化的作用。由于与第三组所对应的哑变量的系数为负数（-0.354）且 p- 值为 0.031，因此该系数在 5% 显著性水平上具有统计显著性。第三组的实验对象在观看了两位社会心理学家简单介绍阴谋论的特征和为什么某些人倾向于相信阴谋论的视频后，取得了显著低于对照组的极端情绪的测量值。因此，实验结果支持 H1c。

（二）驳斥伪信息与去极端化之间的中介效应

第二个和第三个假设是关于两个中介变量（阴谋论信念和竞争性受害心理）对三种澄清伪信息方式的去极端作用的中介效应。本文使用 Hayes 开发的基于多元线性回归的专门用于分析中介和调节效应的 SPSS 宏程序，来检验第二个和第三个假设（详见表 3、表 4）。

表 3　　阴谋论信念的中介效应回归分析结果
因变量：极端化情绪测量值　中介变量：阴谋论信念

自变量	系数	标准误	p- 值
第一组	-0.057	0.077	0.459
第二组	-0.191	0.078	0.015
第三组	-0.226	0.079	0.004

H2 预测了受众的阴谋论信念将充当驳斥伪信息与去极端化之间的中介变量，即对伪信息的驳斥将有效降低受众的阴谋论信念，进而起到去极

端化的作用。实验结果部分支持了本文的假设。三组实验中（驳斥伪信息的三种具体方法），与第一组所对应的阴谋论信念的中介效应的系数的 p- 值为 0.459，该系数并无统计显著性，实验结果无法支持预先接种法通过降低阴谋论信念从而起到去极端化的作用。与第二组所对应的阴谋论信念的中介效应的系数为负数（-0.191）且 p- 值为 0.015，该系数在 5% 显著性水平上具有统计显著性，实验结果支持科学信息矫正法通过降低阴谋论信念从而起到去极端化的作用。第三组所对应的阴谋论信念的中介效应的系数为负数（-0.226）且 p- 值为 0.004，该系数在 5% 显著性水平上具有统计显著性，实验结果支持伪信息祛魅法通过降低阴谋论信念从而起到去极端化的作用。

表 4　　　　　　　竞争性受害感的中介效应回归分析结果

因变量：极端化情绪测量值　　中介变量：竞争性受害感

自变量	系数	标准误	p- 值
第一组	-0.121	0.072	0.093
第二组	-0.168	0.072	0.019
第三组	-0.194	0.072	0.008

H3 则预测了受众的竞争性受害心理将充当驳斥伪信息与去极端化之间的中介变量，即对伪信息的驳斥将有效降低受众的"竞争性受害感"，从而起到去极端化的作用。实验结果同样部分支持了本文的假设。三组实验中，与第一组所对应的受众将自身视为竞争性受害者的程度的中介效应的系数的 p- 值为 0.093，该系数在 5% 显著性水平上并无统计显著性，实验结果无法支持预先接种法通过降低受众将自身视为竞争性受害者的程度从而起到去极端化的作用。与第二组所对应的受众将自身视为竞争性受害者的程度的中介效应的系数为负数（-0.168）且 p- 值为 0.019，该系数在 5% 显著性水平上具有统计显著性，实验结果支持科学信息矫正法通过降低受众将自身视为竞争性受害者的程度从而起到去极端化的作用。与第三组所对应的受众将自身视为竞争性受害者的程度的中介效应的系数为负数

（-0.194）且 p- 值为 0.008，该系数在 5% 显著性水平上具有统计显著性，实验结果支持伪信息祛魅法通过降低受众将自身视为竞争性受害者的程度从而起到去极端化的作用。

（三）澄清伪信息与去极端化的调节变量

第四和第五个假设是关于两个调节变量对中介变量的中介效应的调节作用。本文同样使用 Hayes 开发的基于多元线性回归的专门用于分析中介和调节效应的 SPSS 宏程序，来检验这两组假设。校验结果如表 5 和表 6 所示。

表 5　　与中国人或华人接触度调节效应回归分析结果

因变量：阴谋论信念　　调节变量：与中国人或华人接触度

自变量	系数	标准误	p- 值
第一组	-0.127	0.360	0.724
第二组	-1.044	0.349	0.003
第三组	-1.216	0.359	0.001
与中国人或华人接触度	0.236	0.088	0.007
与第一组交互项	0.026	0.131	0.842
与第二组交互项	0.321	0.129	0.013
与第三组交互项	0.347	0.133	0.009

具体来讲，H4 预测了受众与中国人或华人的接触程度能调节"驳斥伪信息—降低极端情绪"的运行机制。具体而言，与中国人或华人接触越多，驳斥伪信息的方法对阴谋论信念的降低作用越大。在三组实验中（驳斥伪信息的三种方法），与第一组所对应的交互项的系数的 p- 值为 0.842，该系数并无统计显著性，实验结果无法支持受众与中国人或华人的接触程度能调节预先接种法对阴谋论信念的降低作用。与第二组所对应的交互项的系数的 p- 值为 0.013，该系数在 5% 显著性水平上具有统计显著性，实验结果支持受众与中国人或华人的接触程度能调节科学信息矫正法对阴谋论信念的降低作用。与第二组交互项的系数为 0.321，而与第二组所对应

的哑变量的系数（-1.044）正负相反，这表示实验结果支持与中国人或华人接触越少科学信息矫正法对阴谋论信念的降低作用越大。与第三组所对应的交互项的系数的 p- 值为 0.009，该系数在 5% 显著性水平上具有统计显著性，实验结果支持受众与中国人或华人的接触程度能调节伪信息祛魅法对阴谋论信念的降低作用。与第三组交互项的系数为 0.347，而与第三组所对应的哑变量的系数（-1.216）正负相反，这表示实验结果支持受众与中国人或华人接触越少，伪信息祛魅法对阴谋论信念的降低作用越大。

表 6　　　　　　　集体剥夺感调节效应回归分析结果

因变量：极端化情绪测量值　　调节变量：集体剥夺感

自变量	系数	标准误	p- 值
第一组	-0.027	0.090	0.769
第二组	-0.000	0.089	0.997
第三组	0.054	0.090	0.545
阴谋论信念	0.056	0.097	0.565
竞争性受害感	0.377	0.047	<0.000
集体剥夺感	-0.803	0.094	0.391
交互项	0.118	0.028	<0.000

H5 预测了受众本身的"群体性被剥夺感"能调节阴谋论信念对极端情绪的放大作用："群体性被剥夺感"越强则阴谋论信念对极端情绪的放大作用越大。由于"群体性被剥夺感"与阴谋论信念的交互项的系数的 p- 值为 0.009，该系数具有统计显著性，实验结果支持受众的"群体性被剥夺感"能调节阴谋论信念对极端情绪的放大作用。交互项的系数为正的 0.118，而与阴谋论信念的系数（0.056）符号相同，这表示实验结果支持集体剥夺感越强，则阴谋论信念对极端情绪的放大作用越大。

总的来看，实验结果支持了科学纠正法和伪信息祛魅法通过降低阴谋论信念和竞争性受害感从而起到降低极端化程度的作用。而与中国人或华人的接触程度和"群体性被剥夺感"分别对驳斥伪信息的方法与阴谋论信念以及阴谋论信念与极端化程度之间的关系起到调节作用。上述自变量

（驳斥伪信息的方法）、中介变量（阴谋论信念，竞争性受害心理）、调节变量（与中国人或华人接触程度，"群体性被剥夺感"）以及因变量（极端化程度）之间的关系，如图1和图2所示。而与预先接种法相关的去极端化作用与中介及调节效应未得到实验结果的支持。

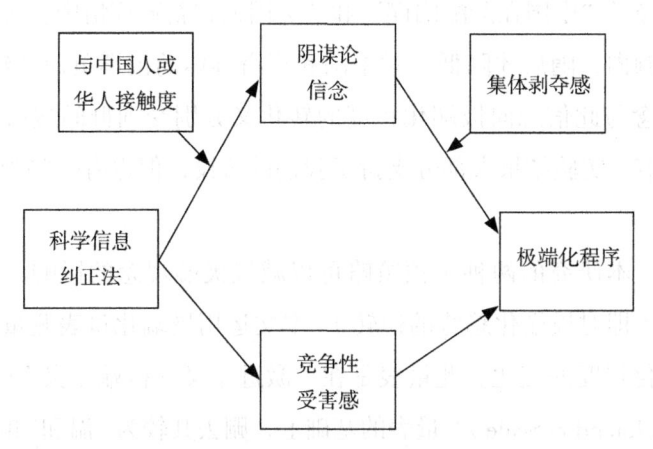

图1 科学信息矫正法去极端化机制图

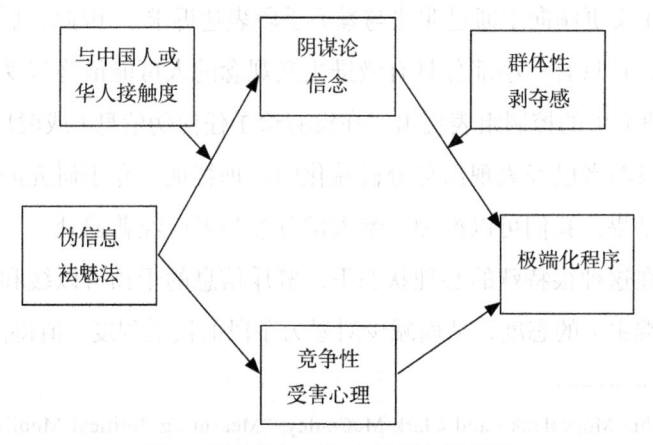

图2 伪信息祛魅法去极端化机制图

六 讨论

本文的研究表明，在新冠疫情大流行期间，对伪信息的有效驳斥可以弱化甚而扭转对华人群体的极端化观念。受众导向的伪信息祛魅法与内容导向的科学信息矫正法产生了显著的去极端化效果，而预先接种法的效果仅限于遏制极端化观念的进一步强化。本文进一步证实，"伪信息驳斥—极端化降低"的运行机制是以"减轻受众的阴谋论信念"与"弱化受众的竞争性受害感"为中介和桥梁的。即通过澄清涉华伪信息，美国民众首先减轻了"中国在酝酿阴谋"和"美国人在新冠疫情中受害最多"这两个认知倾向，随后才降低了对中国和华裔群体的极端负面情绪。此外，阴谋论信念与此信念向极端化程度的转化又分别受到群间接触与集体剥夺感的调节。实验结果大部分支持了我们的假设，但也有一些预料之外的发现。

第一，本研究的两种干预策略可以减轻极端观念的影响，甚而导致去极端化（即对极端化趋势的逆转）。本文运用极端化量表测量作为因变量的极端化程度的变化。此量表是在"激进主义—极端主义"（Activism-Radicalism Intention Scale）[1]量表的基础上，删去其较为"温和"的部分（即activism的测量部分）。较之激进主义对于合法与非暴力的政治行为表达诉求，极端主义更倾向于通过非法与暴力手段表达诉求[2]。因此，后者比前者更为激进，且只有一小部分具有激进主义观念的人可能最终接受极端主义观念[3]。研究中的控制组表现出，在没有给予任何伪信息（或驳斥信息）的刺激下，参与者已经表现出部分极端化的心理特征。介于研究的受众是随机选择的结果，我们可以推测，绝大部分参与者已经普遍处于一种极端化情绪中。在这种很特殊的心理状态下，驳斥信息的干预可以缓和甚至扭转人们对极端主义的态度，从而减少对暴力手段的接受程度。值得注意的是，

---

[1] Sophia Moskalenko and Clark McCauley, "Measuring Political Mobilization: The Distinction Between Activism and Radicalism", *Terrorism and Political Violence*, Vol.21. No.2, 2009, pp.239–260.

[2] Sophia Moskalenko and Clark McCauley, "Measuring Political Mobilization: The Distinction Between Activism and Radicalism", *Terrorism and Political Violence*, Vol. 21. No.2, 2009, pp.239–260.

[3] Sophia Moskalenko and Clark McCauley, "Measuring Political Mobilization: The Distinction Between Activism and Radicalism", *Terrorism and Political Violence*, Vol. 21. No.2, 2009, pp.239–260.

我们的实验在 2020 年美国总统大选前几天进行。上述普遍极端化状态的出现脱离不了这个特定的政治背景。高度极化的总统选举与特朗普政府多年的反华宣传相叠加，使这种极端化态势可以预见。进而，我们观察到一种"触底"现象，即一旦一个社会的政治动荡达到大规模暴力冲突的临界点，伪信息煽动极端情绪的能力反而开始削减，从而降低了群体极端化的可能性。

第二，具体而言，针对传播内容的科学信息矫正法与针对受众的伪信息祛魅法都激发了参与者认知层面的去极端化，即引发一种认知上的改变，从而逆转极端化倾向。科学信息矫正法通过提供一种科学化、理性化和以事实为依据的证伪性诠释，有针对性地提升了受众对于某一现象的甄别能力，从而扭转其极端化认识倾向。与内容导向的干预策略不同，伪信息祛魅法试图引导受众从根本上质疑伪信息的生产过程，从而避免受众的认知习惯或文化亲缘性等因素所导致的对于某类阴谋论叙事的先天心理倾向。这种对于受试者已有社会性与文化性偏见的影响规避，有利于其跳出"元共谋"或"集体动机推理"的心理干扰，削弱其对驳斥过程的阻抗效应。

第三，研究结果进一步证明，科学信息矫正法与伪信息祛魅法首先作用于"阴谋论信念"（H2）和"竞争性受害感"（H3），通过降低二者的程度，进而导致极端情绪减低。通过测试参与者对于伪信息和阴谋论的相信程度与他/她们的竞争性受害感，本研究部分揭示了伪信息是通过何种心理机制为中介导致极端化。进而言之，伪信息驳斥又是通过何种机制逆转极端化认知。虽然尚有诸多极端化与伪信息的相关心理因素未曾在此探究，但本研究的发现将有助于打破极端化研究以往仅仅针对于"恐怖分子"或作为恐怖主义研究之分支的局限性。将极端化研究的外延拓展至恐怖主义研究之外是符合当下的国际政治走势。从奥巴马政府时期开始，美国逐渐从中东撤军，将主要精力从打击幽灵般的超主权与跨国界的恐怖主义中抽出，投入到传统的大国博弈，并将中俄两国塑造成两个鲜明可辨的"敌人"。这种走向也反映了国际关系现实主义认识论的强势回潮。"9·11"事件后以反恐战争为标志的非传统安全问题已跨入后疫情时代的以大国博弈为标志的中美战略竞争时期。但无论是反恐战争还是中美博弈的显化，都是以跨国恐怖袭击或全球疫情等典型非传统安全事件为催化剂的。因此，本文主张，若要实现一种"可管理的战略竞争"（managed strategic competition）①，则不可停留于国与国的传统国际关系视角，而应深入社会心理才可以避免悲剧性的竞争结果。一如极端化研究将恐怖主义问题的思考回归到一种常态情境下的社会心理审视，它也可用于大国博弈背景下，挖掘伪信息何以作用于个体与社会，使其走向暴力，增加爆发战争的可能性。

第四，针对信息内容的伪信息干预方法之间存在效能差异。与科学信息矫正法相比，同为内容导向的预先接种法虽遏制了极端化的加剧，但不足以产生去极端化的显著效果。预先接种法通过给予受众过度的信息刺激而制造一种逆火效应。换言之，通过过激的表演、明显被伪造的证据与叙事者自身的身份争议性，受众反而不再对其过于夸张的阴谋论叙事产生共鸣，变得拘谨、抗拒与漠然，从而预防了更极端的观念转化。然而，本文认为，预先接种法是一种效果非常有限的干预策略，无法使受众完全回到温和的认知状态。之所以没有显著效果，很大程度上在于预先接种法是一种偏重预防的干预策略，其最初的应用旨在保护个人（积极的）预先存在的观点不受未来恶意信息的影响②。这种方法的运作有赖于受众自身的"以身份认同保护为动机的认知模式"（identity-protective motivated reasoning）。但是，受众自身的个体性差异极大。譬如，有些人可能倾向于通过"阴谋论视角"来看待外部世界，而另一些人则不然。因此，如果对"坚定的阴谋信徒"这一亚群体的"接种"效果不那么有效是可以预见的，因为这些

---

① Kevin Rudd, "Short of War: How to Keep U.S.–Chinese Confrontation from Ending in Calamity", *Foreign Affairs*, 2021, https://www.foreignaffairs.com/articles/united-states/2021-02-05/kevin-rudd-usa-chinese-confrontation-short-of-war.

② John A. Banas and Gregory Miller, "Inducing Resistance to Conspiracy Theory Propaganda: Testing Inoculation and Metainoculation Strategies", *Human Communication Research*, Vol.39, 2013, pp.184–207; John A. Banas and Stephen A. Rains, "A Meta-Analysis of Research on Inoculation Theory", *Communication Monographs*, Vol.77, No.3, 2010, pp.281–311.

人可能会吸收任何阴谋论话语（即使其中包含明显的逻辑谬误），并将其融入他们的世界观中。因此，预先接种法并不能有效避免"元共谋"或"集体动机推理"等心理机制的消极影响。

第五，研究结果并不完全支持本文对于群间接触的调节作用假设（H4）。相反，研究证实，受试者与中国人或华人接触越少，驳斥伪信息的方法对阴谋论信念的降低作用越大。一般而言，群间接触的增加可以降低受试者将外群体视为生存性威胁的心理需求，减少排他性思维逻辑，降低群际差异的实体性认知，从而减轻参与者对伪信息和阴谋论的信度。本文并不否认群间接触的积极作用。但是，本文同时发现，在受试者与外群接触很少的情况下，其对于驳斥信号反而具有更高的敏感性，对于驳斥信息的吸收度更高。此外，研究结果支持对于群体性被剥夺感的调节作用假设（H5），即在对伪信息和阴谋论的相信程度转为极端化程度的过程中，群体性被剥夺感越低，这种转化率就越低。然而，上述两种调节因素仅对以阴谋论信念为中介路径的"伪信息—极端化"关系产生作用，并未对以竞争性受害感为中介路径的"伪信息—极端化"关系产生调节作用。统而言之，当受众与中国人或华人接触较少且存在群体性被剥夺感时，驳斥伪信息的方法通过降低阴谋论信念从而起到去极端化的作用。

结　　语

本文的研究部分证实了现有文献中对于伪信息导致极端观念的命题。研究结果证明，在新冠疫情的环境下，对伪信息的驳斥可以减少极端观念的影响力。科学信息矫正法与伪信息祛魅法可以催生一种认知上的转变，以扭转极端化的认知走向。预先接种法虽可缓解极端思想的加剧，却不足以产生显著的去极端化效果。科学信息矫正法与伪信息祛魅法是通过竞争性受害感与对伪信息与阴谋论的相信程度来影响伪信息对极端化的作用的，这弥补了以往文献对于伪信息与极端化心理的因果关系的实证研究空白。本文的研究结果进一步发现，因为受到个体差异性的影响，驳斥伪信息和去极端化之间的关系比理论预测要更为复杂。受试人与中国人或华人接触越少，驳斥方法对阴谋论信念的降低作用越大。群体性被剥夺感的降低同时弱化了伪信息与阴谋论的信度向极端化程度的转化。

本文的研究证明了伪信息的反制措施与去极端化之间的因果关系，并揭示了其背后的认知机制。本文不仅有助于加深对二者关系的认识，还系统性地验证了可能的干预策略，以提升舆情安全治理的有效性与创新性。由于伪信息治理失效所导致的极化思维与极端化倾向已在美国社会制造出巨大的裂痕，加速了中美关系的螺旋式下降，对国际安全造成深远冲击。需要指出的是，本文并未穷尽极端化的所有心理构成要素，比如极端化主体的不确定感、不安感与对意义的寻求。未来研究可以进一步探索这些心理要素如何影响伪信息与极端化之间的关系。更为重要的是，在未来的研究中，不同领域的研究需要考虑如何将伪信息的驳斥机制付诸具体实践。知识生产是持续全球政治变革的一个必要但不充足的来源，只有充分的实践，才可以反哺理论，形成从实践到理论再到实践的有机循环。

基于上述认识，在后疫情时代的中美关系中，中国需避免"共极化"陷阱，警惕极端认知的"深度耦合化"。"共极化"是指将他者视为一种存在性威胁，从而采取一种极端的应对方式；但这种极端应对方式又与回应者自身的政治、文化或宗教规范与理念相悖，导致其走向自身意识形态与价值认同的反面。以美国为例，反恐战争与特朗普主义泥潭是"共极化"陷阱的突出体现。在"9·11"事件后的"恐穆症"情绪催化下，小布什政府视穆斯林群体与部分国家为存在性威胁，并通过煽动宗教仇视为其采取国家恐怖主义手段以应对恐怖主义威胁赢得民意基础。在特朗普政府时期，以往作为社会与政治边缘的极端右翼与白人至上主义势力日益成为美国社会与政治主流。对差异、多样性与非基督教文明的暴力性排斥变得日益严重与日常化，这进一步加剧了美国的内部分裂，削弱了民主体系。在通过极端手段以应对现实或臆想中的外部挑战时，美国自身逐渐由自由主义价值与秩序的提倡者滑落为反自由主义秩序的"极端"政治的代表。因此，本文认为，目前美国面临的不仅仅是极化问题，还有政治的极端化问题，

第三章 分化与极端化：网络空间与国际舆情治理

即通过伪信息等手段对他国或外群进行"极限"描述，推动国内民意与舆论的极端化，并以极端的外交政策与之呼应，从而赢得政治共鸣。虽然特朗普已经卸任，但是其所揭示的美式极端化政治并未从此消解。中国如何应对今后可能不断出现的"极限"挑衅，规避"共极化"陷阱——避免政策回应的激进化破坏自身的长远规划与价值秉承是亟待思考的重大议题。

极端认知的"深度耦合化"是指一些极端的对华认知与个人心理的"深层故事"相结合而进一步加固了这些极端观念。这种极端认识的加深是通过与个人的一些深层情感认识相关联而产生的。"深度耦合化"风险由两种元素共同构成。一种是前文发现的"触底"现象，即由伪信息等煽动的极端情绪到达大规模暴力冲突的临界点。这种程度的极端认知的逆转难度是很大的[①]。换言之，如果没有有效与及时的心理干预措施，这种极端化认知会长期存在，有时隐匿但不会消失。另一种是美国国内的政治和解需求。在特朗普执政期间，共和党对中国的强硬态度引发了人们对中美关系可能彻底崩溃的深切焦虑和恐惧。在后疫情时代，拜登政府将弥合国内政治裂痕视为首要任务。从身份政治的角度来看，这就需要制造群体间"情感认知"（cogmotion）层面的共通性[②]，从而使跨党派沟通成为可能。在西方的政治传统上，这种公共身份认同的建构往往有赖于塑造共同的外部敌人。由此，在两党达成共识的基础上，对中国敌对化成为拜登政府时期美国国内政治和解的捷径之一。党派和解的政治需求将转化为反华阴谋论得以滋长的情感基础与政治动机，从而将对抗中国深嵌入美国国内政治团结的修复过程之中。这种政治需求还将部分民众的深层个体经验与已形成的对华极端观念相关联，从而将中国视为其存在性困境的原因。因此，将敌华政策嵌入拜登政府的国内和解尝试中可能导致涉华极端化认识的深化与

---

① Alex P. Schmid, "Radicalization, De-Radicalization, Counter-Radicalization: A Conceptual Discussion and Literature Review", *Terrorism and Counter-Terrorism Studies*, Vol.4, No.2, March 2013.

② Douglas Barnett and Hiltary Horn Ratner, "The Organization and Integration of Cognition and Emotion in Development", *Journal of Experimental Child Psychology*, Vol.67, No.3, 1997, pp.303–316.

强化，阻碍合理与务实的外交政策的制定，在最坏的情况下，可能发展为军事侵略等大规模国际暴力。

在后疫情时代，本文呼吁加深对阴谋论潜在危害的认识，制定落实长期与多元的阴谋论驳斥方案。针对"深度耦合化"的问题，国际舆情治理需要进一步走向"精细化"。特别是，本研究已证明，与中国人或华人接触很少的受试群体，对驳斥信号的敏感性甚至高于对中国人或华人接触较多的群体。这说明对华认知程度低、多生活在农业地区的美国民众依然具有很大的认知可塑性。不同群体对驳斥信息的反应敏感度差异说明，避免对一国民众采取同质化传播，而应就其不同的身份认同、情绪特点、社会阶层与信息敏感度等进行区别化矫治。从而，在一定程度上对冲"深度耦合化"的衍生风险。

防止共极化、对冲耦合化，后疫情时代需要提倡与重构合作型安全的心智——指长期塑造与意识深层的心理——基础。以阴谋论为表现形式的伪信息往往以封闭视角取代开放视角，以二元对立瓦解共同体意识、以冲突叙事裂解合作叙事。在三者共振下，全球安全文化将退化入丛林状态。此蜕变标示着全球安全理性的内向化与断裂，即不同国家、不同群体对于安全的感受与认识产生了难以和解的分歧，零和思维成为主导逻辑。并且，随着认知极端化的形成，这种认知论的矛盾会逐渐渗入本体论层面——即国际关系的核心争论不再是"如何"管理分歧（激烈竞争、彻底脱钩或有限合作），而是本质上"是"什么的不合（自由对抗非自由、正义对抗非正义等）。在新冠疫情中，由于伪信息泛滥，甚至连新冠病毒的有无都在一些国家的民众中存在根本性分歧。伪信息加剧的本体论分裂将进一步扩大中美分歧，最终为全球带来灾难性影响。只有通过全球治理，才可能防止目前的局部问题串联而演变成全球全系统的认知分裂，避免国际秩序再次落入失控与战争的深渊。

下篇：

全球视野下的中国治理

第四章 演变中的治理：
国家—社会—市场关系

渐进制度化：探索中国社会组织管理体制的演变

巫 迪

摘要： 过去40年是中国社会组织迅猛发展的时期，也是中国社会组织管理不断制度化的时期。中国社会组织管理的制度化进程不仅充分适应了改革开放时期社会发展的需要，也为社会组织的成长奠定了良好基础。本文将改革开放以来的中国社会组织管理分为三个时期，即探索期、磨合期和完善期，通过分别介绍这三个时期的特点，来呈现中国社会组织管理体制的演变，并尝试从这一角度切入探析中国的国家—社会关系的特性。

引 言

进入21世纪以来，中国社会组织取得了长足的发展，在民政部门注册的各级社会组织的数量，从2003年的26.6万家[①]，到2021年一举突破

[①]《2003年民政事业发展统计公报》，中华人民共和国民政部，2004年4月3日，https://www.mca.gov.cn/n156/n189/c93371/content.html；《2021年民政事业发展统计公报》，中华人民共和国民政部，2022年8月26日，https://www.mca.gov.cn/n156/n189/index.html。

90万家大关[①]，且广泛活跃于教育、环保、扶贫、社区发展等多个领域。这样的发展态势，反映出中国行政改革不断深入，社会治理创新持续取得积极回响的局面。十余年来，国家对于社会组织的支持力度显著加强，不仅在党的重要会议中多次提及促进社会组织的发展，且各项关于社会组织的政府政策和法律法规陆续出台，为社会组织的持续发展提供了有力的制度保障。

本文将对1978年以来的主要官方政策、文件和法律法规进行梳理和文本分析，结合现有的实证研究文献，尝试勾勒出改革开放以来国家对于社会组织管理体制的演变。本文认为，改革开放以来，国家对于社会组织的管理可以分为三个阶段，第一个阶段是1978—2004年《基金会管理条例》的发布，这一阶段为探索期，国家的经济改革为社会组织的出现创造了空间，也逐渐对这一新兴现象有了初步的把握，形成了早期的管理思路。第二个阶段是从2004—2011年，可称为国家与社会组织的磨合期。这一时期社会组织继续保持高速发展，且"社会组织"一词开始频繁出现在党的文件和政府的工作报告中，国家将培育、扶持社会组织的发展视为建设"服务型政府"和创新社会管理体制的重要一环，这表明社会组织的治理和服务属性不断被国家认可和接纳，但与此同时，由于历史积欠，相关的配套制度仍较为不足，导致社会组织的发展在制度层面缺乏规范和引导。这一时期的制度创新主要来自于地方政府的政策试验。第三个阶段则从2011年至今，是社会组织管理制度进一步完善的十年，不仅在党和政府的文件中继续凸显出对于发展社会组织的支持，且国家颁布了多项政策和法律法规，从政策引导和组织建设两方面提供更实质、更细化的支持。前者引导相关的社会组织有序参与到民主协商、扶贫、社区治理、公益慈善等具体领域，鼓励社会组织将自身的组织使命与国家的社会治理目标相结合。后者则以提升社会组织的规范化运作为目标，为社会组织在筹款、

[①]《2003年民政事业发展统计公报》，中华人民共和国民政部，2004年4月3日，https://www.mca.gov.cn/n156/n189/c93371/content.html；《2021年民政事业发展统计公报》，中华人民共和国民政部，2022年8月26日，https://www.mca.gov.cn/n156/n189/index.html。

信息公示、税收优惠等环节营造一个更具有支持性的制度环境。本文将逐一对这三个阶段展开论述，通过呈现中国社会组织管理的制度化努力，反映出国家在社会组织管理领域历经四十余年所积累的治理经验。

一 中国社会组织管理的探索期（1978—2004年）

从定义上来看，社会组织，又称为非政府组织、非营利组织、第三部门组织。所谓第三部门，指的是区别于市场和国家之外的社会空间[①]，由此，社会组织常被定义为不以营利为目的，不属于政府体系的，由私人所成立的组织[②]。与政府和商业组织相比，社会组织一般具有正式、私营、自治、不分配盈余、自愿五大特征[③]。正式，指社会组织必须是制度化的、具有清晰内部结构和组织边界的组织；私营，意味着社会组织不属于政府的一部分；自治，指社会组织可以独立就人事和行政层面的问题做出决策；不分配盈余，又称作不分配约束原则（the principle of non-distribution constraint）[④]，指社会组织虽然可以从事资产保值增值的活动，但其机构盈余不得向其所有者或员工进行分配；自愿，指要求参与社会组织的一切活动皆是出于个人意志，而非外界强迫。本文使用"社会组织"来指称这一类型的组织，是参照国家当前的官方用语，在官方语境下，社会组织可以分为三类，即社会团体、社会服务机构（又称"民办非企业单位"）和基金会，本文仅探讨涉及这三类组织的相关文件、政策和法律法规，除此以

[①] Salamon, Lester M, and Anheier, Helmut k, "In Search of the Non-Profit Sector I: The Question of Definitions", *International Journal of Voluntary and Nonprofit Organizations*, Vol.3, No.2, 1992, pp. 125–151.

[②] 李卓:《中国NGO的定义与分类》,《中国行政管理》2003年第3期; Helmut K. Anheier, *Nonprofit Organizations: Theory, Management, Policy*, Routledge, 2005。

[③] Salamon, Lester M, and Anheier, Helmut K, "In Search of the Non-Profit Sector I: The Question of Definitions", *International Journal of Voluntary and Nonprofit Organizations*, Vol.3, No.2, 1992, pp. 125–151.

[④] Henry B. Hansmann, "The Role of Nonprofit Enterprise", *The Yale Law Journal*, Vol.89, No.5, 1980, pp. 835–901.

外，民间自发成立的兴趣、文娱团体，或是官方的人民团体，均不在本文的讨论范围之内。

中国社会组织的兴起是国际社团革命和国内经济改革共同作用下的产物。自 20 世纪 80 年代起，一股民间结社的风潮席卷全球，无论是在发达国家，抑或是发展中国家，人们看到了社会组织在提供公共服务、保障民权、推动基层发展、促进变革等方面所扮演的积极角色[①]，在当时全球经济增长放缓的大背景下，人们愈发意识到实现良善治理不能仅靠公部门的努力，也应当把社会组织纳入为治理主体之一，将部分公共服务的职能转交给社会组织来承担。[②]

处于同一时期的中国，正处于改革开放初期。由于推动经济的发展需要以知识和技术为后盾，在 20 世纪 70 年代末和 80 年代初，国家推动了一批学术性社团的出现[③]。而为了筹措社会资源兴办公共事业，同样是在国家的支持下成立了一批基金会[④]。更为引人注目的是各类经济性社团，随着经济改革的推进，中国政府主动转变职能，以适应新形势的需要，开始向企业和社会放权，改变以往"大包大揽"的形象，给予企业更大的经营自主权，也鼓励非国有经济的发展[⑤]，在这样的背景下，一些同业公会和行业协会在各地纷纷建立，发挥了联结同业成员、分享信息的作用[⑥]。与此同时，由于经济的持续发展和对外开放水平的不断提高，越来越多的民间人士志愿投身到环保、教育、妇女、儿童等多个社会领域，这一类由民间自

[①] Lester M. Salamon, "The Rise of the Nonprofit Sector", Foreign Affairs, Vol.73, No.4, pp. 109–122.

[②] Stoker, Gerry, "Governance as theory: Five Propositions" International Social Science Journal, Vol.50, No.155, 1998, pp. 17–28.

[③] Pei, Minxin, "Chinese Civic Associations: An Empirical Analysis" Modern China, Vol.24, No.3, pp. 285–318.

[④] 贾西津："民间组织与政府的关系"，载王名《中国民间组织 30 年——走向公民社会》，社会科学文献出版社 2008 年版，第 189—224 页。

[⑤] 贾西津：《中国公民社会发育的三条路径》，《中国行政管理》2023 年第 3 期；王绍光、何建宇：《中国的社团革命——中国人的结社版图》，《浙江学刊》2004 年第 6 期；俞可平、王颖：《公民社会的兴起与政府善治》，《中国改革》2001 年第 6 期。

[⑥] 薛暮桥：《建立和发展行业民间自治团体》，《中国工商》1988 年第 11 期。

第四章 演变中的治理：国家—社会—市场关系

发成立的社会组织开始成为中国社会一股不可忽视的力量①。

在这一时期，中国也开始初步建立起一套管理社会组织的制度。1988年，民政部正式设立社团管理司，从此被确立为社会组织的主管部门②，同一年，国务院通过了《基金会管理办法》，为改革开放后中国第一部规范社会组织登记管理的行政法规，《基金会管理办法》规定，基金会的成立，须由归口管理的部门报人民银行审查批准同意后，才能到民政部门申请登记注册③。1989年，国务院第四十九次常务会议通过《社会团体登记管理条例》，正式引入了沿用至今的"双重管理制度"，即要求社团的成立必须先经过有关业务主管部门的审查同意，才能向民政部门提交登记申请。

由于中国管理社会组织的经验尚浅，再加上当时的历史背景，早期国家对于社会组织的登记注册设定了较高的门槛，不仅要求先得到业务主管部门的同意，而且还规定，在同一行政区域内，某一业务领域如果已经成立了社团，则不鼓励业务范围相同或者相近的其他社会团体在此区域内注册。所以在这一时期，能够成功注册的社会组织，尤其是经济类的商会和行业协会，往往跟政府的关系较为密切，它们可能是在政府的鼓励下创立，在资金、场地等方面得到政府一定的支持，其日常运作和人事变动也常常受到来自政府的干预④。因此，这一时期国家与社会的边界仍较为模糊，社会组织的自主性仍受到来自国家的限制，呈现出"半官方半民间"或"官方民间二重性"的过渡属性⑤。

除了社会团体和基金会，中国的另一类社会组织——民办非企业单

---

① 朱健刚：《草根 NGO 与中国公民社会的成长》，《开放时代》2004 年第 6 期。
② 《民政部简介》，中华人民共和国民政部，2014 年 4 月 26 日，https://www.gov.cn/fuwu/2014-02/26/content_2622345.htm。
③ 《基金会管理办法》，税屋，1988 年 9 月 27 日，https://www.shui5.cn/article/ba/133665.html。
④ Jude Howell, "Refashioning State-Society Relations in China", *The European Journal of Development Research*, Vol.6, No.1, 1994, pp. 197–215; Jude Howell, "Prospects for NGOs in China", *Development in Practice*, Vol.5, No.1, 1995, pp. 5–15.
⑤ 孙炳耀：《中国社会团体官民二重性问题》，《中国社会科学季刊》1994 年第 6 期；王颖、折晓叶、孙炳耀：《社会中间层：改革与中国的社团组织》，中国发展出版社 1993 年版。

位——同样出现在 20 世纪 80 年代，它们是国家鼓励社会力量进入教育、文化、科技、社会福利等社会服务领域的产物，客观上扮演着辅助政府提供公共服务职能的角色[①]。1998 年，《民办非企业单位登记管理暂行条例》出台，正式将民办非企业单位纳入到民政部门的统一管理之下。

从改革开放到 2004 年，是中国社会组织管理的探索期，国家逐渐确立了社会组织管理的对象和范围，2000 年，民政部发布通知，批准包括有资格参加中国人民政治协商会议的人民团体在内的若干社会团体免予社团登记的资格，进一步框定了受民政部门管辖的社会组织的范围。2004 年，《基金会管理条例》通过，从此将基金会从社会团体中分离出来，成为一个独立的类别，以《社会团体登记管理条例》《民办非企业单位登记管理暂行条例》和《基金会管理条例》三大条例为基础的中国社会组织管理框架初步成形。

二　中国社会组织管理的磨合期（2004—2011 年）

虽然在第一个阶段，国家对于社会组织的管理范围已经初步确定，但总体而言，中国社会组织管理的制度化程度仍相对不足，三大条例的内容主要聚焦于社会组织的注册和监督管理，社会组织发展所需的支持性政策在当时仍严重不足，且国家对此也缺乏清晰的思路，更多地只是将社会组织视为政府职能转移的承接者[②]。

就在国家不断推进行政改革，向社会转移职能时，学者们开始注意到一个新的现象：中国开始出现大量未在民政部门注册的社会组织。这些常被称为"草根组织"的社会组织是中国社会转型的产物，市场化改革使社会变得愈发多元，涌现出一批具有公益精神的热心人士，他们看到了社会

[①] 王颖、孙炳耀：《中国民间组织发展概况》，载俞可平《中国公民社会的兴起与治理的变迁》，社会科学文献出版社 2002 年版，第 1—28 页。

[②] 贾西津：《民间组织与政府的关系》，载王名《中国民间组织 30 年——走向公民社会》，社会科学文献出版社 2008 年版，第 189—224 页。

第四章　演变中的治理：国家—社会—市场关系

转型期出现的包括环境恶化、贫困、弱势群体照顾在内的各种问题，希望通过集合民间力量，结合提供公共服务和政策倡导的方式，为促进社会的良善发展出一份力。

这些草根组织一般规模较小，大多数组织因为无法找到业务主管单位而未能在民政部门注册，只能转注册为商业组织，或是挂靠在合法组织之下，甚至干脆没有注册，有学者估计，这样的社会组织大约有 200 万到 270 万家[①]。由于缺乏合法身份，这些草根组织在人员招募和资金筹集方面常常处于劣势。相比于跟政府关系密切的官方社会组织（government-organized non-governmental organizations），草根组织一般被认为有更高的自治程度，也更能发现和回应社会不同群体的需求。因此有学者认为，符合法律只是社会组织取得合法性的一个部分，它们还可以通过表现出公益性和高效率等特质来赢得社会的认可，从而取得实质的合法性（substantive legitimacy）[②]。

大体而言，国家在这一时期对于这个数量庞大的群体采取了一种较为务实的态度，一方面，国家意识到虽然社会组织有可能成为挑战社会秩序的潜在力量；另一方面，社会组织的服务不容忽视，尤其是将服务递送给容易被忽略的社会边缘人群，再者，大多数在中国运作的草根组织无意成为政治反对组织，因此，在不危害国家安全和社会稳定的前提下，国家对于数量庞大的草根组织采取"睁一只眼闭一只眼"的态度[③]，甚至在一些公共卫生议题上，地方政府还与草根组织形成了密切的合作关系[④]。然而，随着草根组织规模的持续壮大，长期将这个群体排除在制度之外的做法，已经越来越无法满足社会发展的需要。这一点在 2008 年汶川大地震的灾后

[①] 俞可平：《中国公民社会：概念、分类与制度环境》，《中国社会科学》2006 年第 1 期。

[②] 赵秀梅：《中国 NGO 对政府的策略：一个初步考察》，《开放时代》2004 年第 6 期。

[③] 康晓光、韩恒：《分类控制：当前中国大陆国家与社会关系研究》，《社会学研究》2005 年第 6 期；Deng Guosheng, "The Hidden Rules Governing China's Unregistered NGOs: Management and Consequences", China Review, Vol. 10, No. 1, 2010, pp.183–206.

[④] Timothy Hildebrandt, "The Political Economy of Social Organization Registration in China", The China Quarterly, Vol.208, 2011, pp.970–989.

救援中得到了充分的体现,当时,大量的志愿者和社会组织自发进入灾区一线,与当地政府建立起良好的联动机制,极大地分担了政府的救灾压力,①这一事件是中国民间力量茁壮成长的例证,但在这个过程中也反映出中国的草根组织在运作中所面临的制度层面的限制,②亟须国家给予更多的认可和支持。

正是在这一时期,在国家更高层级的文件中开始释放出越来越多有利于社会组织发展的积极信号。首先是2006年党的十六届六中全会将"推进政事分开,支持社会组织参与社会管理和公共服务"作为建设服务型政府的重要一环,并特别提出对于社会组织,要"坚持培育发展和监督并重,完善培育扶持和依法管理社会组织的政策,发挥各类社会组织提供公共服务、反映诉求、规范行为的作用"。③在一年后的党的十七大报告中,再次提及了要"重视社会组织建设和管理"。④这些论述表明,国家开始将支持社会组织的发展视为社会管理和社会建设的重要一环,认可了社会组织在公共服务和诉求表达等方面的作用,也预示着未来会在制度层面给予社会组织更多的扶持。

这一时期对于社会组织管理在制度层面的创新更多是来自地方政府的政策试验,其中最为典型的两项措施为社会组织的登记管理制度改革和政府向社会组织购买服务。社会组织登记管理制度改革的首要目标是松绑,允许特定类别的社会组织无须经过业务主管单位同意便可直接在民政部门登记注册,实现民政部门登记管理和业务主管的一体化。这项改革首先使

---

① Shieh, Shawn, and Deng Guosheng, "An Emerging Civil Society: The Impact of the 2008 Sichuan Earthquake on Grass-roots Associations in China", *The China Journal*, Vol.65, 2011, pp. 181–194.

② Teets, Jessica C, "Post-earthquake Relief and Reconstruction Efforts: The Emergence of Civil Society in China?" *The China Quarterly*, Vol.198, 2009, pp. 330–347.

③《中共中央关于构建社会主义和谐社会若干重大问题的决定》,中华人民共和国中央人民政府,2006年10月11日,https://www.gov.cn/govweb/gongbao/content/2006/content_453176.htm。

④《高举中国特色社会主义伟大旗帜 为夺取全面建设小康社会新胜利而奋斗》,中国人大网,2007年10月25日,http://www.npc.gov.cn/zgrdw/npc/xinwen/szyw/zywj/2007-10/25/content_373528.htm。

行业协会受惠。2004年，深圳实行"三个半步"策略，探索社会组织登记管理体制改革，其中的第一个"半步"就是允许行业协会直接登记，[①]一年之后，广东省通过《广东省行业协会条例》，在全省范围内推广行业协会的直接登记制度。作为在注册制度改革步伐上领先全国平均水平的城市，深圳在2008年将适用于直接登记注册的社会组织类别扩大到工商经济、社会服务和公益慈善三大类。2012年，改革进一步深化，包括工商经济、公益慈善、社会福利、社会服务、文娱、科技、体育和生态环境在内的八大类社会组织可以直接在民政局登记注册[②]。深圳的改革还得到了民政部的支持，2009年，民政部和深圳市人民政府签订了《推进民政事业综合配套改革合作协议》，其中的一项合作内容便是深化社会组织管理体制改革。有了这些基础，深圳的改革探索更加沉稳而坚定，吸引了更多知名社会组织落户。2011年，曾一度陷入身份危机的壹基金辗转来到深圳，在深圳市民政局注册成为一家公募基金会，成为中国首家民办的公募基金会。社会组织登记管理制度改革很快扩散到全国各地，据统计，截至2012年年底，全国有19个省份试验了社会组织直接登记的改革[③]。

政府向社会组织购买公共服务，反映了当时公共服务民营化的大趋势，[④]即在公共部门引入市场的理念，通过设置公开的竞争性机制，将部分提供公共服务的职能以契约的方式外包给社会组织，以解决政府部门在提供公共产品和服务过程中存在的低效、低质和缺乏回应性等问题。[⑤]改革开放时期最早的政府购买服务的尝试可以追溯到1996年的上海罗山市民

[①]《八大类社会组织可直接登记》，中国改革信息库，2012年4月14日，http://www.reformdata.org/2012/0414/22056.shtml。

[②]《八大类社会组织可直接登记》，中国改革信息库，2012年4月14日，http://www.reformdata.org/2012/0414/22056.shtml。

[③] 陈荞：《民政部官员：社会组织直接登记年底将有法可依》，《京华时报》2013年6月3日。

[④][美]E.S.萨瓦斯：《民营化与公私部门的伙伴关系》，周志忍等译，中国人民大学出版社2022年版。

[⑤][美]E.S.萨瓦斯：《民营化与公私部门的伙伴关系》，周志忍等译，中国人民大学出版社2022年版。

会馆，为探索"小政府，大社会"的理念，当时的浦东新区社会发展局委托上海基督教青年会，由前者提供资金和场地，后者负责管理运营，协同设立了浦东新区罗山市民会馆，作为当地居民的社区活动中心。①而这一模式更广泛的尝试则发生在2003年之后，包括北京、上海、广东、浙江等多个地区在内的地方政府开始因地制宜，积极探索政府向社会组织购买服务的模式。尽管在实践过程中存在着购买程序缺乏竞争性、购买内容缺乏公共性、契约双方地位不对等问题，②但是经过多年的制度累积，政府向社会组织购买服务逐渐成为政府推进多元治理的一项常规操作。

2004—2011年是中国政府与社会组织的磨合期，中国社会的快速转型催生出大量民间自发成立的草根组织，由于早期的登记管理制度门槛较高，且国家对于社会组织的具体定位缺乏明确的思路，导致这些社会组织长期游离于正式的管治架构之外，与政府的互动缺乏制度性保障，长此以往并不利于国家—社会组织关系的良性发展。认识到这一点，国家开始更加重视社会组织的管理问题。在中央层面，国家认识到社会组织在提升公共服务水平和促进公共参与等方面的作用，通过党的文件释放出越来越多积极的信号，将社会组织的发展纳入到加强社会管理和社会建设的框架内，提出了"坚持培育发展和监督并重"的方针。

更为喜人的变化来自地方的政策创新。一些学者认为，中国国家政策的制定与调整，往往是从基层的政策试验开始的，这种"由点及面"的渐进模式，是改革开放以来国家保持政策适应能力的重要原因。③这一时期，中国地方政府主要在打破"双重管理制度"和推行政府向社会组织购买公共服务两个方面进行了大胆的试验，均取得了不俗的效果，这些地方政策试验，为国家的后续决策提供了潜在的政策选项。简而言之，这一时期的地方政策试验为下一阶段的制度化努力打下了基础。

---

① 杨团：《社区公共服务设施托管的新模式——以罗山市民会馆为例》，《社会学研究》2001年第3期。

② 苏明等：《中国政府购买公共服务研究》，《财政研究》2010年第1期。

③ Sebastian Heilmann：《中国经济腾飞中的分级制政策试验》，《开放时代》2008年第5期。

三 中国社会组织管理的完善期（2011至今）

本文认为，标志着中国社会组织管理进入新阶段的事件是2011年《中华人民共和国国民经济和社会发展第十二个五年规划纲要》（以下简称《"十二五"规划纲要》）的通过，这是国家首次用专门一个章节的篇幅来阐述"加强社会组织发展"，从内容上来看，这一章节延续了之前"坚持培育发展和监督并重"的思路，分别各用一节内容阐述"促进社会组织发展"和"加强社会组织监管"，其中谈及的内容皆在未来几年得到延续和具化，此后在众多党和政府的政策文件中，我们都能看到国家专门为社会组织预留了一席之地。

过去几年地方的政策试验在这一时期得到了中央的肯定与采纳。需要说明的是，国家对于社会组织的支持有其侧重，在《"十二五"规划纲要》中明确指出要"重点培育、优先发展经济类、公益慈善类、民办非企业单位和城乡社区社会组织"。① 这一指示在随后几年中得到了持续的贯彻，最为显著的体现，便是允许这四类组织绕过"双重管理制度"，可以直接向民政部门申请登记注册。受惠于这一改革潮流，中国的社会组织立刻迎来了一波高速增长期，从2012年到2015年，注册社会组织的总数从499268家增加到了662425家，每年的增长率都在8%以上。②

差不多同一时期，关于政府向社会组织购买服务的制度化进程也显著加快。首先，在财政方面，2012年，中央财政拨出2亿元专项资金，支持社会组织参与社会服务。③ 其次，在规范层面，2013年，国务院办公厅发布《关于政府向社会力量购买服务的指导意见》，勾勒出政府购买服务的制度雏形，该文件正式将"依法在民政部门登记成立或经国务院批准免予

---

① 《中华人民共和国国民经济和社会发展第十二个五年规划纲要》，中华人民共和国中央人民政府，2011年3月16日，https://www.gov.cn/2011lh/content_1825838_10.htm。
② 参考中华人民共和国民政部统计公报：https://www.mca.gov.cn/n156/n189/index.html。
③ 卫敏丽：《2012年中央财政安排2亿元专项资金支持社会组织》，新华社，2013年2月12日。

登记的社会组织"①确立为承接政府购买服务的主体,同时该文件规定,购买内容要突出公共性和公益性,并特别强调"教育、就业、社保、医疗卫生、住房保障、文化体育及残疾人服务等基本公共服务领域,要逐步加大政府向社会力量购买服务的力度",②购买机制要遵循公开、公平、公正原则,采用"公开招标、邀请招标、竞争性谈判、单一来源、询价等方式确定承接主体"③,并做好资金管理和绩效管理。2014年,《政府购买服务管理办法(暂行)》出台,让政府购买服务有法可依。2016年,经国务院同意,财政部、民政部联合出台《关于通过政府购买服务支持社会组织培育发展的指导意见》,推出更多鼓励措施,包括强调无不良记录的社会组织,即使成立未满三年,也有资格承接政府项目。《指导意见》还要求,"政府新增公共服务支出通过政府购买服务安排部分,向社会组织购买的比例原则上不低于30%。"④综上所述,在"十二五"规划时期,国家陆续通过具体的制度安排,将前期的地方试验逐步吸收、转化为国家政策,其直接效果,便是为包括草根组织在内的众多社会组织赋予了合法性和财政支持。

除此以外,这一时期社会组织作为社会治理多元主体之一的定位愈发得到彰显,越来越多党和政府的政策文件对于社会组织参与社会治理有了明确的阐释。在此且试举几例。

(一)协商民主建设

社会组织与民众的互动密切,在日常工作中常常扮演民意代表和政府与民众之间沟通的"桥梁"的角色,因此,完善社会主义民主政治的各项

---

① 《国务院办公厅关于政府向社会力量购买服务的指导意见》,中华人民共和国中央人民政府,2013年9月30日,https://www.gov.cn/zwgk/2013-09/30/content_2498186.htm。
② 《国务院办公厅关于政府向社会力量购买服务的指导意见》,中华人民共和国中央人民政府,2013年9月30日,https://www.gov.cn/zwgk/2013-09/30/content_2498186.htm。
③ 《国务院办公厅关于政府向社会力量购买服务的指导意见》,中华人民共和国中央人民政府,2013年9月30日,https://www.gov.cn/zwgk/2013-09/30/content_2498186.htm。
④ 《民政部发布〈关于通过政府购买服务支持社会组织培育发展的指导意见〉》,中华人民共和国中央人民政府,2016年12月30日,https://www.gov.cn/xinwen/2016-12/30/content_5154719.htm。

制度，促进民众的公共参与，社会组织的角色不容忽视。2015年2月，中共中央印发《关于加强社会主义协商民主建设的意见》，明确将探索社会组织协商作为不断健全和完善社会主义协商民主制度的一环。随后在党的十九大报告和党的二十大报告中，再次将社会组织协商与政党协商、人大协商、政府协商、政协协商、人民团体协商、基层协商并列，视为社会主义协商民主的重要渠道之一。

（二）扶贫

早在2001年国务院印发的《中国农村扶贫开发纲要（2001—2010年）》中便已提到要创造条件，鼓励社会组织"参与和执行政府扶贫开发项目"。[①]在党的十八大之后，国家进一步加大力度，将农村全面脱贫、消除绝对贫困列为重点工作目标，在这样的背景下，2014年12月，国务院办公厅印发《关于进一步动员社会各方面力量参与扶贫开发的意见》，正式将社会组织纳入成为参与国家扶贫工作的主体之一，与国家和企业联手，形成三方合力、优势互补的局面。随着扶贫工作的开展，随后几年，社会组织的主体地位在国家的支持下不断得到规范。

（三）城乡社区治理

社区是社会的基本单元，社区治理是基层社会治理的关键一环。随着中国社会的快速转型，社区作为容纳各种人际互动、信息往来的公共空间，国家愈发重视社区内部的有机融合。2013年，党的十八届三中全会首次提出创新社会治理的目标，从"创新社会管理"到"创新社会治理"，措辞上的调整预示了国家将更重视发挥多元治理主体的能动性。同一年，民政部和财政部联合发布《关于加快推进社区社会工作服务的意见》，文

[①]《国务院关于印发中国农村扶贫开发纲要（2001—2010年）的通知》，中华人民共和国中央人民政府，2001年6月13日，https://www.gov.cn/zhengce/content/2016-09/23/content_5111138.htm。

件提到要"建立健全社区、社会组织和社会工作专业人才联动服务机制"，① 即后来常说的"三社联动"，要通过政府购买服务等方式，发挥社会组织在提供公共服务方面的专业优势，并成为培育专业社区社会工作者的重要载体。2016 年，中共中央办公厅、国务院办公厅印发《关于改革社会组织管理制度促进社会组织健康有序发展的意见》，提出要大力培育发展社区社会组织，降低在城乡社区"开展为民服务、养老照护、公益慈善、促进和谐、文体娱乐和农村生产技术服务等活动的社区社会组织"的准入门槛，鼓励基层单位为社区社会组织提供场地、经费和人力等方面的支持。② 一年后，民政部印发《关于大力培育社区社会组织的意见》，提出力争到 2020 年，实现"城市社区平均拥有不少于 10 个社区社会组织，农村社区平均拥有不少于 5 个社区社会组织"的目标③。如今，国家对于社区治理的探索进一步深化，从之前的"三社联动"，到如今强调社区与社会组织、社区工作者、社区志愿者、社区慈善资源的"五社联动"，表明国家更为注重基层的资源整合和多元参与，进一步激发社区的活力。

（四）公益慈善

《慈善法》的通过是中国社会组织管理完善期的又一里程碑事件。国家长期以来鼓励慈善事业的发展，《"十二五"规划纲要》亦将培育公益慈善类社会组织列为"十二五"时期的工作重点之一，2016 年，《慈善法》正式通过，再加上随后通过的若干关于慈善组织的法律法规，④ 这些文件对

---

① 《民政部、财政部关于加快推进社区社会工作服务的意见》，中华人民共和国中央人民政府，2013 年 11 月 15 日，https://www.gov.cn/gongbao/content/2014/content_2600242.htm。

② 《中共中央办公厅、国务院办公厅印发〈关于改革社会组织管理制度促进社会组织健康有序发展的意见〉》，中华人民共和国中央人民政府，2016 年 8 月 21 日，https://www.gov.cn/gongbao/content/2016/content_5106178.htm。

③ 《民政部就大力培育发展社区社会组织〈意见〉答问》，中华人民共和国国务院新闻办公室，2018 年 1 月 8 日，http://www.scio.gov.cn/xwfb/bwxwfb/gbwfbh/mzb/202207/t20220715_204944.html。

④ 包括《慈善组织认定办法》（2016 年 8 月）、《慈善组织公开募捐管理办法》（2016 年 8 月）、《慈善信托管理办法》（2017 年 7 月）、《慈善组织信息公开办法》（2018 年 8 月）、《慈善组织保值增值投资活动管理暂行办法》（2018 年 10 月）等。

慈善行为和慈善活动进行了规范，从制度层面确定了慈善组织这一新的社会组织属性，推动中国慈善事业的发展步入新的轨道。

概言之，这一时期的社会组织管理是对前期工作的深化和细化。一方面，国家行政管理体制改革继续稳步朝着"服务型政府"的方向迈进，推进政企分开、政资分开、政事分开、政社分开的目标依然不变。在这样的背景下，行业协会、商会与行政机关逐步走向脱轨，适合由社会组织承担的公共服务职能也尽可能地交由社会组织来承担，社会组织的自主性和社会活跃度都得到了增强。另一方面，经过多年的磨合，国家对于社会组织作为多元治理主体之一的认知得到了进一步深化，开始主动赋予社会组织更多的角色和功能，创造条件发挥社会组织在动员群众、联结资源、表达意见、创新工作手法等方面的优势。有了各种政策性的支持，中国的社会组织在过去的十年广泛活跃于协商民主建设、扶贫、城乡社区治理、公益慈善等领域。在这一时期，国家将社会组织引导到不同的轨道上，社会组织参与社会建设的广度和深度都今非昔比。

必须强调的是，国家在促进社会组织发展的同时，也加强了对社会组织的规范化管理。虽然前期已有若干关于规范社会组织运作的法律法规，但在过去十年，社会组织的规范化进程显著加快，国家更为重视社会组织的公信力建设，2017年，全国社会组织信息查询平台和全国慈善信息公开平台相继正式对外提供信息发布服务，有助于身处互联网公益时代的社会组织在内外部的共同监督之下更为健康地发展。

综合来看，第三个阶段是中国社会组织管理制度化加速发展的阶段。从2021年起，北京致诚社会组织服务中心和中国基金会发展论坛秘书处每年都会整理关于社会组织和慈善领域的现有法律法规，以供业界参考。2023年7月，他们最新发布的《慈善领域法律法规政策汇编（2023版）》收录了已经正式通过的法律法规、部门规章、规范性文件、党规文件共163份，其中有115份是在第三个阶段发布或被修订，占总数的七成，反映出这一时期国家在社会组织管理方面的积极作为。

结　语

中国的国家—社会关系在过去的 40 多年中历经了巨大的变化，这一过程反映出国家—社会权力关系演变的两大特征。第一，国家逐渐走出全能主义模式，[①] 积极响应市场化改革的需要，将更适合由市场和社会来发挥的职能交给市场和社会。如今国家对于经济和社会事务的直接干预显著减少，更专注于落实好经济调节、市场监管、社会管理、公共服务等职能，在这一进一退之间，社会组织也因此获得了广阔的成长空间。第二，国家在与社会的互动过程中依然占据着更为优势的位置。大体而言，国家的优势地位体现在国家在社会组织管理中扮演着把关者和引导者的角色。把关指的是国家有权力决定社会组织的准入权，通过建立一套登记管理制度，辅以不定期的清理整顿，说明社会组织的法律合法性从根本上是建立在国家的许可之上。引导在中国的国家—社会关系研究中可以被理解为"吸纳"或是"赋权"，康晓光等学者提出"行政吸纳社会"的概念，[②] 认为国家在维护社会稳定的前提下，会扶持对体制友好的社会组织，鼓励这一类型的组织投身公共服务领域，回应社会的需求。持"赋权"观点的学者则认为国家正不断在制度层面赋权社会组织，使其更有能力参与社会治理。[③]

在第一个阶段，国家主要扮演把关者的角色，由于当时社会组织还是一个新鲜事物，国家对此采取相对谨慎的态度，制定了较为严格的登记管理制度，并多次在发觉社会组织发展过热时"踩下刹车"，主动进场干预，将不利于社会稳定的组织排除在外。当国家和社会组织进入磨合期之后，国家开始更多地扮演起引导者的角色，在宏观层面释放出更多积极的

---

① 邹谠：《中国廿世纪政治与西方政治学》，《经济社会体制比较》1986 年第 4 期。
② 康晓光、卢宪英、韩恒：《改革时代的国家与社会关系——行政吸纳社会》，载王名《中国民间组织 30 年——走向公民社会》，社会科学文献出版社 2008 年版，第 287—337 页。
③ 敬乂嘉：《控制与赋权：中国政府的社会组织发展策略》，《学海》2016 年第 1 期；张圣、徐家良：《政府慈善赋权何以走向有序？——探寻渐进之道》，《学习与实践》2021 年第 3 期。

信号，并鼓励地方政府探索社会组织管理的创新机制，在把控好风险的前提下，通过各种方式激发社会组织的活力。到了第三个阶段，为了社会治理的需要，国家开始大力发展某些特定类型的社会组织，既扮演把关者的角色，也发挥引导者的作用，两种角色同样重要。跟之前的阶段相比，国家在维持主导地位的同时，更善于通过制度化的手段来实现把关和引导的目的，这是对原有的国家—社会组织互动模式的重塑，国家在这一阶段更积极地将社会组织纳入到国家的政策框架中，在赋予社会组织更重要角色和更多资源的同时，也框定了它们的参与渠道，引导社会组织将自身的价值观与使命和国家的大政方针相结合。由此可见，中国的国家—社会关系迥异于西方的市民社会模式，中国的社会组织既无意成为体制的挑战者，也需要从国家获取资源与合法性来源，其组织发展深深地嵌入到了国家设定的议程之中，由后者划设出一个让中国社会组织有效运作的、有边界但又相对弹性的空间。从这一点来看，过去 40 多年中国社会组织管理的制度化努力让社会组织的运作获得了更多的可预测性，但同时，社会组织也需要保持对外界变化的敏感度，往往国家角色的调整所带来的政策演变意味着这个运作空间的形状也会随之发生变化，社会组织需要积极适应和调整，在这个过程中，社会组织展现出的能动性和策略选择，也为中国国家—社会组织关系的演变注入了不同的可能性。

"强基层"视角下中国卫生治理市场化的演变与挑战

谈 笑

摘要： 中国的医疗卫生体系在创建时是计划经济体制的一部分，在改革开放以来市场化进程中逐步发展为一个将市场因素与计划经济遗留特征相结合的混合型体系。本文研究了在这一混合型医疗体系中的治理实践，重点关注了21世纪初以来政府的一项主要工作任务——"强基层"（加强基层医疗卫生体系）。本文的研究表明，在过去的20年间，政府通过增加资金投入并配合更详细的指导方式来加强基层医疗卫生体系建设，这种方式取得了显著成果，大幅增加了基层医疗卫生资源，提高了服务。然而，在市场化进程中，医生和患者所被赋予的自主性与供给侧所保留的计划经济元素产生相互矛盾的效果，为政府实现目标带来了挑战。尽管存在这些矛盾，当前国家干预和市场化相互作用共同促成并服务于更广泛的社会目标。通过这一探讨，本文旨在揭示中国混合型医疗卫生体系的矛盾及其合理性，从而增进对中国卫生治理的理解。

引 言

在20世纪后期，国家机构以及公共部门都经历了深刻的结构调整与转型。在这一转型期，治理的概念在全球范围内引起了越来越广泛的关注。[1]

---

[1] Mark Bevir, *Key Concepts in Governance*, SAGE Publications, 2008.

第四章 演变中的治理：国家—社会—市场关系

受经济学思想的影响，国际社会和国家机构在治理塑造，特别是建构"善治"（good governance）模式方面发挥了关键作用。例如，世界银行在2000年发布的《改革公共机构和治理强化》中将治理定义为包括经济政策制定、政策执行、服务提供以及对公共资源和监管权力的负责任利用。① 这些概念和治理模式也被引入并广泛应用到了环境、教育、卫生和城市基础建设等具体领域。② 治理的概念迅速演化，涵盖了多元的社会科学流派与领域。③ 因此，当今对治理的理解呈现出明显的多样性特征。

在中国研究领域，治理概念的多样性也得到了体现。一方面，一些经济学家和社会科学家着重关注中国经济体制从计划经济到社会主义市场经济的演变中治理的转型。然而，自21世纪初以来，经济改革速度有所减缓，国家在各个领域扮演了更为重要的角色。④ 一些专家呼吁进行更为根本性的改革，以完成向中国特色社会主义市场经济的彻底转变。另一方面，另一些社会科学家，特别是受当代社会理论福柯主义转向影响的社会学家，倡导超越国家与市场的二元思维模式。⑤ 在《经济与社会》（Economy and Society）关于中国治理术（governmentality）⑥ 的特刊引言中，加里·西格利主张中国出现了一种混合形式的政治理性。⑦ 这种形式同时结合了传统政治和技术官僚意义上的新思想元素，力求通过特定主体自身的自主性来治理他们。至今为止，该理论已经在中国研究中得到了应用。相关的学术研

---

① World Bank, "Reforming Public Institutions and Strengthening Governance: A World Bank Strategy", 2000, http://hdl.handle.net/10986/15127.

② Derick W. Brinkerhoff and Thomas J. Bossert, "Health Governance: Concepts, Experience, and Programming Options", 2008, https://www.hfgproject.org/wp-content/uploads/2015/02/Health-Governance-Concepts-Experience-and-Programming-Options.pdf.

③ Mark Bevir, *Key Concepts in Governance*, SAGE Publications, 2008.

④ Barry Naughton, *The Chinese Economy: Adaption and Growth* (2nd edn.), Cambridge, MA: The MIT Press, 2018.

⑤ David Bray and Elaine Jeffreys, "New Mentalities of Government in China: An Introduction", in David Bray and Elaine Jeffreys, eds., *New Mentalities of Government in China*, Routledge, 2016.

⑥ 这是福柯主义的一个核心概念，用来描述对政府概念的重新思考。

⑦ Gary Sigley, "Chinese Governmentalities: Government, Governance, and the Socialist Market Economy", *Economy and Society*, Vol.35, No.4, 2006, pp. 487–508.

究展示并详细阐述了一种复杂多变的混合模式,在许多实践领域为中国治理提供了不同的洞察理解。①

总体而言,这两种方法追求着不同的目标。受自由思潮影响的政治经济学方法主要从实证和解释的角度识别问题和挑战,指向提供可能的解决方案。而治理术及社会建构主义方法的目标是更准确地捕捉治理中的微妙差异、混合特性和动态变化。尽管存在差异,但这两种方法的共性在于都不将治理要素视为既定的:前者通过理性的战略术语来解释这些要素,后者追溯这些要素在文化和历史背景中的产生过程。因此,这两种方法并不相互矛盾,在过去的研究中也被一起使用,以相辅相成并丰富分析。②

本文采用这种混合分析方法来考察中国的卫生治理,聚焦"强基层"这一医改重点任务。本文运用政治经济学的研究方法,将揭示中国计划经济时代遗留下的行政措施如何与市场机制相互影响,从而塑造了政府政策目标实现所面临的挑战。在治理术视角的影响下,本文认为这种明显的二元性根植于中国逐步推行的市场改革中,这些改革旨在应对先前遗留的问题,并与更广泛的经济和社会目标相一致。总的来说,本文的目的是通过揭示中国卫生治理运行中的内在矛盾、生产力以及动态要素,以丰富对中国卫生治理的现有理解。这一探索与本书的整体目标一致,即试图重新定义和反思中国治理格局的演变。

通过"强基层"改革这个具体视角,本文旨在揭示治理中国混合型医疗卫生体系的特点、演变、挑战以及内在逻辑。具体而言,本文首先探讨围绕"强基层"改革的背景,包括中国基层医疗卫生服务体系的改革历程,

---

① Elaine Jeffreys and Gary Sigley, "Governmentality, Governance and China", in Elaine Jeffreys, ed., *China's Governmentalities: Governing Change, Changing Government*, Routledge, 2009; Min Jiang, Michael Webber, Jon Barnett, Sarah Rogers, Ian Rutherfurd, Mark Wang, and Brian Finlayson, "Beyond Contradiction: The State and the Market in Contemporary Chinese Water Governance", *Geoforum*, Vol.108, January 2020, pp. 246–254; Gary Sigley, "Chinese Governmentalities: Government, Governance, and the Socialist Market Economy", *Economy and Society*, Vol.35, No.4, 2006, pp. 487–508.

② Susan Greenhalgh and Edwin A. Winckler, *Governing China's Population: From Leninist to Neoliberal Biopolitics*, Stanford University Press, 2005.

以及改革所涉及的历史和成因。在此基础上,本文分析中国混合型医疗卫生体系的治理模式,集中讨论"强基层"改革。该部分首先对国家主导的干预措施及其成效进行评估,然后探讨市场机制及其引发的冲突动态。最后,本文阐述了这些矛盾的基本原理,并对中国混合型医疗卫生体系和治理进行反思。

一 "强基层"案例背景

(一)中国的基层医疗卫生服务体系及其改革

中国的医疗卫生服务体系由医院、专业公共卫生机构和基层医疗卫生机构组成。该医疗体系起源于计划经济时代,目前仍保持原有的基本框架并以国有为主(尽管民营板块在经济改革后迅速发展)。其组织结构反映了政府的行政层级:县级及以上各级政府设有该级相应的公立医院和公共卫生机构;县级以下的农村地区以乡镇卫生院、村卫生站为主,城市地区以社区卫生服务机构为主。[1] 基层医疗机构的组织遵循政府制定的区域卫生规划。通常每个乡镇、村或街道拥有一个相对应的卫生机构。

乡镇卫生院、村卫生站、社区卫生服务机构和诊所,有时包括县医院,都被中国政府列为基层医疗卫生机构。由政府制定的主要医改文件中提出这些基层医疗卫生机构应提供基本的公共卫生服务,如个人健康记录、疫苗接种、儿童保健和疾病管理等。同时,这些机构还应充当医疗系统的"守门人",提供一般常见病、多发病的诊疗服务以及康复服务。[2] 相

---

[1] 部分农村地区的乡镇卫生院和村卫生站已经转型为社区卫生服务机构。
[2]《中共中央 国务院关于深化医药卫生体制改革的意见》,中华人民共和国中央人民政府,2009年3月17日,https://www.gov.cn/gongbao/content/2009/content_1284372.htm;《国务院关于发展城市社区卫生服务的指导意见》,中华人民共和国中央人民政府,2006年2月21日,http://www.gov.cn/zwgk/2006-02/23/content_208882.htm;《关于印发"十三五"深化医药卫生体制改革规划的通知》,中华人民共和国中央人民政府,2016年12月27日,http://www.gov.cn/zhengce/content/2017-01/09/content_5158053.htm。

对地，医院则应专注于处理更为复杂和紧急的病例。然而在实践中，中国尚未建立成熟的"基层首诊制"（gatekeeping system），基层医疗卫生机构和医院提供的门诊服务存在很大程度的重叠。这也导致大城市的许多患者在产生健康问题时无论类别或者严重程度直接选择到医院就医。① 将患者从医院引导到基层医疗卫生机构一直是"强基层"改革的一个核心目标，也是中国医疗卫生改革的关键方向。②

自21世纪初以来，"强基层"逐渐成为政府议程中的一个重要政策领域。起初，政策的重点是提高乡镇卫生院的服务能力，这些卫生院构成了农村医疗卫生体系的核心。③2006年，政府颁布了一系列旨在促进城市社区卫生服务发展的政策，并将其视为构建城市医疗卫生体系的核心要素。④自2009年的全面医药卫生体制改革启动以来，"强基层"一直是指导医改的重要原则之一。政府设想基层医疗卫生机构将与当地居民建立稳固的联系，在健康管理和处理一般常见病症方面扮演主导角色。这种方法旨在确保医疗卫生服务能够覆盖当地村庄或社区，让基层医疗卫生机构充当医疗卫生体系的守门人。⑤此外，在医疗改革的第三阶段（2016—2020年），政府将建立分级诊疗体系列为改革的首要重点任务。⑥在这一任务中，提升基层医疗卫生服务能力并使其承担起首诊责任，并与医院形成更为紧密及有序的联系作为关键举措。

---

① Dan Wu, Tai Pong Lam, Kwok Fai Lam, Xu Dong Zhou, and Kai Sing Sun, "Health Reforms in China: The Public's Choices for First-Contact Care in Urban Areas", *Family Practice*, Vol.34, No.2, April 2017, pp. 194–200.
②《"十三五"深化医药卫生体制改革规划》，中华人民共和国中央人民政府，2016年12月27日，http://www.gov.cn/zhengce/content/2017-01/09/content_5158053.htm。
③《中共中央 国务院关于进一步加强农村卫生工作的决定》，中华人民共和国中央人民政府，2002年10月19日，http://www.gov.cn/gongbao/content/2002/content_61818.htm。
④《国务院关于发展城市社区卫生服务的指导意见》，中华人民共和国中央人民政府，2006年2月21日，http://www.gov.cn/zwgk/2006-02/23/content_208882.htm。
⑤ 李克强：《不断深化医改 推动建立符合国情惠及全民的医药卫生体制》，《求是》2011年第22期。
⑥《"十三五"深化医药卫生体制改革规划》，中华人民共和国中央人民政府，2016年12月27日，http://www.gov.cn/zhengce/content/2017-01/09/content_5158053.htm。

（二）历史演变与"强基层"改革成因

在中国，强化基层医疗卫生服务的迫切性源于整个医疗卫生体系的演进历程。中国的医疗卫生体系建设于20世纪50年代到70年代的计划经济时期，最初以苏联为代表的谢马什科（Semashko）医疗卫生体系模型为蓝本。该制度与计划经济紧密相连，国家在其中扮演主导角色，通过规划对全民健康需求进行评估并将其转化为对必要的投入/资源设置医疗卫生体系。[①] 与以英国为代表的贝弗里奇（Beveridge）医疗卫生体系模型或以德国为代表的俾斯麦（Bismarck）医疗卫生体系模型等不同，在谢马什科体系模型中没有全科医生（general practitioners）这种为个人提供全面和持续护理的角色，使基层医疗和医院专科服务之间的业务区分更为清晰。相反，基层医疗卫生机构和医院之间靠行政层级划分，主要区别集中在由政府划分的业务范围以及与其相应的容量配备（包括建筑面积、床位数量、设施、医务人员数量和资质等）。行政级别越高，所承担的业务范围越广，相应的投入也更多。整个医疗体系的构建遵循这一逻辑，展现出计划经济的鲜明特征。

中国医疗卫生体系在以谢马什科模型为蓝本的基础上进行了本土化改造。经过二十余年的发展，在20世纪70年代形成了独具特色的农村县社队三级医疗卫生系统、赤脚医生制度以及农村合作医疗制度，引起世界卫生组织关注，并在全球范围内得到推广。[②] 在当时80%以上的人口居住在农村地区，医疗卫生体系由县医院、公社（乡镇）卫生院和大队（村）卫生站组成。而在相对人口较少的城市地区，医疗卫生体系由国有或集体单位的诊所、医院以及区级及以上层次的医院构成。值得注意的是，构成今天基层医疗卫生核心的公社卫生院、大队卫生站、和单位医疗卫生机构，

---

① Milton I. Roemer, *National Health Systems of the World: Volume I*, Oxford University Press, 1991.

② World Health Organization, "Primary Health Care: The Chinese Experience", 1983, https://apps.who.int/iris/bitstream/10665/39093/1/9241560770_eng.pdf.

在当时都依附于计划经济背景下的集体或者国有经济。公社卫生院和大队卫生站由公社和大队组织和资助，而单位诊所/医院则由相对应的单位组织和资助。由于当时的人口流动和就业受到严格限制，因此执行分级诊疗相对直接，在农村地区，通常以大队卫生站为起点，必要时转诊至公社卫生院，更为复杂的情况则转诊至县医院。在城市地区，通常以单位诊所/医院作为起点，如有需要则转诊至更高层级的医疗机构。医疗系统的地/市及省级医院负责承接最为复杂或难度较高的转诊病历，整体形成明显的分级体系。

20世纪70年代末的经济改革开放后20年间，随着计划经济向社会主义市场经济的转型，中国医疗卫生体系也随之发生演变。对基层医疗卫生产生了两层较为深远的影响。第一层是随着农村地区的公社制度向家庭联产承包责任制的转变，乡镇卫生院和村卫生站部分由政府接手、部分维持集体制、部分被个人承包，虽然大体结构得以保存，但在很长的一段时间内资金匮乏，发展滞后。城市地区的公有经济维持了更长的时间，但在20世纪90年代也加速改革，分离包括医疗服务在内的社会职责作为国企改革的一项重要内容被执行。在这二十年的发展过程中，随着非公有制经济的蓬勃发展和城市化的迅猛推进，许多迁入城市的人口无法享受到国有企业提供的社会服务，也没有明确地服务于新增人口的基层医疗机构。此外，使用医院服务并不要求基层医疗卫生机构提供推荐信，因此直接使用医院提供的服务的现象变得普遍。这使得城市居民更加倾向于直接寻求医院服务，形成了基层医疗机构的边缘化。

第二层是直接源于医疗改革本身。作为事业单位，医疗卫生机构改革也参照整个公有制经济的改革逻辑围绕着放权让利引入市场。[1] 由于政府资金短缺，各级医疗卫生机构被鼓励通过其他来源（主要为业务收入）维持收支平衡。然而，为了坚持医疗卫生的公益属性，政府保持价格控制，将包括诊疗服务在内的涉及密集劳动的服务保持在低于成本的水平。为了

---

[1] William C. Hsiao, "The Chinese Health Care System: Lessons for Other Nations", *Social Science & Medicine*, Vol.41, No.8, 1995, pp. 1047–1055.

弥补赤字，政府保留了两种机制：一是药品和高科技服务的加价政策，允许医疗机构以高于批发价的价格出售它们，从中获利；二是政府维持对基础设施建设、员工培训和工资承担部分财政责任。然而，在中国的财政体系之中，基层政府相对上级政府财政更加紧缺并承担更多支出责任，外加经济改革初期相对社会服务各级政府更为关注经济发展，在20世纪八九十年代造成了政府对社会服务资助不足的普遍问题，特别在基层表现尤为明显，使基层医疗卫生服务机构相对于医院更为困难。

更为重要的是，由于就医限制的完全放开，基层医疗卫生机构和医院形成了直接竞争关系。如前文所述，导致这种直接竞争的一个关键因素是中国的医疗卫生系统缺乏全科医生这种能够在功能性上区分基层医疗卫生机构和医院的角色。相反，医院和基层医疗卫生机构之间的主要区别集中在由政府划分的业务范围以及与其相应的容量方面。在计划经济时代形成的医院具备更高规格的资源配备，如更高资质的卫生专业人员、先进的诊断和治疗设备以及更广泛的专业服务，在市场化的环境中直接转化为竞争力。[1] 同时，政府对医疗服务价格的限制也使医院服务的价格和基层医疗卫生服务的价格在最常被使用的诊疗服务等方面缺乏显著差异，进一步加强了医院的吸引力。这些发展导致基层医疗机构既缺乏政府投入，也在市场竞争中不被青睐，从而弱化了基层医疗机构在整个医疗卫生体系中的地位。

在21世纪初，尽管农村基层医疗卫生体系仍保持相对完整的网络，即每个乡镇约有一个乡镇卫生院，每个村约有一个村卫生站（参见图1），由于长期缺乏资金投入，许多建筑设施已经年久失修，这些问题在欠发达地区和经济落后地区尤为明显。在城市地区，原有的依附于单位系统的基层医疗卫生服务逐步被废除，新的社区医疗卫生服务体系刚刚开始建立，总体供应相较于大幅增加的城市人口还十分有限。整个基层医疗卫生服务体系的滞后发展，特别是公共卫生功能的减弱，在2002年非典疫情中暴

---

[1] Onil Bhattacharyya, Delu Yin, Sabrina T. Wong, and Bowen Chen, "Evolution of Primary Care in China 1997–2009", *Health Policy*, Vol.100, No.2–3, May 2011, pp. 174–180.

露无遗。这场公共卫生危机成为一个重要转折点，在这场危机过后，中国政府展开了朝向更加以人为本、更加平衡的经济和社会发展方式转变。完善医疗卫生体系尤其被列为重要政府任务。[①] 中国更是在 2009 年推出了全面医药卫生体系改革，并将加强基层医疗卫生服务这层"网底"列为了保基本、强基层、建机制这三大医改指导原则之一，凸显其重要地位。

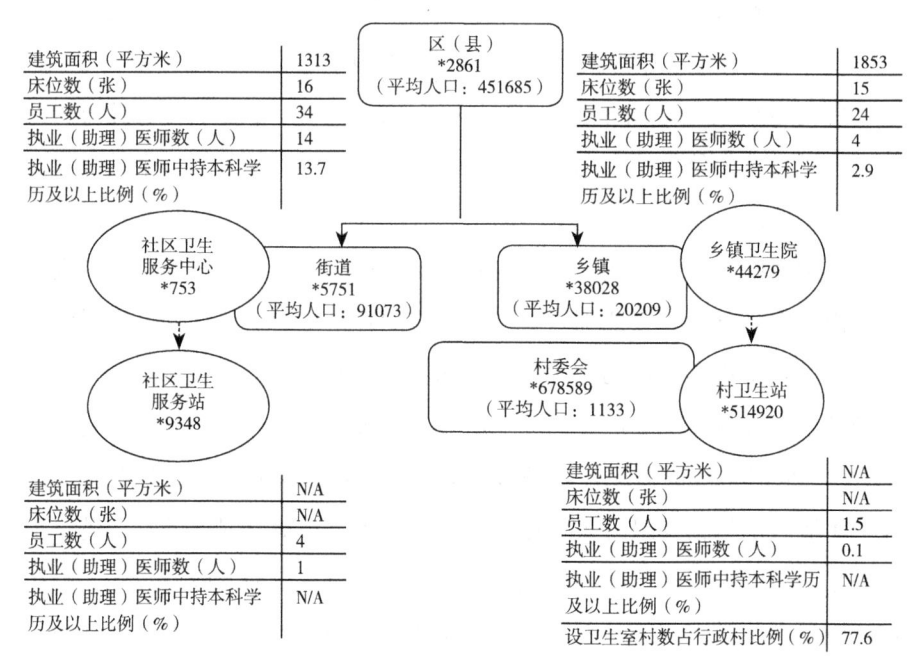

建筑面积（平方米）	1313
床位数（张）	16
员工数（人）	34
执业（助理）医师数（人）	14
执业（助理）医师中持本科学历及以上比例（%）	13.7

区（县）
*2861
（平均人口：451685）

建筑面积（平方米）	1853
床位数（张）	15
员工数（人）	24
执业（助理）医师数（人）	4
执业（助理）医师中持本科学历及以上比例（%）	2.9

社区卫生服务中心 *753　　街道 *5751（平均人口：91073）　　乡镇 *38028（平均人口：20209）　　乡镇卫生院 *44279

社区卫生服务站 *9348　　村委会 *678589（平均人口：1133）　　村卫生站 *514920

建筑面积（平方米）	N/A
床位数（张）	N/A
员工数（人）	4
执业（助理）医师数（人）	1
执业（助理）医师中持本科学历及以上比例（%）	N/A

建筑面积（平方米）	N/A
床位数（张）	N/A
员工数（人）	1.5
执业（助理）医师数（人）	0.1
执业（助理）医师中持本科学历及以上比例（%）	N/A
设卫生室村数占行政村比例（%）	77.6

图 1　基层医疗卫生服务机构平均资源（2003 年）[②]

"强基层"的改革基于上述历史背景，它既是一个独立的目标，也是实现更为宏远目标的手段。作为一个独立目标，该改革意在通过振兴农村基层医疗卫生体系和发展城市社区卫生服务体系，使这些基层医疗卫生服务机构能够向全体居民提供基本公共卫生服务和基本诊疗服务。在此基础上，"强基层"也被视为提升中国整体医疗卫生体系的重要组成部分。其

---

① 这一趋势在政府工作报告和五年规划等政府文件中有明显体现。在 2003 年以后，对医疗卫生的描述显著增加，要求也变得更为具体。

② 中华人民共和国卫生部编：《2004 中国卫生统计年鉴》，中国协和医科大学出版社 2004 年版。

基本逻辑如下：与医院相比，基层医疗卫生机构提供的类似服务往往成本更低。通过将病人引导至基层医疗机构就诊可以节约医疗费用。基层诊疗设施使用不足本身造成了资源浪费。通过提高基层医疗卫生服务的吸引力，使其更多被居民使用，可以更有效地利用医疗资源。对于整个医疗卫生体系而言，通过提高基层医疗卫生服务的利用率并让医院专注于处理更为复杂的病例，可以提高整个医疗卫生体系的效率。通过这些方式，"强基层"被赋予提高医疗卫生服务的可及性和可负担性，促进达成医疗体制改革的整体目标的重任。[①]

二 混合型医疗卫生系统中的"强基层"

（一）国家主导的"强基层"措施与成效[②]

尽管经历了二十余年的市场化影响，中国基层医疗卫生服务体系仍在很大程度上保留了计划经济的特色。除了保留图 1 所示的明显计划风格的网络结构外，公有制的主导地位也得以保持。以 2003 年数据为例，约 99% 的乡镇卫生院和 77% 的社区卫生服务机构是国有或者集体所有、约 59% 的村卫生站是村办或者乡卫生院设点。[③] 这种公有制的主导地位也伴随着政府的财政责任，主要涵盖建设资金、人员工资以及公共卫生服务。

[①]《关于印发〈关于发展城市社区卫生服务的若干意见〉的通知》，中华人民共和国国家卫生健康委员会，1999 年 7 月 16 日，http://www.nhc.gov.cn/wjw/gfxwj/201304/198b4a75380c45dd9dd4ad486e206be5.shtml；《国务院关于发展城市社区卫生服务的指导意见》，中华人民共和国中央人民政府，2006 年 2 月 21 日，http://www.gov.cn/zwgk/2006-02/23/content_208882.htm；《中共中央 国务院关于深化医药卫生体制改革的意见》，中华人民共和国中央人民政府，2009 年 3 月 17 日，https://www.gov.cn/gongbao/content/2009/content_1284372.htm。

[②] 关于"强基层"政策更加详细的回顾和讨论可参阅 Xiao Tan, "A Review of China's National Policies to Strengthen Primary Care 2003–2018", *Global Public Health*, Vol.18, No.1, January 2023, pp.1692–1744.

[③] 中华人民共和国卫生部编：《2004 中国卫生统计年鉴》，中国协和医科大学出版社 2004 年版。

值得注意的是，这种财政责任历史上从来不是全包制，而是提供部分资金，其余部分需要通过其他资金渠道筹集。在这一总体结构下，自2000年以来，政府大幅增加了资金投入，提升了财政在基层医疗卫生服务收入中的占比，这些资金投入也附带着更为清晰详细的指导性文件。在这样的干预措施下，基层医疗卫生服务在资源配备和服务提供方面都取得了显著提高，但在服务质量和公共卫生成果方面仍有进一步提高的空间。

1. **网络和物质资源**

在中国医疗卫生体系发展中，服务网络的全覆盖一直受到政府极大重视，被视为向全体人民提供基本医疗公共卫生服务的基础。该网络的完整性通过地方卫生规划得以确保，其包括了中央政府提供指导原则[①]，地方政府根据指导原则制定更为详尽的地方卫生规划并根据规划设置或限制新增各类医疗卫生机构。针对基层医疗卫生服务，全覆盖的标准被明确为每个乡镇有1所政府开设的卫生院，每个行政村都有村卫生站，以及在每个街道办事处或3万—10万居民设置一个社区卫生服务中心（再按需设置社区卫生服务站）。[②]

对于自20世纪70年代以来网络已相对完善的农村地区，满足这些原则主要代表着随城市化进程加以调整，包括随着乡镇合并而整合多余的乡镇卫生院，或改建为服务城市的社区卫生中心。而保持村卫生站对村庄的覆盖主要代表着填补少量空白。

总体而言，政府在把控基层医疗服务网络上紧密遵循了自身制定的原则。在过去20年间，乡镇卫生中心的数量与乡镇数量基本保持一致，拥

---

① 至今共发布过四版：1994年版的《医疗机构设置规划指导原则》《医疗机构设置规划指导原则（2009版）》《医疗机构设置规划指导原则（2016—2020年）》和最新的《医疗机构设置规划指导原则（2021—2025年）》。

②《国务院关于发展城市社区卫生服务的指导意见》，中华人民共和国中央人民政府，2006年2月21日，http://www.gov.cn/zwgk/2006-02/23/content_208882.htm；《医药卫生体制改革近期重点实施方案（2009—2011年）》，中华人民共和国中央人民政府，2009年3月18日，http://www.gov.cn/zwgk/2009-04/07/content_1279256.htm；《卫生事业发展"十二五"规划》，中华人民共和国中央人民政府，2012年10月8日，https://www.gov.cn/zwgk/2012-10/19/content_2246908.htm。

有自己卫生站的行政村比例在非典之后快速增加，并在 2010 年左右始终保持在 92% 以上。① 在城市地区，通过充分利用现有资源的策略，如将已有的小型医院、诊所或乡镇卫生院改建为社区卫生服务机构，② 基层医疗卫生服务覆盖完成了迅速扩张，实现了政府的既定目标，并随着城市化进程的不断深入而持续增长（参见图 2）。

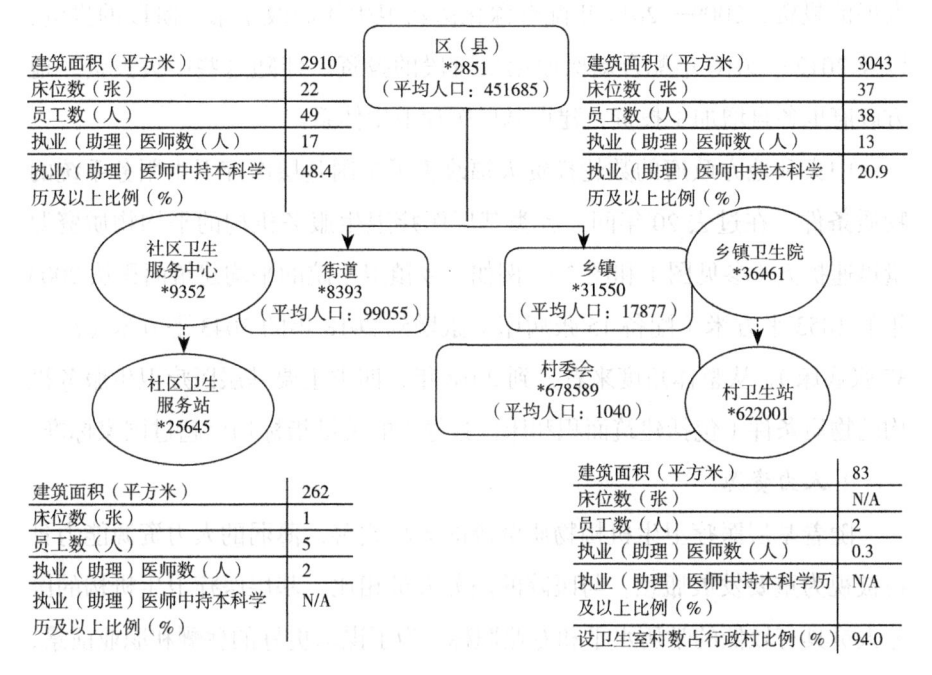

区（县） *2851（平均人口：451685）

建筑面积（平方米）	2910
床位数（张）	22
员工数（人）	49
执业（助理）医师数（人）	17
执业（助理）医师中持本科学历及以上比例（%）	48.4

建筑面积（平方米）	3043
床位数（张）	37
员工数（人）	38
执业（助理）医师数（人）	13
执业（助理）医师中持本科学历及以上比例（%）	20.9

社区卫生服务中心 *9352 ← 街道 *8393（平均人口：99055）
乡镇 *31550（平均人口：17877） → 乡镇卫生院 *36461
社区卫生服务站 *25645
村委会 *678589（平均人口：1040） → 村卫生站 *622001

建筑面积（平方米）	262
床位数（张）	1
员工数（人）	5
执业（助理）医师数（人）	2
执业（助理）医师中持本科学历及以上比例（%）	N/A

建筑面积（平方米）	83
床位数（张）	N/A
员工数（人）	2
执业（助理）医师数（人）	0.3
执业（助理）医师中持本科学历及以上比例（%）	N/A
设卫生室村数占行政村比例（%）	94.0

图 2　基层医疗卫生服务机构平均资源（2018 年）③

在完善服务网络的同时，一个重要的优先事项是加强基层医疗卫生服

---

① 国家卫生健康委员会编：《2019 中国卫生健康统计年鉴》，中国协和医科大学出版社 2019 年版。
② 《关于印发〈关于发展城市社区卫生服务的若干意见〉的通知》，中华人民共和国国家卫生健康委员会，1999 年 7 月 16 日，http://www.nhc.gov.cn/wjw/gfxwj/201304/198b4a75380c45dd9dd4ad486e206be5.shtml；《国务院关于发展城市社区卫生服务的指导意见》，中华人民共和国中央人民政府，2006 年 2 月 21 日，http://www.gov.cn/zwgk/2006-02/23/content_208882.htm。
③ 国家卫生健康委员会编：《2019 中国卫生健康统计年鉴》，中国协和医科大学出版社 2019 年版。

务网络内的物质资源。由于经历了困难重重的 20 世纪八九十年代，在 21 世纪初期许多基层医疗卫生机构被认为落后于国家的发展，建筑老旧、缺乏设备，给提供医疗卫生服务造成了障碍。① 针对这一问题，中国开启了数轮全国范围的基建投资，并引入新的标准来指导建设。具体而言，中央政府开展了三轮投资，包括 2004—2008 年针对农村卫生服务体系建设与发展的投资，2009—2011 年配合深化医药卫生体制改革第一阶段的投资，以及 2012—2016 年配合新医改第二阶段的投资。伴随这些中央投资，地方政府也各自增加了投资，建设基层医疗卫生体系。②

中央和地方政府的数轮投资大幅改善了全国基层医疗卫生服务系统的物质条件。在过去 20 年间，各类基层医疗卫生服务机构的平均物质资源量迅速扩大（参见图 1 和图 2）。例如，乡镇卫生院的平均建筑面积从 2003 年的 1853 平方米（配备 15 张病床）激增到 2018 年的 3043 平方米（配备 37 张病床）。从整体角度来看，到 2018 年，四类主要基层医疗卫生服务机构的物质条件（包括建筑面积和床位数等）的关键指标均已超过国家标准。

2. 人力资源③

随着基层医疗卫生机构物质资源的大幅改善，薄弱的人力资源能力日益被视为重要发展瓶颈。与医院的医务人员相比，基层医疗卫生机构的医务人员具有较低的学历水平和专业职称。为了谋求更好的薪酬和职业前景，许多基层医疗卫生机构的医务人员在基层积累工作经验后会选择转到医院工作，人才流失现象普遍。④ 这样的情况使基层医生难以获得城乡居民的信任，也使基层医疗卫生服务机构在与医院竞争中长期处于劣势地位。

编制系统在发展基层医疗卫生队伍中持续发挥着核心作用。该制度覆盖了乡镇和社区卫生服务中心的大部分员工（少数员工为合同制）。在

---

① 梁万年等：《全国社区卫生服务现状调查》，《中国全科医学》2005 年第 9 期。
② Xiao Tan and Lei Yu, "Has Recentralisation Improved Equality? Primary Care Infrastructure Development in China", *Asia & the Pacific Policy Studies*, Vol.9, No.2, May 2022, pp. 115–133.
③ 受篇幅限制，本小节不涉及村卫生室和村医的讨论。
④ World Health Organization Regional Office for the Western Pacific, "People's Republic of China Health System Review", *Health Systems in Transition*, Vol.5, No.7, 2015.

实践中，增加编制岗位的数量是增加乡镇卫生院和社区卫生服务中心工作人员数量的最为直接的重要措施。而由于政府财政肩负补助编制岗工资的责任，增加编制也代表着政府财政补助的增加。为指导这一进程，中央政府分别于 2006 年和 2011 年发布了关于在社区卫生机构和乡镇卫生院设立编制岗位的指导原则。① 例如，建议每个社区卫生服务中心每 1 万人配备 2—3 个全科医生岗位、1 个公共卫生医生岗位和 2—3 个护士岗位。根据这些指导原则，地方政府制定各自辖区的具体方案，并提供相应资金。整体而言，在过去的 20 年间，乡镇和社区卫生服务机构吸引到了相当数量的工作人员，并且由于高等教育的扩张，工作人员的学历水平也得到了大幅提升（参见图 1 和图 2）。例如，2003 年，平均每个社区卫生服务中心雇用 34 名工作人员，包括 14 名执业（助理）医师，而其中仅 13.7% 具有本科及以上学历。到 2018 年，平均每个社区卫生服务中心雇用 49 名工作人员，包括 17 名执业（助理）医师，其中 48.4% 具有本科及以上学历。

在 2009 年新一轮医药卫生体制改革启动后，发展一支新的全科医生队伍作为基层医疗卫生队伍的重点被提出。② 尽管中国在 20 世纪 80 年代末就已经引入了全科医生的概念，但受各种限制，其前期发展进展较慢。鉴于这一情况，21 世纪头十年的政策目标是大幅增加全科医生的数量，以在 2020 年实现每万名居民拥有 2—3 名全科医生。为了实现这一目标，政府在全国范围内开展了大规模的短期再培训项目，主要面向乡镇卫生院和社区卫生服务中心的在职医生，通过再培训使其成为全科医生。③ 由于

---

① 《关于印发〈城市社区卫生服务机构设置和编制标准指导意见〉的通知》，中华人民共和国中央人民政府，2006 年 8 月 18 日，https://www.gov.cn/zwgk/2006-09/04/content_377067.htm；《中央编办、卫生部、财政部关于印发〈乡镇卫生院机构编制标准指导意见〉的通知》，中共安徽省委机构编制委员会办公室，2011 年 5 月 10 日，http://www.ahjgbzw.gov.cn/content/detail/5a55b0a6d3d09db1427292d0.html。

② 《关于印发以全科医生为重点的基层医疗卫生队伍建设规划的通知》，四川省卫生健康委员会，2010 年 3 月 25 日，http://wsjkw.sc.gov.cn/scwsjkw/ygzl/2010/6/24/a792fe9479634288a4e6081c6418a360.shtml；《国务院关于建立全科医生制度的指导意见》，中华人民共和国中央人民政府，2011 年 7 月 1 日，http://www.gov.cn/zwgk/2011-07/07/content_1901099.htm。

③ 《中国卫生年鉴》编辑委员会编：《中国卫生年鉴 2013》，人民卫生出版社 2014 年版，第 237 页。

绝大多数卫生院和社区卫生服务中心都属于公有制并受政府直接资助，因此政策执行相对较为直接（包括要求医疗卫生机构批准医生参与培训并提供资金支持以促进培训）。在整体数量上，截至2018年年底，政策目标已经实现，全国全科医生人数超过30万人，每万人全科医生数达到2.2名。①

3. 基本公共卫生服务

如前文所述，基层医疗卫生机构的主要角色被定位为提供基本公共卫生服务和基本医疗服务。这两项基本内容一直没有发生改变，从21世纪初期以来政府逐步出台了更为详尽的政策文件来指导服务的提供。于2009年，作为"新医改"第一阶段工作重点的一部分，政府出台了关于基本公共卫生服务的文件，明确了服务内容、政府补助标准、绩效考核方法并为服务范围内的每个项目提供了服务规范。②政府采取了渐进的方式来扩大该计划，逐步增加服务内容、覆盖范围和每年分配资金。自2009年以来，基本公共卫生服务项目迅速扩大，由初始的人均基本公共卫生服务经费补助标准人均15元涵盖9类服务项目到2018年已经提高到人均55元涵盖12类服务项目（注意：每类服务的服务内容和受益人群也有大幅增加）。③随着该项目的铺开，基层医疗机构按照政府标准提供了大量的基本公共卫生服务，尽管政策标准提高迅速，但落实也基本达到了政府要求。以2015

---

① 国家卫生健康委员会编：《2019中国卫生健康统计年鉴》，中国协和医科大学出版社2019年版。

② 《关于促进基本公共卫生服务逐步均等化的意见》，中华人民共和国中央人民政府，2009年7月13日，http://www.gov.cn/ztzl/ygzt/content_1661065.htm。

③ 这12类服务项目包括：建立居民健康档案、健康教育、预防接种、儿童健康管理、孕产妇健康管理、老年人健康管理、高血压和2型糖尿病等慢性病患者健康管理、严重精神障碍患者管理、肺结核患者健康管理、中医药健康管理、传染病和突发公共卫生事件报告和处理、卫生计生监督协管。参见《关于做好2018年国家基本公共卫生服务项目工作的通知》，基层卫生健康司，2018年6月13日，http://www.nhc.gov.cn/jws/s3577/201806/acf4058c09d046b09addad8abd395e20.shtml。

年为例，除糖尿病患者管理外，所有政府目标均被实现或超额完成。①

随着中央和地方各级政府对基本公共卫生服务工作重视程度不断提高，投入力度也不断加大，尽管取得了快速的重大进展，基本公共卫生服务在实践中也产生了问题。随着新的要求的落实，基本卫生服务涉及大量的服务内容以及庞杂行政工作，给基层医务人员增加了大量工作，也产生了对医疗工作的时间挤压。同时，政府经费有限，激励措施不够完善，也限制了工作的积极性。因此，在实际落实中基层医疗卫生机构存在选择性提供服务的情况，也有为满足政府要求而编造记录的情况。②

更为重要的是，政策目标的达成尚未顺利转化为改善人民健康的终极目标。以高血压和糖尿病管理为例，虽然基层医疗卫生机构随着基本公共卫生服务项目的实施大量开展这两项慢性病的管理服务，但近年的一项全国性调查发现，在基层医疗卫生机构就诊的高血压患者中，只有70%的高血压患者得到诊断，仅有6%的患者血压得到有效控制。同样，只有46%的糖尿病患者知晓自己的病情，仅有3%的患者血糖得到有效控制。③这些发现凸显出，尽管基层医疗机构在铺开政策开展工作上十分具有效率，但服务质量以及最终的效果尚未能够很好地提高群众的健康水平。

4.基本医疗服务

与基本公共卫生服务类似，政府在过去对基本诊疗服务的要求较为宽泛，只是概述了应提供服务的大体类别，例如，社区卫生服务机构被要求提供包括一般常见病、多发病诊疗、护理和诊断明确的慢性病治疗等六大

---

① 《中国卫生和计划生育年鉴》编辑委员会编：《中国卫生和计划生育统计年鉴2016》，中国协和医科大学出版社2016年版，第185页。2015年目标参见《关于做好2015年国家基本公共卫生服务项目工作的通知》，基层卫生健康司，2015年6月11日，http://www.nhc.gov.cn/jws/s3577/201506/61340494c00e4ae4bca0ad8411a724a9.shtml（该通知已失效——笔者注）。

② 《中国卫生年鉴》编辑委员会编：《中国卫生年鉴2012》，人民卫生出版社2013年版，第40—46页。

③ Xi Li, et al., "The Primary Health-care System in China", *Lancet*, Vol.290, December 2017, pp. 2584–2594.

类别的基本医疗服务。① 近年来，随着基本公共卫生服务的广泛实施，政府逐步对基本医疗服务也提出了更具体的要求。通过将基本服务纳入对基层医疗卫生机构的绩效考核，开展示范社区卫生服务中心、"群众满意的乡镇卫生院"、社区卫生服务提升工程等工作的基础上，政府于2018年形成了比较详尽的针对乡镇卫生院和社区卫生服务中心服务能力标准。②

目前，已有研究对基层医疗卫生机构在多大程度上满足政府根据复杂的绩效评估和手册提出的要求以及提供的基本医疗服务的效果仍十分有限。一些证据显示医改的其他项目无意中对基层医疗产生了负面影响。首先，基本医疗公共服务的铺开导致基层医务人员工作繁重，从而限制了对民众基本医疗的提供。其次，基本药物的实施也在相当一段时间内导致了药品供应减少，进一步限制了医疗服务的开展。而在政府的绩效评估中，医疗服务数量而非质量往往被予以更加优先的考量，因此对提供高质量医疗服务的激励不足。在这些不利因素的影响下，基本医疗服务的提供受到挑战。值得一提的是，尽管学术研究对基层医疗卫生诊疗质量的描述评估还十分有限，具有比较清晰证据的是中国基层医疗卫生机构中抗生素和注射剂的过度使用，不仅超出了世界卫生组织建议的水平，而且还有可能对患者的健康造成风险。③ 综合而言，基本医疗服务的发展相对于其他"强基层"改革内容相对滞后。

（二）市场机制与矛盾

在将"强基层"作为独立目标的考量下，国家主导的干预措施，包括资源和服务的扩张，都取得了显著的提高。如前文所述，在基层医疗机

---

① 《关于印发〈城市社区卫生服务机构管理办法（试行）〉的通知》，中华人民共和国中央人民政府，2006年8月10日，https://www.gov.cn/zwgk/2006-08/10/content_359147.htm。

② 国家卫生健康委员会、国家中医药管理局：《关于开展"优质服务基层行"活动的通知》，https://www.gov.cn/zhengce/zhengceku/2018-12/31/content_5435449.htm，2018年8月22日。

③ Xi Li, Jiapeng Lu, et al., "The Primary Health-care System in China", Lancet, Vol.290, December 2017, pp. 2584–2594.

构体系中，国家保持着主导角色。在公有制的基础之上，自 2000 年以来，通过增加财政补助和制定并执行更为详细的各类指导文件，政府在实现自身政策目标方面取得了显著成果。然而，"强基层"不仅是一个独立目标，也是提升中国整体医疗卫生体系的重要组成部分。实现这个更加系统性的目标的核心是引导病人更多地使用基层医疗机构而非医院，并鼓励患者将基层医疗卫生机构作为首诊机构。要实现这一目标不仅涉及基层医疗卫生机构，更需考虑到医院这一基层医疗卫生机构的直接竞争对象，以及医生和患者在市场机制下的选择。

具体而言，政府提出到 2017 年将患者选择基层医疗机构作为首诊机构的比例达到 70% 以上的目标。① 然而，这一目标却未能得到实现，反而出现了倒退。根据国家卫生服务调查，到基层医疗卫生机构就诊的比例从 2008 年的 73.7% 微降至 2013 年的 72.8%，又于 2018 年进一步降至 67.5%（参见表 1）。基于大城市的独立调查研究也显示，相比于基层医疗卫生机构，患者仍然更倾向于选择医院作为首诊机构。②

表 1　　　　　两周伤病首诊机构构成　　　　（单位：%）

	2008 年			2013 年			2018 年		
	合计	城市	农村	合计	城市	农村	合计	城市	农村
基层医疗卫生机构	73.7	48.3	82.7	72.8	65.2	80.4	67.5	61.8	73.6
医院	25.2	50.3	17.3	25.1	31.6	18.6	30.4	36.5	24.2
其他	1.0	1.4	0.9	2.2	3.1	1.4	2.1	1.7	2.2

资料来源：国家卫生计生委统计信息中心（编）：《2008 年第四次国家卫生服务调查分析报告》，2008 年，http://www.nhc.gov.cn/mohwsbwstjxxzx/s8211/201009/49165.shtml；国家卫生计生委统计信息中心（编）：《第五次国家卫生服务调查分析报告》，2015 年，http://www.nhc.gov.cn/mohwsbwstjxxzx/s8211/201610/9f109ff40e9346fca76dd82cecf419ce.shtml；国家卫生健康委统计信息中心：《全国第六次卫生服务统计调查报告》，2018 年。

① 《国务院办公厅关于推进分级诊疗制度建设的指导意见》，中华人民共和国中央人民政府，2015 年 9 月 11 日，http://www.gov.cn/zhengce/content/2015-09/11/content_10158.htm。

② Dan Wu, et al., "Health Reforms in China: The Public's Choices for First-Contact Care in Urban Areas", *Family Practice*, Vol.34, No.2, April 2017, pp. 194–200.

如前文所述，中国的医疗卫生体系最初建立于计划经济时代，实现分级诊疗来自政府对供需双方的管控。在供给侧的医疗卫生体系结构根据不同功能配置资源，在需求侧也有严格的人口控制和就诊要求来控制病人流动，以防止医院不堪重负。改革开放以来，随着整体社会经济的变革以及医疗卫生机构自身围绕放权让利的改革进程，政府对双方的管控都有了大幅的松动。医疗机构之间的动态关系被重塑，转变为竞争实体，争相吸引患者并创造收入。在这样的结构中，遵照市场经济的逻辑，医务人员在择业方面以及患者在就诊方面获得了大量的自主权。医务人员通过对待遇和职业发展等考量进行择业，而患者则通过对价格、服务质量等因素的对比自愿选择就诊机构。

在过去20年间，政府的"强基层"努力主要集中在针对基层医疗卫生机构的改善，但这些努力并没有从根本上扭转基层医疗卫生机构在与医院竞争中的劣势。如前文所述，改革开放后，医院凭借在计划经济时代所形成的在资源和服务上的优势，在市场竞争中往往更受到患者的青睐。此外，政府对定价的控制让传统诊疗服务的价值保持在低于成本的水平，没有和基层医疗卫生服务拉开明显距离，也进一步加强了医院的吸引力。通过增加的患者需求和业务收入，医院快速累积了更多的资源，可以进一步建设、配备更先进的设施，以及为医务人员提供具有竞争力的薪酬。[①]

尽管政府在"强基层"方面投入了更多的资金并改善了"硬件"条件与人才队伍，但医院在市场力量的加持下获得了更大程度的扩张并保持优势。如表2所示，2013—2018年，虽然基层医疗卫生机构获得大幅扩张，医院实际上吸引到了更大规模的医师队伍，这使得医院保持了优势地位。除了在数量上保持更为主导的地位，医院在人才队伍的学历和专业技术资格也依然保有绝对优势。以2018年数据为例，医院中71.7%的执业（助理）医师拥有本科及以上学历，并有24.1%的执业（助理）医师具备副高或正

---

① Zesheng Sun, Shuhong Wang, and Stephen R. Barnes, "Understanding Congestion in China's Medical Market: An Incentive Structure Perspective", *Health Policy and Planning*, Vol.31, No.3, April 2016, pp. 390–403.

高专业技术资格。而在社区卫生服务中心，这两项数据的对应比例分别为 48.4% 和 10.1%。在乡镇卫生院这一比例分别为 20.9% 和 4.8%。这样的结构性不均衡在一定程度上淡化了政府在"强基层"上取得的成果，尽管基层变强，医院变得更强并保持了绝对优势。在就医选择中，患者仍然会被更具竞争力的医院所吸引。①

表2	执业（助理）医师数			（单位：人，%）
	2013 年		2018 年	
总计	2794754	100%	3607156	100%
医院	1503184	54%	2053527	57%
基层医疗卫生机构	1050067	38%	1305108	36%

资料来源：国家卫生和计划生育委员会（编）：《中国卫生和计划生育统计年鉴2014》，http://www.nhc.gov.cn/mohwsbwstjxxzx/tjtjnj/202106/e09dc97f4721446eafc4305b81284bee.shtml；国家卫生健康委员会（编）：《2019中国卫生健康统计年鉴》，http://www.nhc.gov.cn/mohwsbwstjxxzx/tjtjnj/202106/04bd2ba9592f4a70b78d80ea50bfe96e.shtml。

政府在对个人自主权的限制方面一直保持谨慎。在主要的医疗改革文件中，当提及病人使用基层医疗机构作为首诊机构时，都将其定位为"试点"。② 2015年和2017年，中央分别发布了两份文件，旨在推动分级诊疗模式，建立诊疗卫生联盟以促进分级诊疗的发展。③ 尽管这些文件进一步表达了建立基层首诊的愿景，但其重点仍然是"鼓励"和"引导"。特别

---

① Yun Liu, et al., "Factors Influencing the Choice of Health System Access Level in China: A Systematic Review", *PLoS One*, Vol.13, No.8, August 2018, pp. 1–21.

②《国务院关于发展城市社区卫生服务的指导意见》，中华人民共和国中央人民政府，2006年2月21日，http://www.gov.cn/zwgk/2006-02/23/content_208882.htm；中共中央、国务院：《中共中央 国务院关于深化医药卫生体制改革的意见》，中华人民共和国中央人民政府，2009年3月17日，https://www.gov.cn/gongbao/content/2009/content_1284372.htm；《国务院关于印发"十二五"期间深化医药卫生体制改革规划暨实施方案的通知》，中华人民共和国中央人民政府，2012年3月14日，http://www.gov.cn/zwgk/2012-03/21/content_2096671.htm。

③《国务院办公厅关于推进分级诊疗制度建设的指导意见》，中华人民共和国中央人民政府，2015年9月11日，http://www.gov.cn/zhengce/content/2015-09/11/content_10158.htm；《国务院办公厅关于推进诊疗联合体建设和发展的指导意见》，中华人民共和国中央人民政府，2017年4月23日，http://www.gov.cn/zhengce/content/2017-04/26/content_5189071.htm。

是在分级诊疗的政策文件中，强调了"坚持群众自愿"的原则。在最新发布的有关完善医疗卫生体系的文件中，促进分级诊疗的重点仍然集中在强化基层医疗卫生机构的服务水平以及与医院之间的合作，例如家庭医生签约制度、城市医联体、县域医共体等。①

总的来说，国家主导的干预措施在追求"强基层"作为独立目标时取得了显著成就，但由于与市场机制错综复杂的相互作用，未能扭转中国医疗体系中医院角色日益凸显的趋势。这使得和通过强化基层首诊来提高整体医疗系统效率和表现的更为系统性目标仍有差距。在中国医疗卫生体系这个兼具计划经济遗留特色和市场元素的混合型、不断发展的动态环境中，促使基层医疗卫生机构蓬勃发展并增强其相对地位仍然是一个尚未攻克的挑战。

（三）超越矛盾

要加深对这种政府干预和市场机制看似矛盾的情况，需要认识到计划与市场机制并存的历史成因。正如前文所述，在中国向社会主义市场经济的转型过程中，基层医疗卫生体系经历了深刻的变革。这种变革很大程度上受到更为宏观的社会变迁的影响，并且每个阶段的改革都是出于特定的需要。在 20 世纪八九十年代，引入市场机制的目的是应对政府资金减少带来的挑战。通过放权和激励，旨在提高医疗机构以及医务人员的积极性，从而应对日益严峻的财政形势。这一时期的改革措施旨在使医疗服务更加灵活、高效，并更好地满足患者需求。

随后，自 21 世纪初以来，中国政府的宏观战略发生了转变，更加强调社会发展与经济发展取得平衡，解决包含"看病难、看病贵"在内的民生问题。在这一背景下，"强基层"作为改善医疗卫生体系和解决民生问题的一环得到重视。值得注意的是，"强基层"始终紧密嵌入更为宏观的

---

① 《中共中央办公厅国务院办公厅印发〈关于进一步完善医疗卫生服务体系的意见〉》，中华人民共和国中央人民政府，2023 年 3 月 23 日，https://www.gov.cn/zhengce/202304/content_6762874.htm。

第四章 演变中的治理：国家—社会—市场关系

社会目标之中。在医疗改革中，其战略意义在于通过广泛的网络以较低的成本直接提供基本服务，发挥提供服务和保障获得服务的双重功能，[1]从而服务于"新医改"的总目标，即实现"人人享有基本医疗卫生服务"。[2] 在更广泛的社会背景下，"强基层"构成了中国基本公共服务均等化综合战略的一部分，确保全体公民都能公平可及地获得大致均等的基本公共服务。[3] 而这些战略的提出都指向在 20 世纪 90 年代和 21 世纪初期尤为普遍的社会服务不平等和负担不起的广泛担忧。从这一层面来看，中国近几十年来实施的医疗改革体现了一种务实的态度，即随时准备调整治理机制和体制结构，以实现社会和经济发展的总体目标。[4]

从政治角度来看，追求公平的基本医疗卫生服务与维持中国政府的政治合法性有着内在联系。政府通过实现具体目标，如经济增长、社会稳定、加强国家实力以及"善治"（治理能力和责任问责），以维持其合法性。[5] 在医疗卫生领域，"公益性"始终受到重视，通过优先考虑"公益性"，特别是通过公有制的主导地位普及基本医疗卫生服务，这是政府加强合法性的一个重要来源。

在这样层层镶嵌的结构之中，通过政府主导的基层医疗卫生体系来提供具有公平和公益属性的基本医疗卫生服务具备超越其本身的更为宏观的重大意义。与此同时，市场机制则被赋予加强医疗卫生机构运行效率、提升服务水平和质量的角色。实际上，政府一直在努力更好地将市场机制有机地结合进入其主导的体系中，以引导医生和患者到基层医疗卫生机

---

[1] Tsung-Mei Cheng, "China's Latest Health Reforms: A Conversation with Chinese Health Minister Chen Zhu", *Health Affairs*, Vol.27, No.4, 2008, pp. 1103–1110.

[2]《中共中央 国务院关于深化医药卫生体制改革的意见》，中华人民共和国中央人民政府，2009 年 3 月 17 日，https://www.gov.cn/gongbao/content/2009/content_1284372.htm。

[3]《国务院关于印发"十三五"推进基本公共服务均等化规划的通知》，中华人民共和国中央人民政府，2017 年 1 月 23 日，http://www.gov.cn/zhengce/content/2017-03/01/content_5172013.htm。

[4] Min Jiang, et al., "Beyond Contradiction: The State and the Market in Contemporary Chinese Water Governance", *Geoforum*, Vol.108, January 2020, pp. 246–254.

[5] Yuchao Zhu, "'Performance Legitimacy' and China's Political Adaptation Strategy", *Journal of Chinese Political Science*, Vol.16, February 2011, pp. 123–140.

构，包括通过创造一些待遇方面的优惠条件吸引医生到基层医疗卫生机构就业，[1]以及通过降低收费标准、提高报销比例等方式吸引患者到基层诊疗机构就医。[2]然而，这些整合措施目前尚未很好地解决前文所提到的矛盾，在政府进一步完善医疗卫生体系的进程中能够改善这一情况是一个需持续关注的领域。

结　语

过去的20年间，"强基层"在政府议程中的地位日益重要。在2009年启动的新一轮医药卫生体制改革中，"强基层"被列为指导原则之一。在"强基层"的过程中，政府承担了主导角色，尤其是在增加财政投入和为各个维度制定更为详细的指导政策文件方面。虽然服务质量和公共卫生成果仍有进一步提高的空间，但政府的努力已经取得了重大成果。

尽管在"强基层"作为独立目标上取得了明显的进步，但将基层医疗机构体系纳入整个医疗卫生体系的整体时，市场机制带来了复杂性和挑战性。值得注意的是，自20世纪70年代末以来的经济改革赋予了医务人员和患者在基层诊疗机构和医院之间做出选择的极大自主权。而遵循市场逻辑进行医患选择和政府对医疗体系使用的愿景产生了相互矛盾的压力。虽然基层医疗卫生体系在政府主导的干预下得到了显著改善，但医院在市场逻辑的助力下取得了更为迅速的扩张，进一步增强了自身的竞争力，这使得基层医疗卫生机构在整体医疗卫生体系中相对弱势的情况仍在延续。

在上述分析的基础上，本文试图通过从治理术这一论题中汲取启示，

---

[1]《关于印发以全科医生为重点的基层医疗卫生队伍建设规划的通知》，四川省卫生健康委员会，2010年3月25日，http://wsjkw.sc.gov.cn/scwsjkw/ygzl/2010/6/24/a792fe9479634288a4e6081c6418a360.shtml。

[2]《中共中央 国务院关于深化医药卫生体制改革的意见》，中华人民共和国中央人民政府，2009年3月17日，https://www.gov.cn/gongbao/content/2009/content_1284372.htm；《国务院办公厅关于推进诊疗联合体建设和发展的指导意见》，中华人民共和国中央人民政府，2017年4月23日，http://www.gov.cn/zhengce/content/2017-04-26/content_5189071.htm。

第四章 演变中的治理：国家—社会—市场关系

超越二元框架，以更好地理解中国混合型医疗卫生体系的内在逻辑。正如前人对中国治理术的探索所揭示的，中国从计划经济到社会主义市场经济的转型在构想和实施治理原则以及目标方面产生了深刻的变化。为全面把握中国不断演变的执政理性，我们需要深入探讨政治的多层面历史和谱系，将计划经济时代的遗产与改革开放时期出现的市场政治的独特属性交织在一起。就其核心而言，治理术理论强调一种治理模式，不能简单地归类为严格意义上的社会主义或新市场主义。① 在这一视角下，学者主张以混合的、动态的形式来看待中国的治理，并强调理解中国不断演变的治理理论的重要性。这种混合视角有助于更好地理解中国医疗卫生体系中政府主导的基层医疗与市场机制之间的复杂关系，同时也为未来的研究提供了更为广阔的视野。②

在这一视角的启示下，本文揭示了一个具有重要相似性的叙事。中国的卫生治理保留了计划经济时代遗留下来的基本特征。与此同时，政府逐步融入了关键的市场要素，其中最突出的是为医生和患者提供遵循市场逻辑的自由选择的机会，以及促进了医疗机构之间的竞争。然而，这些要素的引入却给基层医疗卫生机构的发展带来了挑战。尽管存在这些相互矛盾的力量，两者的结合被视为共同服务于更宏观的社会目标以及"仁政"体现。政府的主导地位与各种旨在维护"公益性"的社会项目紧密相连。因此，本文揭示了在中国混合型医疗卫生体系中超越传统的二元对立的复杂性，以及审视实践中的治理及其不断演变和错综复杂的动态的重要性。这种混合治理模式既体现了历史的延续，又体现了在新时代背景下的不断创新与调整，为中国卫生治理提供了一种更为全面和灵活的理解。

---

① Elaine Jeffreys and Gary Sigley, "Governmentality, Governance and China", in Elaine Jeffreys, ed., *China's Governmentalities: Governing Change, Changing Government*, Routledge, 2009.

② David Bray and Elaine Jeffreys, "New Mentalities of Government in China: An Introduction", in David Bray and Elaine Jeffreys, eds., *New Mentalities of Government in China*, Routledge, 2016.

第五章　治理灵活性：
环境治理的中层角色与地方过程

走入丹江口水源地：环境保护背景下中国的农村治理与有机农业转型

赵　越

摘要：近年来，党中央、国务院鼓励大力发展有机农业，向可持续型农业迈进。其中，保护水源、控制水污染是这一国家计划的首要任务。丹江口水库是中国国家一级水源保护区，当地政府大力支持农业综合企业、合作社和大型农户参与有机农业。本文考察了丹江口水库周边乡镇官员创建有机生产示范镇的历程，尤其关注种植结构从谷物到果树的转变。同时，以 2019-2021 年的农场调查和深度访谈为依据，本文还涉及乡镇政府的策略和这一有机农业运动的社会影响——中国农村有机农业运动的推进与乡镇政府执行中央政策的自主性和灵活性有关。乡镇政府通过各种经验措施实现政治目标和自身利益，例如，捆绑农业专项和一般性扶持项目、吸引外部投资、正式与非正式的基层说服、调控项目财政等。本文有助于理解在加强水质保护的背景下，基层政府在自上而下的中央政策执行模式中的微妙作用与施动性角色，以及中央和地方政府之间的复杂互动。

第五章 治理灵活性：环境治理的中层角色与地方过程

引　言

中国政府将有机农业作为治理和控制主要水源地的水污染问题的方式之一。有机农业不允许使用化学品，被认为是提高现代农业可持续性的典范，同时可在世界范围内减少对环境的影响，尤其是持久性农药残留和硝酸盐造成的水污染。[①] 丹江口水库是南水北调中线工程的水源地，主要为北京、天津和其他城市提供饮用水。此外，为确保调水可直接用于生活用水，如饮用水和其他生活用水，中央政府提出了更高的要求：水源地的水质必须达到Ⅱ类地表水水质标准，即直接饮用水标准。因此，地方政府积极推行有机农业转型，同时鼓励农业综合企业、合作社和大型农户等新兴农业经营主体参与有机农业，以期在减少附近农场的农药和化肥径流对水源造成的污染的同时，也能促进当地农村经济发展和提高农民收入。因此，乡镇政府如何利用新型农业经营主体，促进有机农业发展，以实现中央水污染控制的目标值得进一步关注。

中央政府和地方政府之间关系和行政治理的基本特征包括以任务授权和目标分解为特征的行政事务层层递进，各级地方政府高度依赖自筹资金的财政安排，以及以结果为导向的评估和检查。[②] 这样的基层措施非常重视地方利益，并为地方可持续发展问题寻找适应性的解决方案，而这些解决方案可能并不总是与中央政府的优先事项相吻合。在"环境政策"方面尤其如此，中央政府更注重环境和社会目标，而将地方经济发展作为地方

[①] Paul Thiers, "From Grassroots Movement to State-coordinated Market Strategy: The Transformation of Organic Agriculture in China", *Environment and Planning C: Government and Policy*, Vol.20, No.3, 2002, pp. 357–373; Sasha Kramer et al., "Reduced Nitrate Leaching and Enhanced Denitrifier Activity and Efficiency in Organically Fertilized soils", *Proceedings of the National Academy of Sciences*, Vol.103, No.12, 2006, pp. 4522–4527.

[②] 周黎安：《行政发包制》，《社会》2014年第34期。

自身的主要任务。[①] 当上级命令与基层政府的工作重点相冲突时，基层官员不会完全刻板地执行上级命令，而是会选择利用正式和非正式的权力来灵活地实现中央政策的落地。[②]

淅川县作为南水北调中线工程的水源地而备受重视。中央政府提倡在该水源区进行"零污染"发展，减少所有化学投入品的使用。这是中央政府最严格的水污染控制要求之一，也是全国少有的。农业非点源污染是水污染的主要来源之一，比点源污染更难控制。面对强大的制度压力和刚性的水质目标，淅川县地方政府选择了有机农业作为控制农业非点源污染的解决方案，加快形成绿色生产方式，推动县域经济社会发展绿色转型。L镇政府也积极开展有机农业，把有机农业作为主导产业来发展，并进一步提出创建"有机农业示范镇"，推动全镇农地从种植粮食向种植果树过渡。

在文献研究中，学者对单一制国家更多关注的是官僚结构下国家的强势政府性和管理能力，而往往忽视了地方政府属地管理的自主性和灵活性。就中国而言，许多研究都指出了政策执行过程中中央政策与地方执行的一致性问题，然而针对乡镇政府官员——最基层的行政机构和国家政策的最终执行者——的行为研究较为有限。乡镇政府往往被视为县政府的派出机构或可持续政策实施的代理机构。这一观点是不完整和无力的。此外，对地方执行行为的研究大多集中于对环境保护政策的分析，很少涉及可持续农业。乡镇政府如何想方设法在农村地区推广有机农业仍是一个亟须研究的话题。因此，本文探讨在严格的水污染治理要求和上级行政压力下，乡镇政府如何通过发展有机农业来实现中央议程。

本文的论述过程如下。首先，本文回顾了关于政策执行和乡村治理的相关文献。其次，阐述了创建有机生产示范镇的背景和理由。再次，探讨了乡镇政府推进这一运动的路径和措施，明确了乡镇官员如何与外部投资

[①] Genia Kostka and William Hobbs, "Local Energy Efficiency Policy Implementation in China: Bridging the Gap between National Priorities and Local Interests", *The China Quarterly*, Vol.211, October 2012, pp. 765–785.

[②] Xueguang Zhou., "The Institutional Logic of Collusion Among Local Governments in China", *Modern China*, Vol.36, No.1, 2010, pp. 47–78.

者、当地村民和上级项目资源互动，在追求自身利益的同时推动中央政治议程。最后，本文讨论了乡镇政府执行中央政策中的主动性和灵活性，以及有机农业的社会影响。

一 文献综述：地方政府的政策执行

根据过往国际学术界对于中国的研究，在面对严峻的环境挑战时，中央政府会通过强大的自上而下的政府能力和行政控制，采用非参与式的公共政策制定和实施方式。① 就中国而言，地方参与者的激励机制在很大程度上是由上级政府决定的。囿于高度集中的人事制度，地方干部需要遵守其上级政府发布的环境命令，积极改善水污染控制和管理。② 然而，地方政府同时也被赋予自由裁量权和以属地管理为特征的参与权，以更可持续和有效的方式实现政策目标。③

中国地方政府在政策执行过程中的灵活性与能动性如何影响中央政府的政策效能是现有文献关注的重点之一。④ 当政策下达至各级行政机关和机构时，不同层级和不同地区的政策执行结果不尽相同。例如，在执行上级，尤其是中央政府的政策指令时，某些地方政府有时采取"上有政策，

---

① Bruce Gilley, "Authoritarian Environmentalism and China's Response to Climate Change", *Environmental Politics*, Vol.21, No.2, 2012, pp. 287–307.

② 荣敬本：《从压力型体制向民主合作体制的转变 县乡两级政治体制改革》，中央编译出版社1998年版。

③ Anna Lisa Ahlers et al., "'Authoritarian Resilience and Effective Policy Implementation in Contemporary China: A Local State Perspective (2015)'", Working Papers on East Asian Studies 99/2015, University of Duisburg-Essen, Institute of East Asian Studies IN-EAST,2015; Hongyi Lai, *China's Governance Model: Flexibility and Durability of Pragmatic Authoritarianism*, London: Routledge, 2016.

④ Yasheng Huang, "Why China Will Not Collapse", *Foreign Policy*, No.99, 1995, p. 54; Nahui Zhen et al., "How Coalitions of Multiple Actors Advance Policy in China: Ecological Agriculture at Danjiangkou", *Journal of Environmental Policy & Planning*, Vol.24, No.6, 2022, pp. 794–806.

下有对策"的策略，导致在政策落地过程中对中央政策设计初衷的偏离。①政策执行中的偏差或失败源于地方政府与中央政府关注的重点不同和地方层面的利益冲突。地方政府为了自身利益，有时会扭曲中央政府的政策的落地过程。②例如，地方政府往往将经济增长置于环境保护之上。③地方政府会根据中央奖惩制度的范围和重点，有选择性地执行环境政策。④更具体地说，因为中央政府为其他政策提供的激励会影响地方政府与实施环保政策相关的收益和机会成本。自上而下的激励机制和目标责任制被认为是导致地方政府部分和策略性地执行环保政策的驱动因素。⑤

学者对中国地方政府的执行偏差问题秉承不同观点。一方面，执行过程中的偏差被认为是地方政府在政策执行压力和社会治理责任两难选择下的权宜之计，包括采用象征性和选择性执行、非程序化乡村治理等。⑥在土地流转问题上，一些村干部被动员起来，通过一系列奖惩措施影响本地农民，为生产基地建设腾出用地；乡镇政府大多在目标责任制的压力下被动应对上级的指标性考核，或在制度设置的压力下通过地方权力和技术性

---

① 周雪光：《基层政府间的"共谋现象"——一个政府行为的制度逻辑》，《开放时代》2009 年第 12 期。

② Kevin Lo, "How Authoritarian is the Environmental Governance of China?", *Environmental Science and Policy*, Vol.54, 2015, pp. 152–159.

③ Benjamin Van Rooij, *Regulating Land and Pollution in China: Lawmaking, Compliance, and Enforcement: Theory and Cases*, Amsterdam University Press, 2006; Ran Ran, "Perverse Incentive Structure and Policy Implementation Gap in China's Local Environmental Politics", *Journal of Environmental Policy and Planning*, Vol.15, No.1, 2013, pp. 17–39.

④ Xiaoliang Li et al., "Authoritarian Environmentalism and Environmental Policy Implementation in China", *Resources, Conservation and Recycling*, Vol.145, 2019, pp. 86–93.

⑤ Genia Kostka and William Hobbs, "Local Energy Efficiency Policy Implementation in China: Bridging the Gap between National Priorities and Local Interests", *The China Quarterly*, Vol.211, October 2012, pp. 765–785.

⑥ Kevin J. O'Brien and Lianjiang Li, "Campaign Nostalgia in the Chinese Countryside", *Asian Survey*, Vol.39, No.3, 1999, pp. 375–393; Xiaoliang Li et al., "Authoritarian Environmentalism and Environmental Policy Implementation in China", *Resources, Conservation and Recycling*, Vol.145, 2019, pp. 86–93.

第五章　治理灵活性：环境治理的中层角色与地方过程

策略寻找生存和发展空间。① 另一方面，也有学者解释说，执行过程中的偏差是由地方政府的逐利行为所驱动的。关于利益驱动对地方政府行为影响的一些理论包括"地方国家公司主义"（local state corporatism）和"追求利润的政权经营者"（profit-seeking regime operators）。② 此外，政策执行的权力下放为乡镇政府创造了很大的自主权，使其可以通过解释中央政府的意志来追求地方利益。③ 在"乡财县管"的再分权趋势下，由于缺乏足够的直接财政支持，乡镇政府选择充分利用政策和资金开展治理活动。周飞舟提出了"运动式治理"，即乡镇政府在短期内集中人力、物力、财力，利用项目资金落实政策。④ 同时，一些乡镇政府投入精力积极争取项目资金，并进一步将经济发展意图"包装"为项目运作。⑤

还有学者认为，地方政府在解决实际问题时并不局限于国家话语。在国家政策的地方下沉过程中，地方政府依托其丰富的地方知识以及各种本土化的治理技术和策略，通过自身适应力的建构，因地制宜地完成上级政府的任务。乡镇政权的适应性特性源于中国行政管理体制的"上下分层治理"的特性，即"中央治官和地方治民"的结构，形成了分散执政风险和自发调节集权程度的两个机制，从而确保了经济持续发展和政治的长期稳定。例如，在环境治理中，地方政府通过自身的治民权，发展了许多适应于本土微观生态的地方政策，与中央政府的总体议程相契合，同时并建立

---

① 荣敬本：《从压力型体制向民主合作体制的转变：县乡两级政治体制改革》，中央编译出版社1998年版。

② Jian Zhang, "Reassessing the Role of the Local State: A Case Study of Local Government Interventions in Property Rights Reform in a Hangzhou District", *The China Journal*, Vol. 42, 1999, pp. 77–99; Peter B. Evans, *Embedded Autonomy: States and Industrial Transformation*, Princeton: Princeton University Press, 1995.

③ 饶静、叶敬忠：《税费改革背景下乡镇政权的"政权依附者"角色和行为分析》，《中国农村观察》2007年第4期。

④ 周飞舟：《财政资金的专项化及其问题兼论"项目治国"》，《社会》2012年第1期。

⑤ 冯猛：《后农业税费时代乡镇政府的项目包装行为：以东北特拉河镇为例》，《社会》2009年第4期。

自己的"绿色"声誉。① 在农业转型过程中，政府和乡村社会的正式和非正式关系资源在降低新型农业经营主体与小农户打交道的组织成本、维护新型农业经营主体与小农户之间契约关系的稳定性方面发挥着非常重要的作用。② 地方官员的"复合权力技术"更适用于处理特别困难的治理任务。在涉及拆迁争端的问题上，通过"奖惩并重"和"正式与非正式"的各类措施，基层政府、村干部在与农户一对一的互动中构建了一个特定的虚拟关系情境，用以推动农户的合作行为。③ 通过这种方式，乡镇政府利用一定的地方自主权对政策目标进行适当调整，以应对新的挑战，提高其系统的运作能力。

二 研究地区和研究方法

本文的调研地区是位于河南省西南部、隶属于南阳市的淅川县。本文调查重点是L镇，下辖21个行政村，总人口为23900人。它位于南水北调中线工程核心水源区，丹江口水库沿线，是山区、库区、移民区和国家级贫困县（2020年淅川退出贫困县序列）。

本文利用了2019年7月和2020年10月对农民、农业企业和合作社管理人员以及村、乡镇和县级地方政府官员进行的半结构化访谈和二手资料收集。受访者包括来自L镇8个村的20名村民；2名农业企业管理人员和4名合作社管理人员；15名受访者分别来自8个村委会、L镇以及县级政府办公室（林业局、农业农村局、水库移民局、环境保护局和史志办公室）。每次访谈前均征得参与者的口头同意。收集的二手资料包括政府和农业企业文件、媒体报道以及河南省淅川县、南阳市和国家水利水电工程局的年鉴等。

---

① Yuwai Li et al., "The Local Environmental State in China: A Study of County-level Cities in Suzhou", *The China Quarterly*, Vol. 205, 2011, pp. 115–132.
② 张建、雷席莹：《关系嵌入与合约治理——理解小农户与新型农业经营主体关系的一个视角》，《南京农业大学学报》2019年第1期。
③ 孙立平、郭于华：《"软硬兼施"：正式权力非正式运作的过程分析——华北B镇收粮的个案研究》，《清华社会学评论》2000年第21期。

三 发现

(一) 有机生产示范镇的提出

水污染已成为中国乡镇政府与社会面临的突出问题。国家水利部门对南水北调中线水源地水质保护工作十分重视。此外，中央政策中多次提到要促进有机农业的发展，以减少水源区的农村和农业污染。对此，淅川县政府提出了"生态立县"的发展战略，强调发展绿色农业产业，鼓励将水果产业作为该地区的主导产业。乡镇政府面对中央对水污染控制的刚性要求和县政府的绿色发展战略，开始转变农业发展战略，提出建设"有机生产示范镇"。因为小麦和玉米等主粮作物被认为是污染性作物，会导致水体中氮和磷的负荷增加，乡镇政府开始鼓励减少化肥和农药的使用，种植果树代替传统作物。

此外，作为基层政府，乡镇政府面临着多重制度政治压力和经济利益需求。在研究区，L镇政府一方面需要执行中央政府的行政命令，解决水污染问题，水源区的水质是其政绩考核的重要指标；另一方面，乡镇政府作为政策的直接执行者，其治理行为受到政治与财政的双重激励。中国的干部人事管理制度强调地方干部在经济发展中的表现，因此，地方干部有强烈的动机发展地方经济以获得个人晋升。[1] 农业产业化往往被县政府放到年度考核的重要位置。淅川当地经济发展长期受到水污染控制政策的限制，"有水不能渔，有山不能牧，有矿不能开"，脱贫难度大，地方政府认为只有抓产业才能促脱贫。此外，分税制改革后，中国的乡镇政府被称为"悬浮型"和"依附型"政府，即乡镇政府成为了县政府的派出机构，高

---

[1] 周黎安：《行政发包制》，《社会》2014年第34期。

度依赖上级项目资金安排。① 因此，项目导向治理逐渐成为乡镇政府促进农业生产和地方经济发展的重要手段。② 来自中央的水污染可控制要求、上级政府的考核压力，地方经济发展以及个人政治晋升的需要，促进 L 镇政府谋求对发展模式的转变。

另外，一个更实际的考虑则是，相对于分散的小规模农户家庭生产来说，扶持新型农业经营主体，建设大规模有机生产基地，镇政府官员可以更容易地管理大规模农业经营主体，与少数大型农场打交道也更容易、更有优势。此外，鉴于 L 镇地处山区，高价值的果树产业被认为比种植谷物更具经济效益。"当地农田并不平坦肥沃，种植农作物无法实现高产丰收。种植果树通常不会像种植小麦那样使用大量的尿素和碳酸氢铵化肥"，一位乡镇干部说。在考察了附近水果产业发展比较成功的乡镇后，L 镇政府决定在全镇大规模种植果树。因此，在 L 镇政府的推动下，有机生产产业逐渐发展壮大，从几个村发展成为全镇的重点产业。在镇政府的扶持下，大规模农业生产者转化为促进有机生产的载体，带动小农户转变生产方式，促进了地方经济发展，增加了当地农民就业机会。

根据 L 镇建设有机生产示范镇的设想，有机果树产业将成为全镇的支柱性产业，通过招商引资发展农业企业建设基地，推动有机农业生产。在没有企业参与的村子，政府鼓励培育由村干部带头的合作社，以发展大规模果树种植。政府计划集全镇之力，发展全域果树种植基地，取代之前的传统作物种植，实现规模化的有机农业转型。进而吸引更多资本和争取更多财政，并在地方锦标赛的竞争环境中脱颖而出。近几年来，L 镇通过培育农企、合作社和种植大户发展果树种植产业，流转土地 2200 余亩，形成了覆盖全镇约 80% 土地的果树产业基地。

---

① 周飞舟：《财政资金的专项化及其问题兼论"项目治国"》，《社会》2012 年第 1 期；Jiajian Chen, "The Project System and the Mobilization of Basic Level Governments: A Sociological Study of the Project-oriented Operation of Social Management", *Social Sciences in China*, Vol.34, No.3, 2013, pp. 39–57。

② 付伟、焦长权：《"协调型"政权：项目制运作下的乡镇政府》，《社会学研究》2015 年第 2 期。

（二）建设有机生产示范基地的路径和措施

1. 吸引外资、发展农企

招商引资是地方政府年度绩效考核项目之一。在 2020 年 L 镇政府工作会议上，政府提出"引进 1 家投资 3000 万元以上的企业，3 家投资 1000 万元以上的企业"的目标。与此同时，地方政府认为小规模农户面临着农业知识欠缺、农业技术和产出销售方面的困难，而吸引大规模农业企业不仅可以促进当地经济发展，还可以让农民参与高价值作物种植和销售市场。例如，L 镇年度报告认为："对农业企业在生产基地建设、生产设施、信贷支持、资金扶持等方面给予林业补贴；积极整合农业、林业、水利、交通等项目资金，捆绑使用，集中投入，做到项目跟着基地走，服务跟着产业走。在企业选址上给予土地优惠，在税收上给予减税政策。农业企业享受国家扶贫再贷款等优惠政策，解决发展资金问题，当地政府负责完善道路建设、水肥配套等。"

为吸引外部投资促进农业发展，当地政府利用各种优惠政策和资源促进外来农企的落地发展。当地政府对 R 公司提供覆盖多个产业链多元化的支持（参见表1），包括土地准入、优惠政策、基础设施建设、仓储、加工、营销、乡村旅游推广等。具体来说，在生产基地建设、生产设施、贷款支持、金融支持等方面为农业企业提供林业补贴；给予税收减免政策；地方政府还帮助企业完善园区道路建设、水肥设施配套等。

事实上，当地政府整合了不同部门（如农业、林业、水利、扶贫、交通等）的项目资金，打包使用，重点帮助企业开展规模化有机生产基地建设。例如，地方政府将淅川—北京对口协作项目资金用于支持 R 公司园区道路建设，便于与外部市场联系；此外，由于 R 公司大规模种植果树，得到林业部门的支持最多，每年都有补贴。例如，根据 2017 年淅川县政府发布的《淅川县林果产业管理补助办法》，对新栽果树连片面积 100 亩以上的，每亩给予 300 元的一次性补助。R 公司还享受了来自国家扶贫项目的优惠贷款政策，解决了发展资金问题。

表 1　　2016—2020 年地方政府对 R 公司农业生产的支持

年份	地方政府支持	上级政府项目	地方对应机构
2016	9 公里园区道路硬化	淅川－北京对口协作	北京市支援合作办公室
	扶贫资金（贫困户每户5000元）	产业扶贫	淅川县扶贫开发办公室
	企业启动资金（120万元）	发展集体经济专项资金	淅川县财政局
	税收减免		
2017	灌溉设施、水利设施、电力设施	林业补贴项目	淅川县林业局
2018—2020	种植果树补贴（300元/亩）	林果产业项目	
2017	冷库（政府投资500万元建设，租给企业使用）	"丹水北运"项目	中国平煤神马集团
2018—2020	有机肥及补贴	"果菜茶"有机肥替代化肥项目	淅川县农业局
2019	新产品开发（50万元）	科技创新奖励	淅川县科学技术协会

资料来源：通过与 R 公司经理的访谈和官方文件汇编获得。

经过与乡政府协商，该农企在 L 镇正式成立。企业采取"公司＋生产基地＋农户"的生产模式。在这种模式下，企业建立了一个高水平的有机软籽石榴标准生产基地，招募农民到生产基地务工。企业主要负责提供投入品、加工和销售、有机认证安排等。政府期望企业将小农户纳入现代农业生产，并进行规模化、产业化有机生产。因此，当地政府积极培育农业企业的发展，以带动小农户，取代原有传统的小规模农业种植。

2. 动员农民流转土地

外来企业的大规模农业生产面临许多现实制约，如集体所有制和农民耕地分散问题。[①] 基于以家庭联产承包责任制为基础的土地使用权制度，村民个人拥有土地承包权和土地使用权，可以将土地出租、转包、交换或

---

① Forrest Zhang, Q., and John A. Donaldson, "From Peasants to Farmers: Peasant Differentiation, Labor Regimes, and Land-rights Institutions in China's Agrarian Transition", *Politics & Society*, Vol.38, No.4, 2010, pp. 458–489.

转让给他人，而无须"出售"土地。对于企业主来说，获得土地的真正困难在于土地流转。

乡镇政府在土地流转运动中扮演着重要角色。它是"协调"小农与土地流转投资者之间事务的主要机构。[①] 镇政府和 R 公司的投资者就土地流转问题达成了初步协议，镇政府充当了中间人的角色。作为谈判的中间协调方，一方面，镇政府代表村民与企业就土地流转和流转价格进行谈判；另一方面，镇政府负责说服村民流转土地，避免村民个人与企业之间可能出现的纠纷。在土地流转的动员过程中，乡镇干部利用各种资源动员农民，以尽可能地解决土地流转问题。此外，乡镇政府也帮助企业向上级主管部门申请用地审批，并为获得劳动力资源提供便利。最终，95% 以上的农民同意在一个月内将土地流转给公司。

村干部是村民与政府之间的桥梁和纽带，因此村干部的协助对于乡政府实施土地流转至关重要。为了争取村干部的支持，乡镇干部组织村干部到种植软籽石榴比较成功的农场参观学习。随后，村委会召开会议，通知并鼓励村民小组组长和其他党员带头进行土地流转，并要求他们说服小组成员进行土地流转。由此，村里有影响力的干部都被动员起来加入这一政策落地进程。

无论是动用社会网络、施加压力还是经济激励，地方政府官员在实现农业规模化的过程中都表现出了至关重要的说服能力。[②] 首先，村干部通过解释利害关系来说服村民，强调土地使用权的转让不会威胁到村民的利益。例如，他们说服村民将土地流转给企业可以获得"一地生三金"的好处：村民可以获得土地租金，在企业工作可以获得劳动报酬，将扶贫项目补贴投入企业可以获得分红。"无论旱涝，农民都有了更稳定的生活来源。他

---

① Paul Rye Kledal and Tuerxunbieke Sulitang, "The Organization of Organic Vegetable Supply Chains in China-Flexible Property Rights and Different Regimes of Smallholder Inclusion", No. 691, European Association of Agricultural Economists (EAAE), 106th Seminar,, October 25-27, 2007, Montpellier, France.

② 孙立平、郭于华:《"软硬兼施":正式权力非正式运作的过程分析——华北 B 镇收粮的个案研究》,《清华社会学评论》2000 年第 21 期。

们还可以选择外出打工，获得更高的收入"，X 村村主任王先生说。地方政府还利用农村社会的人情、关系等传统资源来降低村民的抵触情绪。正如 Y 村村主任所说："不愿意流转的村民往往年龄较大或拥有较多土地。我们村干部在村里有威信，老百姓一般都会给这个面子，何况他们有时也需要我们的帮助。"一位村民说："当在当地担任村干部的亲戚、朋友来劝说我时，我不好意思拒绝，因为如果我拒绝了，他们的仕途可能会受到影响。"

为了进一步调动村民的积极性，乡镇和村级干部采取了"先易后难，难户上报"的原则。"先易后难，难户上报"是村干部执行政治任务时的常用方法，即先处理容易的问题，再处理困难的问题，如果有解决不了的问题，就上报上级乡镇政府。对于非常棘手的问题，则由乡镇干部来处理。例如，一位乡镇干部说，有一个村民小组拒绝流转土地，并提出了夸张的合作条件：每亩地每年地租 3000 元，一次性支付 30 年，而事实上企业给定的条件是每亩地每年地租 500 元，逐年支付。他找到了曾担任村民小组组长的老组长。这位干部向老组长承诺，只要他配合，就帮他解决家里的一切困难，还向他介绍了国家的农业政策和土地流转的优势，"如果没有国家补贴，种粮食就赚不到钱了，因为进口粮食的价格要低得多。现在国家积极促进多种形式的土地流转，将农民从土地束缚中解放出来，让农民获得土地租金和劳动收入"。这位干部还补充道："会谈结束后，老组长留我一同吃午饭，但午饭期间，一只鸡跑到餐桌上，鸡毛掉进了盘子里。老组长为此感到非常尴尬和抱歉，但我并不介意，继续吃饭。最后，老组长被感动了，在协议上签了字。这群人中的其他人也跟着老组长签了字。"因此，镇政府干部强大的说服力或许来自他们对乡村社会关系的熟悉、国家话语的本地化运用，以及张弛有度的思路。

乡镇政府和村干部利用传统的乡村资源和社会关系、国家话语、个人魅力和其他非正式的权力运作来动员村民完成土地流转的目标。虽然 R 公司的土地流转只是一个个案，但类似的地方政府与村民之间的社会问题在中国并不少见，乡镇政府的政策执行行为往往既正式又灵活。

第五章　治理灵活性：环境治理的中层角色与地方过程

3. 利用内部资源发展合作社

合作社是推动农民发展有机农业的重要载体之一。在 L 镇，考虑到外部投资有限，受农企有机生产模式的启发，镇政府开始利用内部资源和项目资金，鼓励村干部带头在本村组建合作社，种植杏李。合作社的组建是由村干部担任合作社负责人，通过土地流转，建立起规模化的果树生产基地。2020 年，已有 17 个村成立了杏李合作社。农民合作社为小农户提供有机种植的生产、技术、销售和认证服务，促进有机生产技术标准化和市场化调整。此外，合作社与小农户建立起稳定的利益联结机制，销售利润农户与合作社按 7∶3 分成，即农户得 70%，合作社得 30%。

为了利用上级政府提供的项目资金，镇政府将合作社有机产业化生产与中央政策结合起来。地方政府发展经济的主要资金来源是上级专项资金，而有机农业与水污染治理政策、脱贫攻坚和乡村振兴等其他国家重视的发展方向密切相关。

通过设计项目，乡镇政府可以同时达到多个项目目标，多方争取上级项目资金，用于发展地方议程。例如，2011 年，Z 村党支部书记发展村集体合作社，在荒山上种植了 80 亩果树"太阳杏"；2016 年，国家出台扶持村集体经济发展政策，拨付资金 120 万元，省、市、县三级政府配套资金有 12 万元。因此，乡政府以发展村集体合作社的名义帮助 Z 村争取到了项目资金。同样，镇政府利用发展水果产业的优势，获得了县政府的"水果产业补贴"；通过有机水果生产的名义，获得了农业局的"有机肥替代化肥项目"资金；通过为贫困户提供工作机会，获得了相关扶贫项目资金。

与农企类似，镇政府将项目资金捆绑，将农业方面的其他项目投入到合作社的有机生产领域。例如，在丹江口水库移民基础设施扶持项目中的水果交易市场，在消费扶贫项目中的政府机构、高校等合作平台帮助村民销售产品。就这样，镇政府聚集并投入了大量项目资金，转向支持合作社的有机生产。表 2 显示了乡镇在合作社发展中的项目资金使用情况。

表2　　　　　　　　　地方政府对合作社农业生产的支持

合作社组建	地方政府支持	上级政府项目	地方相关机构
生产组织	村集体	发展村集体经济	财政办公室
劳动力安排	扶贫资金，贫困户每户5000元	扶贫产业发展	扶贫开发办公室
有机肥	有机肥及补贴	"果菜茶"有机肥替代化肥项目	农业局
有机肥	产业补贴	水果产业补贴	农业局
果树种苗	免费提供果树树苗	造林绿化项目	林业局
营销	销售合作平台	消费扶贫	扶贫开发办公室
生产销售	水肥一体化设施、冷库、道路水利建设、水果交易市场	移民基础设施配套	移民局
有机认证	有机认证奖	标准化生产项目	质量监督管理局

资料来源：笔者通过采访乡镇干部获得。

通过灵活运用项目资金，乡镇在可持续发展的前提下促进了地方经济的发展，也在政治晋升中实现了地方官员的事业目标。近年来，中央财政下拨了大量专项资金支持地方现代农业发展，L镇抓住机遇，结合自身环境和地理优势，设立或组合各种发展名目以争取上级的项目资金。他们整合项目资金用于重点任务，发展果树种植产业，形成有机生产示范镇。这有助于进一步在更多省级和国家级大型项目的遴选中获得竞争优势。L镇也在规划利用已有的产业基地基础，创建和申报"现代农业示范基地""省级生态镇"等项目。因此，镇政府利用自上而下的项目资源，打造地方经济的典型和特色，从而获取更多专项资金支持和创造地方政绩。

(三) 对小农户的社会影响

农企与合作社通过雇用当地劳动力增加了本地就业机会，但村民的就业机会并不平等。在调研中，有村干部称，村民参与新的规模化有机生产模式后，可以从农田中获得三种收入（土地租金、劳动工资和销售红利）。然而，并非所有村民都能够从这一安排中获益。例如，那些拒绝将土地流转给农企的村民可能不会获得进入企业工作的机会，尽管这可能正是村干部调动村民积极性的一种方式,即积极配合流转会被企业优先雇佣。事实上,被认定为贫困户的农户会被作为增加就业机会的主要考虑人选。合作社只能雇用贫困户管理水果生产,因为这是合作社获得扶贫项目资金的途径之一。考虑到农企的卫生条件和务工效率,70岁以上的老年村民也不能到农企基地工作,而中年和年轻农民获得工作的机会较多。此外,生产基地上的务工机会是季节性的,主要集中在每年的3月至8月,缺乏长期稳定的工作机会。由于这些工作机会和工作时间有限,大多数村民只能获得三种收入中较低的土地租金。因此很多村民宁愿退出土地流转,他们认为低廉的地租并不能保证他们全年的生活,但只要有一块农田,他们就可以自给自足。

此外,国家项目资源和地方奖励政策的分配都向规模生产者倾斜。以农业产业为支持主体的政府支农资源逐渐以土地规模为标识,农业补贴明确向规模生产者倾斜。在联动效应下,与农业相关的项目和补贴集中在农村地区的"社会精英"中。例如,国家项目"果菜茶"有机肥替代化肥项目,包括2000万元配套资金,主要针对石榴种植企业和L镇的种植大户,而小农户没有得到有机生产补贴。淅川县从2018—2020年连续三年的"果业补贴项目"主要针对集中连片面积100亩以上的规模农户等,且补贴力度非常大,每亩一次性补贴300元,其中生物有机肥200元,乡镇管理费100元。通过访谈得知,当地农民得到的补助多是一般农业项目的好处,项目数量少且补助低。此外,县政府推出的有机认证奖励政策要求在申请奖励前必须获得认证证书。10%的小农户不情愿地将农作物改为果树。但由于他们居住分散,无力承担认证费用,被排除在有机认证和认证奖励之外。因此,小农户在有机生产相关重点项目补助分配中被边缘化了。这些不平等与精英化问题是目前有机农业转型过程中的主要衍生问题,也需要我们对此设计进一步的应对方案,实现针对治理衍生问题的"再治理"。

四 讨论

本文研究了中国乡镇政府在上级政府硬性目标、多重政治任务和内部绩效控制等因素影响下，在地方资源匮乏和权力有限的条件下，如何结合自身情况与发展需求响应中央关于环境保护与农业转型的国家议程。本文发现，L镇镇政府的应对方法是建设"有机生产示范镇"，即政府鼓励和支持农业企业、合作社和大型农户管理分散的土地，统一将乡镇全域农地从种植粮食改为种植果树。一方面，果树产业被认为比传统的粮食作物需要的化肥更少，市场价格更高；另一方面，全镇统一的规模化果树种植比成千上万分散的小农户种植更容易管理。这样一来，既能完成水污染治理任务，又能带动地方经济发展，还能提高地方政府政绩。为此，乡镇政府大力调整生产结构，调动农民积极性，以发挥资源优势并赢得政绩。

乡镇政府是政策的最终执行者，对有机农业的实施起着关键推动的作用。他们是县级政府和村社组织的纽带，也是小农户与现代农业发展相衔接的引导者。乡镇政府行政人员建设有机生产示范镇的灵活策略体现在多个方面：首先，为吸引外部投资，他们通过提供多元化的支持和土地使用权保障来争取资本合作；为了确保土地流转的顺利推进，他们通过正式和非正式的措施来动员村民，包括获得村干部的支持、利用乡村社会关系网络、与村民的利益交换和政策话语的地方转化。其次，为了最大可能地获取上级专项资金支持，他们通过设立项目，利用已经具备一定基础的生产基地，将国家意志与地方实际联系起来；同时，整合分散的项目资金，集中投入到重点项目建设，快速形成本地的竞争优势，同时也使地方干部在政治晋升中受益。最后，乡镇政府通过灵活的措施和政治博弈，极大地拓展了其自治空间，实现了减少水污染和有机农业转型的行政任务，也创造了地方政绩，缓解了经济困境。

通过建设有机生产乡镇，实现了减少水污染、促进农业规模经营的政治任务。同时，通过规模化生产模式将村民纳入利益机制，拓宽了村民增收渠道。然而，也必须认识到，对于一个经济发展水平不那么高的传统粮食种植区来说，鼓励乡镇全域将传统粮食转化为有机果树种植，这种农业转型方式简单直接，但可能会引发非预期性问题。由于小规模农户对传统作物种植存在路径依赖，因此，整个乡镇快速转型从事水果生产可能增加经济与社会风险。传统农业被认为是小农的安全网，大量农民离开传统农业将会加剧农业的脆弱性。从社会影响方面来看，政府的项目资金支持，包括有机认证、有机肥补贴和替代性病虫害防治，都偏向于大型生产商。因此，小规模农户被排除在有机认证之外，在有机种植过程中往往被边缘化。此外，各类资本和大型经营者的进入会导致粮地边缘化，会影响那些依靠传统农业自给自足的小规模农户，加深了农村地区内部的分化。

此外，中国税制改革后，取消了农业税，乡镇面临财政困难，增收后劲不足，乡镇机构也被缩减。[①] 全镇发展有机果树生产的雄心壮志，使L镇面临巨大的资金缺口。由于中央政府对政策的性质往往是宽泛与方向性的，政策执行的实际情况很大程度上依靠地方官员的解读和行为选择。而且，中央政府与地方政府之间的信息不对称，导致中央政府无法全面监督地方政府的活动。同时，虽然地方政府的绩效要接受上级政府的评估，但评估更注重结果，而不关注过程，在某种程度上使地方政府更加关注农业模式的浅层改变，例如只改变农民的种植品种。因此，体制结构和财政资源的限制以及政策评估对过程的忽视，可能会导致某些乡镇干部在执行政策的过程中为了获得尽可能多的上级财政支持而隐瞒或操纵某些信息的行为。

本书从乡镇政府的视角出发，探索其在政策执行和乡村治理中的行为逻辑，有助于理解在严格的水污染控制背景下，中央和地方政府的互动关系。西方学者研究中国中央和地方关系和政策执行过程往往聚焦于自上而下的决策和政府能力[②]、在环境问题上中央和地方政策的一致性问题[③]以及

[①] 饶静、叶敬忠：《税费改革背景下乡镇政权的"政权依附者"角色和行为分析》，《中国农村观察》2007年第4期。

[②] Genia Kostka, "Command without Control: The Case of China's Environmental Target System", *Regulation and Governance*, Vol. 10, No. 1, 2016, pp. 58–74.

[③] Lieberthal, Kenneth G., and David M. Lampton, eds., *Bureaucracy, Politics, and Decision Making in Post-Mao China*, California: University of California Press, 2018; Yasheng Huang, "Why China will not Collapse", *Foreign Policy*, No.99, 1995, p. 54.

农村政治和权力再集中①。在中国，向有机农业的转化是由自上而下的政府干预推动的。政策执行过程中，中央政府可能会优先关注水污染控制，但其他参与主体也会结合自身利益，形成最终的综合性政策影响。淅川县政府选择了有机产业作为解决方案，同时培育农业企业、合作社和其他规模种植者进行有机认证，以实现不同的政治目标，包括水资源保护、扶贫、移民安置支持和地方经济发展。淅川县的案例表明，面对水污染治理的刚性目标和乡村振兴以及内部绩效评估等多重政治任务，乡镇政府采取了各种策略，集中全力，利用各种资源建设有机示范乡镇。他们在人财物薄弱的情况下，在撬动外部资金、动员内部资源、灵活操作上级资金等方面发挥了积极作用。本文的发现表明地方政府不只是等级制度中被动的政策执行者；相反，在新一轮的权力再集中调整过程中，地方政府在塑造自上而下的政策执行过程中表现出了灵活性，加强了地方政府在执行中央政策时表现出灵活性的论点。②因此，本文的研究有助于理解农村治理过程中自上而下的政策控制、地方响应与合作机制的复杂性。

结　　语

本文通过 L 镇政府的个案分析，展示了在权威压力体制下，乡镇政府面对硬性指标、上级压力和政绩考核的同时，如何获取与整合资源，实现多层发展目标。本文揭示了乡镇政府在政策执行过程中通过发挥主观能动

---

① Genia Kostka and Jonas Nahm, "Central–local Relations: Recentralization and Environmental Governance in China", *The China Quarterly*, Vol. 231, 2017, pp. 567–582; Jun Yang et al., "Why China's Re-centralisation Emerges in the Age of Globalisation?", *China Report*, Vol.57, No.1, 2021, pp. 40–56.

② Anna Lisa Ahlers et al., "'Authoritarian Resilience' and Effective Policy Implementation in Contemporary China: A Local State Perspective (2015)", Working Papers on East Asian Studies 99/2015, University of Duisburg-Essen, Institute of East Asian Studies IN-EAST, 2015; Nahui Zhen et al., "How Coalitions of Multiple Actors Advance Policy in China: Ecological Agriculture at Danjiangkou", *Journal of Environmental Policy & Planning*, Vol.24, No.1, 2022, pp. 794–806.

第五章　治理灵活性：环境治理的中层角色与地方过程

性，极大拓展了自主空间，以达到满足上级指令，解决自己财政困境，改善自己生存处境的目的。

无论是为了完成严格的水污染控制目标，还是在上级财政政策的刺激下，或者仅仅是为了寻求自身利益，地方政府在执行自上而下的政策时表现出灵活性。乡镇政府借助有机农业产业发展，动用社会资源和资金财政，间接实现减少农业水污染的目标。为了推动当地有机农业的发展，地方官员努力吸引外部资金投入，说服村民参加土地流转，整合多种政策支持，将地方重点事项对应中央政策导向，灵活申报资金项目，调整重构经费拨款。本文的研究有助于更好地理解农业实践变革的中国方略及其特色，有利于更深入地阐释乡镇政府在政策实施方面的灵活性和局限性。同时，本文也就中国农村的复杂政治、有机农业转型以及小农户边缘化等治理过程中出现的问题提出了新的见解。

地方化协调：中国地方水污染治理中的河长工作机制探究

陈郁宗

摘要：2017年开始在全国范围内推行的河长制是一种极具中国特色的水域管理制度，它规定由各级党政负责同志担任河长，负责治理水域污染。过去十年间，中国水域生态环境恶化，形势严峻。在此背景下，河长制的实行体现了中国政府在治理水污染方面的决心。现有文献主要关注的是河长制实行后组织机构的调整，宏观的政策实施及其背后产生的理论逻辑，但在地方如何具体实施河长制，尤其是对河长如何治理水污染等问题的实际过程仍缺乏深入的研究。本文旨在揭示地方层面水污染治理工作中的河长工作机制，借助对华南地区的县/区级河长群体的访谈，考察河长与其部门以及上下级之间的互动，以揭示政府内部关于河道治理的工作机制。对河长机制自下而上的分析视野有助于更好地了解中国治理在基层的创新实验以及实施情况。

引　言

环境问题无疑是新时代中国治理的新挑战。中国的水环境曾一度面临危机，随着城市化率的提升，在人口增长的压力下，许多地方河流曾经受到了严重的污染，许多群众在社交媒体上表达了自己的担忧。对此，各地政府也曾推行过不少举措，但都因收效甚微而不了了之。近年来，中国的水环境得到显著的改善，这表明中国政府在应对水环境污染的问题上采取了有效措施。根据生态环境部发布的《2020中国生态环境状况公报》，全国范围内的劣Ⅴ类水体的占比持续减少，越来越多的河流湖泊的水体评级达到了Ⅲ类及以上。①

在如何理解中国水环境治理模式的问题上，有学者提出了环境权威主义的概念并得到了许多同行的支持。环境权威主义一词最早是相对于环境民主主义而言的，环境民主主义旨在维护环境治理过程中的个人权利和市场的开放性，强调以个人的权利和社会的权力制约国家的权力。环境民主主义的反对者们则认为如果缺少中央政府的宏观调控和强制性手段，个人在行动过程中会破坏环境，甚至引发危机。②他们认为政府治理环境是为了回应人民的抗议，社会的稳定压倒一切。所以在以往的治理过程中政府往往崇尚"速效逻辑"，选择简单快捷的处理办法，常常采用"一刀切"的方式达成目标。③这种方法虽然收效显著，但往往代价巨大且不可持续。④

本文认为把中国的环境治理理解成环境权威主义是片面的。环境权威主义是一种静态的，宏观的描述，而中国在应对环境问题时政府的措施是动态的，并且在微观上呈现多元治理的特点。⑤只有在动态的、微观的视角下，才能观察到治理实践中具体的政策实施情况。正如一些学者所说，

---

① 《2022 中国生态环境状况公报》，中华人民共和国生态环境部，https://www.mee.gov.cn/hjzl/sthjzk/zghjzkgb/202305/P020230529570623593284.pdf.

② Beeson, M., "The Coming of Environmental Authoritarianism", *Environmental Politics*, Vol.19, No.2, 2010, pp. 276–294; 冉冉：《政体类型与环境治理绩效：环境政治学的比较研究》，《国外理论动态》2014 年第 5 期。

③ Kostka, G., & Zhang, C., "Tightening the Grip: Environmental Governance under Xi Jinping", *Environmental Politics*, Vol.27, No.5, pp. 769–781.

④ Gilley, B., "Authoritarian Environmentalism and China's Response to Climate Change", *Environmental Politics*, Vol.21, No.2, pp. 287–307.

⑤ Ahlers, A. L., and Shen, Y., "Breathe Easy? Local Nuances of Authoritarian Environmentalism in China's Battle against Air Pollution", *The China Quarterly*, Vol.234, 2018, pp. 299–319; Lo, K., "Authoritarian Environmentalism, Just Transition, and the Tension between Environmental Protection and Social Justice in China's Forestry Reform", *Forest Policy and Economics*, Vol.131, Issue C, 2021.

地方在理解和实施中央政策的过程中是有选择性的。①

这里涉及一个问题，那就是当我们讨论中国的环境治理问题时，是否需要将民主或是权威的范式带进来呢？以上关于中国环境治理模式的解读和讨论的目的将新时代的中国在处理各种新问题时的行为特点进行了一个概念化的总结，归纳出新时代中国治理模式的核心，不是简单地对中国的治理模式贴上"民主"或是"威权"的标签。

正如现有文献所揭示的那样，要谈论中国的环境治理，绕不开的一点就是运动式治理的模式。对环境的运动式治理，是中国政府应对日常环境治理工作不力采取的补救措施。②地方党政领导成立临时工作组，在政府部门内强调环境整治工作的重要性，提升部门协同能力，消除部门间的信息不对称，力争在短时间内解决环境问题。③运动式治理被证实在短期内是有效的，但治理成本高昂，面临着可持续性的问题。④

以周雪光为代表的学者对中国运动式治理的模式进行了分析，他们归纳出运动式本质其实是党政领导在常规型治理机制失效后启用的一种针对特定目标的、暂时性的"政治动员"，以期打破日常科层制中的部门壁垒，提升治理效果。⑤

---

① Zhou, X., and Lian, H., "'Modes of Governance in the Chinese Bureaucracy: A 'Control Rights' Theory", *The China Journal*, Vol.84, 2020, pp. 51–75.

② Pan, F., Xu, J., & Xue, L., "Beyond the Campaign-style Enforcement: A Consensual Approach to Bridge the Environmental Policy Implementation Gap", *Environmental Policy and Governance*, Vol.33, No.4, 2022, pp. 374–385.

③ Kostka, G., & Zhang, C., "Tightening the Grip: Environmental Governance under Xi Jinping", *Environmental Politics*, Vol.27, No.5, pp. 769–781; Van Rooij, B., "The Campaign Enforcement Style: Chinese Practice in Context and Comparison", in *Comparative Law and Regulation*, Edward Elgar Publishing, pp. 217–237.

④ Jia, K., & Chen, S., "Could Campaign-style Enforcement Improve Environmental Performance? Evidence from China's Central Environmental Protection Inspection", *Journal of Environmental Management*, Vol.245, pp. 282–290.

⑤ 周雪光：《运动型治理机制：中国国家治理的制度逻辑再思考》，《开放时代》2012年第9期。

第五章　治理灵活性：环境治理的中层角色与地方过程

一　河长制是什么？

河长制是一个地方经验在全国推广扩散的典型例子。其最早是 2003 年江苏省无锡市在治理太湖蓝藻时的官僚组织制度，在经历数轮地方试点后，于 2017 年年底在全国得到推广，成为河流治理的一项正式制度。截至 2022 年 9 月，全国范围内大约有 120 万名河长，基本实现了每条河流、每个河段都有河长负责和监督的目标。所谓河长制，就是由省、市、县（区）、乡镇（街道）的主要党政负责人担任河长，分级分段负责落实、统筹和协调自己辖区内的河流、湖泊的治理和保护工作。根据中共中央办公厅、国务院办公厅于 2016 年 12 月 11 日联合印发的《关于全面推行河长制的意见》，河长们的工作主要包括六大部分：水资源保护、河湖水域岸线保护和管理、水污染防治、水环境治理、水生态修复和河流执法监督。① 河长们上任履职，完成上级下达的治理目标，上级部门每年都会考核他们的综合绩效，实行一票问责制和一票否决制，以此决定他们是否有升迁的机会。②

河长制和以往的河湖保护制度最大的区别就是明确了责任主体。在之前的河湖管理制度下，各个部门的职能高度交叉，各个部门的职责都只涉及水环境治理工作的一部分，彼此之间的分工不够明确，没有清晰的权责边界；而河流治理工作中某一问题的解决往往涉及好几个部门，比如工业用水就同时涉及环境部门和水利部门，导致了"水利不上岸，环保不下水"的现象，各个部门都负责水环境治理，各自为政，协调困难，在问题出现

---

① 《关于全面推行河长制的意见》，广东省水利厅，2017 年 4 月 27 日，http://slt.gd.gov.cn/zcwj9049/content/post_909027.html。

② Li, J., Shi, X., Wu, H., & Liu, L., "Trade-off between Economic Development and Environmental Governance in China: An Analysis Based on the Effect of River Chief System", *China Economic Review*, Vol.60, 2020; Liu, D., & Richards, K., "The He-Zhang (River chief/keeper) System: An Innovation in China's Water Governance and Management", *International Journal of River Basin Management*, Vol.17, No.2, pp. 263–270.

后无人负责，互相推诿，呈现出"九龙治水"的局面。"九龙治水"的局面反映出中国政府内部权威的破碎性，从横向上来看，职能分散在各个部门；从纵向上来看，权力的分散性在央地关系中也有所体现。①

河长制是中国水环境治理发展过程中的一个新里程碑，解决了过去水环境治理中责任不清、权力碎片化的问题。河长制明确了地方河流治理的第一责任人为当地的党政主要负责同志，通过从省级到最基层地方党政负责人的权威，将原本分属于职能部门的任务打包整合成了地方政府的一项综合性的政治任务（从"条条为主"转变为"块块为主"的管理体制）。②以地方党政负责人为中心，整合辖区政府各部门的力量，打破各个部门之间的边界，从而使地方各部门可以在当地党政负责人的协调下通力合作，治理水污染。③再者，河长制强化了问责机制，环境保护和治理的责任与行动者的权威和资源相互对应，实现了权责一致，有利于环境治理工作的有效开展。④

河流治理的成效与地方党政负责人的个人绩效考核直接挂钩，实行"一票否决"，与他们的政治前途紧密相关。如果针对党政负责人的考核接连出现不达标，或是其工作中出现重大失误，则终身不能被提拔。也就是说，河长制把党政负责人的政治生涯和河湖治理工作深度绑定在了一起。⑤还有学者归纳道，河长制把中国政府的层级和河流的干支流层级相对应，

---

① Lieberthal, K., "China's Governing System and Its Impact on Environmental Policy Implementation", *China Environment Series 1*, Washington D.C.: The Woodrow Wilson Center, 1997; Lieberthal, K. G., & Lampton, D. M. *Bureaucracy, Politics, and Decision Making in Post-Mao China*, Los Angeles. University of California Press, 1992.

② Huang, Q., & Xu, J., "Rethinking Environmental Bureaucracies in River Chiefs System (RCS) in China: A Critical Literature Study", *Sustainability*, Vol.11, No.6, 2019, pp. 1608–1621; Liu, D., & Richards, K., "The He-Zhang (River chief/keeper) System: An Innovation in China's Water Governance and Management", *International Journal of River Basin Management*, Vol.17, No.2, 2019, pp. 263–270.

③ 杨华：《县乡中国：县域治理现代化》，中国人民大学出版社 2022 年版，第 134 页。

④ Ran, R., "Perverse Incentive Structure and Policy Implementation Gap in China's Local Environmental Politics", *Journal of Environmental Policy & Planning*, Vol.15, No. 1, 2013, pp. 17–39.

⑤ HY 河长制办公室［2017］2 号，内部资料，2021 年 4 月 20 日。

遵循着类似的规则。主要河流的整体水环境的质量取决于其支流的水质，通过治理小的支流，干流的水质也得到了改善。在河长制下，主要河流的河长一般由行政级别较高的党政负责人担任，达到市一级甚至省一级；而支流的河长则是由县区级或是乡镇街道级的党政负责人担任，河流管得好离不开上下级河长们之间的配合。①

已有的河长制研究主要侧重于从理论和宏观层面对河长制的实施依据和运作机制进行解读，而对河长制在实践中的具体工作机制等微观层面的探讨相对较少。结合先前对中国环境治理和"运动式治理"的文献分析，我们可以看到权威在中国的环境治理中起到了相当重要的作用。因此，由地方党政负责人担任河长也意味着权威在河长制的实施中起着不可忽视的作用。本文旨在探讨权威和"运动式治理"在基层河长制实践中的具体作用。

我们选择以河长制作为分析对象，从中管窥中国环境治理实践的风貌。本文主要探究河长制在基层中的实际运作过程、内在机制以及权威在其中的作用。通过比较河长制的运作机制和"运动式治理"的模式，希望能揭示河长制是否"新瓶装旧酒"，也就是说，是否仍然沿用过去应对环境问题时的"运动式治理"方式来应对河湖污染问题。

本文的数据和信息主要源于实地田野调查、深度访谈、政策文件以及通过新闻报道等途径获取的第一手和第二手资料。访谈工作初始于2021年4月，我们首先与HY区的一位河长进行了深入交流，随后通过滚雪球的方式，陆续与该地区的河长制办公室工作人员、环保部门工作人员以及基层社区级的河长进行了总计5次、每次时长为一个小时的半结构式访谈，从而获取了丰富而详尽的资料。

二 政府内部的统合

前文已述，河长制的核心在于将治水责任明确落实到地方党政负责人

---

① Chien, S., & Hong, D., "River Leaders in China: Party-state Hierarchy and Transboundary Governance", *Political Geography*, Vol.62, 2018, pp. 58–67.

身上，从而实现政府各部门治水工作的整体统筹和协同处理。这种治理模式类似于杨华提出的"无缝隙政府"的理念。在党政负责人的直接参与下，各涉水部门的界限被打破了，进而在河长（即党政负责人）的协调和调度下，能够形成合力，共同致力于治水工作。① 这种统合作用的关键在于党政负责人的权威，没有党政负责人的权威，各部门则难以实现联合。河长制所带来的统合效应，明确了治水责任，进一步整合了政府内部的资源和权力。这种统合带来的结果是显著的，体现了"集中力量办大事"制度优势。在过去，水环境治理的管理资源和权威广泛分布在各个涉水部门，但没有任何一个部门掌握绝对的权威和资源；同时，部门之间的职能和责任边界相对模糊，导致河流水体的管理事务难以得到有效的应对。② 一个问题可能牵涉多个部门的职能，但与任意一者的关系都不是十分紧密，这就导致了"九龙治水"的困境，无人愿意完全承担责任，问题无法得到有效解决而不断堆积。在缺乏明确责任主体的情况下，各部门形成一种竞争关系，都希望获得更多的权威和资源以扩大自己的"管辖权"。当面临对自身有利的管理项目时，各部门会争相管理；而当问题对自身无利时，则会出现相互推诿和扯皮的情况。③ 事实上，河流问题的整体性要求多个部门之间必须相互配合。然而，由于各部门之间存在竞争关系，导致相互之间难以主动展开合作，甚至出现转移责任的情况。更为重要的是，不同部门所掌握的资源和权力存在差异，导致在责任推诿和扯皮过程中的能力也有所不同。最终，往往是有资源和权力优势的部门能够"成功推诿"，这进一步加剧了不同部门之间对权威和资源的竞争，以及对彼此协同合作

---

① 杨华：《县乡中国：县域治理现代化》，中国人民大学出版社 2022 年版，第 134 页。
② Deng, Y., et al., "China's Water Environmental Management Towards Institutional Integration: A Review of Current Progress and Constraints vis-a-vis the European Experience", *Journal of Cleaner Production*, Vol.113, 2016, pp. 285–295；任敏：《"河长制"：一个中国政府流域治理跨部门协同的样本研究》，《北京行政学院学报》2015 年第 3 期。
③ 任敏：《"河长制"：一个中国政府流域治理跨部门协同的样本研究》，《北京行政学院学报》2015 年第 3 期；Zhang, Z., et al., "What Makes the River Chief System in China Viable? Examples from the Huaihe River Basin", *Sustainability*, Vol.14, No.10, 2022, pp. 1–24.

的抗拒。[1]

（一）整合机制

河长制的出现，首先明确了河流管理的第一责任人为地方党政负责人，他们利用自身的权威将管理资源整合在一起，并针对河流治理的具体问题进行合理的资源分配，这是一个整合再分配的过程。虽然河长是河流管理的第一责任人，但在实际管理实践中，更多扮演的是统筹和协调的角色。实际的治理任务则是由基层河长（通常是街道或乡镇一级，甚至村或社区一级）和各职能部门承担。河长们从各部门收集管理资源（如权威和资金），并根据需要重新分配给相关部门或参与管理的下一级河长。在这一分配过程中，河长们的责任和管理权威形成了有效的配对。有学者曾指出，中国环境治理中存在权责不匹配的问题，即环保部门虽有强烈的治理意愿，但因权限限制无法要求其他部门共同参与治理。权力集中于地方政府领导班子，而环保工作的责任则落在环保部门身上。河长制的实施，有效地解决了这一问题，实现了权责的统一和协同。[2] 还有学者表示，环保部门处于治理链条的末端，容易受到前端部门治理不力的负外部性影响，而且还需要承担相应的治理责任。例如，地方市政的管网建设和覆盖是否完善，本应由住建部门负责解决。然而，如果前端部门管理出现失误，可能产生的后果就需要末端的环保部门来解决。如果前端部门不愿承担责任，压力就会落在环保部门身上。需要指出的是，环保部门这样的末端部门本身能力有限，如果要在消化自身环境问题的同时还要处理前端部门失序所导致的负外部性影响，就要高度依赖地方党政，特别是获得主要领导的支

---

[1] 冉冉：《如何理解环境治理的"地方分权"悖论：一个推诿政治的理论视角》，《经济社会体制比较》2019年第4期；田先红：《中国基层治理：体制与机制——条块关系的分析视角》，《公共管理与政策评论》2022年第11期。

[2] Ran, R., "Perverse Incentive Structure and Policy Implementation Gap in China's Local Environmental Politics", *Journal of Environmental Policy & Planning*, Vol.15, No.1, 2013, pp. 17–39.

持。①河长制的实施，将治理责任明确落实到地方党政负责人身上，实现了治水责任与领导权威的相互匹配，达到了在治理水体环境问题上的权责一致。同时，河长们的权威进一步转化为地方治理河流水体问题的治理权威，打破了各涉水部门之间的界限，使治理链条的前端和后端部门能够在统一的领导下相互合作，共同解决问题。这种责任的整合，进一步推动了资源的整合。与地方分管模式不同的是，地方党政负责人所掌握的资源更为全面，更能从全局出发进行调配。相较于党政负责人，分管领导的权威相对较弱，掌握的资源较少，通常只能调动自己分管的部门而无法调动其他部门。因此，河长制的实施，使地方党政负责人能够充分发挥领导作用，调动各方资源，更好地解决河流治理问题。这正印证了在基层工作人员中广为流传的那句俗语："老大难，老大难，老大出面就不难"。地方党政负责人掌握着地方最优质的资源，有了"老大"出面统筹，合理分配手中的资源，可以更好地处理水域治理这种对整体性要求较高的事务。

"在我们水污染攻坚期间，区长（河长）亲自带队，各个部门抽人就在现场河道边上驻点，督导治理工作的进行，那个力度是非常大的。"（访谈笔记，区河长制办公室工作人员 21042021HYC）

在日常工作中，河长们通过与各部门和下级政府定期召开河长会议，共同商讨河流治理方案。在笔者调研的区域，地方河长会议原则上每半年召开一次，而河长制办公室会议（即河长制办公室与各个区级职能部门之间的会议）则是每季度召开一次。若遇到紧急情况，河长或河长制办公室可随时召开紧急河长会议，以确保河流治理工作的及时有效推进。②

"现在基本上不会（在责任上厘不清）啦！所有工作（责任，工作量

---

① 田先红：《县域末端治理的属性困境及其破解之道——从条块关系的视角切入》，《理论月刊》2022 年第 7 期。

② 当地河长制资料汇编，由河长制办公室提供。

第五章 治理灵活性：环境治理的中层角色与地方过程

分配）都在河长会议上一起讨论……如果一项工作涉及多个部门，我会组织一个工作小组，按照原本各个部门本身的职责让其中涉及职能更多的一个部门担任组长（来负责），其他部门去听从组长的指示"；"如果问题比我们之前预想的要难，我可以协调其他部门甚至申请市一级部门来协调"。（访谈笔记，区级河长18042021HYC）

经过河长的亲自协调，资源能够根据工作内容实现有效整合，各项工作的牵头单位也明确了工作期限，各参与部门也都有了明确的责任和目标。以当地的管网建设为例：

"4月底前完成制定镇街管网运维奖补制度，定期开展排查、维护、管养和清疏，特别是一些老旧管网，及时解决管网淤堵、破漏等问题，确保全区污水管网得到有效的运维管理，进一步提高管网运行效率。A街道、B街道中心城区管网要实行排水部门集中统一运维管理，交通、住建、A街道和B街道等相关管网建设部门，要加快办理已建管网运维移交手续，8月底前与区市政和代建事务中心完成移交工作，解决多年来中心城区排水管网多头无序管理状态。〔牵头单位：区住建局，责任（配合）单位：区市政和代建事务中心、区交通运输局、区环卫事务中心、各镇（街道）〕"①

管网建设作为当地政府在实施河长制后的一项重要工程，旨在解决城市因大量人口流入导致的高生活用水量与高排污量与当地落后的管网系统之间的矛盾。在该案例中，区一级的河长会议成为治理工作的起点，会议明确了牵头部门和其他各部门、街道的职责，确保了工作目标的统一。通过明确任务完成期限，如"8月前上报政策"，保证了各部门步调一致，按时按点完成工作任务，避免了不同部门之间因任务优先级冲突而导致的工作效率低下。同时，明确的时间节点也为任务划分出了先后顺序，确保每

---

① 当地河长制资料汇编，由河长制办公室提供。

个部门都能够以相同的进度表完成工作。

（二）强化协调与沟通

如果说前文所述的整合机制揭示了河长制实践中河流治理权力和资源分配的方向，为治理提供了基础。那么协调机制则是治理过程的有力保障，促进了各涉水部门、辖区之间的协作。沟通协调的目的是解决管理部门或辖区之间的矛盾和信息不对称的问题，及时调整管理资源的分配。对于协调沟通机制的理解可以从横向和纵向两个维度展开。横向协调的主要对象是同级部门、下一级的河长们以及不同辖区的河长、河长制办公室。河长是地方的统筹规划者，地方河长制办公室则是河长的办事机构，负责地方河流治理任务信息的上传下达和沟通协调工作。"水是流动的资源，需要不同辖区之间的共同努力"。有效的协调沟通在地方治理中对于减少认知差距、信息不对称，最大限度地利用资源起到十分重要的作用。在笔者调研的地方，D河的治理涉及本市和邻市，本市涉及X区和Y区，邻市则涉及Z区。对于本市X区和Y区的沟通协调，小事可以通过两区的河长制办公室对接解决，而大事则需要通过市一级的河长会议或是市一级河长协调解决。对于X区和邻近Z区之间的协作，则需要由市一级甚至省一级的河长出面协调。当地河长制办公室的一份文件中也写到"加强与Y区和邻市之间的交流和信息共享"意指跨市邻区之间的沟通需要更高一级的领导出面。

"我们和Y区之间的问题，一般两个区之间开个会就能解决……但对于我们和Z区的跨界河流的事儿，可能就得上一级领导来出面。"（访谈笔记，区河长制办公室工作人员18042021HYC）

"同市邻区"和"邻市邻区"之间的称谓差异反映了不同地方政府在河流治理方向上的利益分歧。在同一市级行政区划内，不同区的河长遵循统一的、由市一级河长及河长制办公室发布的指导性文件，这有助于减少协调过程中的利益冲突。然而，不同市级行政区划之间治理重心的差异可能会导致沟通冲突，这就需要更高级别的领导出面协调。此时，不同级别的河长会议为跨行政区域之间的协调提供了平台，同一级别的河长们可以在上级河长的主持下交流治理过程遇到的难点和痛点。在当地，有两个高级别的例行沟通协调平台，分别是本市和邻市之间的城际联席会议和省内的东江流域河长联席会议。前者专门针对本市和邻市之间的河流污染治理进行合作，每年召开三次，旨在达成两市之间河流污染的综合治理目标；后者则旨在促进东江流域各城市河长之间的交流和协同管理，每年召开一次，以实现东江流域内所有城市的协同治理。在以往河长的日常工作中，跨行政区域协调往往只存在于不同区域的同部门之间，跨行政区域的跨部门沟通则程序复杂，这与河流治理的整体性和时效性要求不符。河长制的出台使本区域的河长制办公室成为了跨行政区域之间的河流治理事务的对接中心，作为地方河长工作的信息中心，河长制办公室对本区域河长的工作情况最为了解，且具备足够的权威。作为地方的对接协调中心，河长制办公室不仅掌握全面的信息，指导对接方的特定部门出面协调；对于其他行政区域河长制办公室发来的协调请求，河长制办公室还可以向有关的主管部门发出交办、督办函，使监督跨区域的协作能够顺利进行。

与横向的沟通协调所拥有的多元化渠道相比，纵向的协调沟通最大的特点在于它直接发生在不同级别的河长身上。在这个基础上，我们可以发现自上而下和自下而上两种视角。自上而下的协调沟通表现为上级河长依靠权威直接协调下级河长和各部门，遵循"命令—控制"模式。

"县区一级河长负责统筹规划；乡镇街道一级河长和各个区级部门负责实施；村级社区级河长则负责巡逻上报……通俗易懂一点说，我们县区级河长就是大脑，而各个街道河长和职能部门就像四肢，村和社区级河长就像眼睛。"（访谈笔记，区级河长制办公室工作人员05052021HYC）

自下而上的协调则是指下级河长或者部门在自身能力不足的情况下，

上一级河长可以依靠自身有的资源对下一级河长进行支持。比如说区一级的管网建设需要对接市一级住建部门，那么市级河长就可能会出面或者让河长制办公室发文来协调这个对接。

"（河长制办公室）接收、办理指挥部各类来文174份，发出各类文件187份（其中催办、督促落实通知102份）。并指导各镇街道和有关部门修改完善水污染防治攻坚战作战方案15份。街道乡镇没解决就上报到县区里主管部门，县区还解决不了就报到市里。"[1]

（三）动员机制

动员机制是河长制工作的"助推器"。动员机制提供压力，推动河长和各部门重视河流问题和治理工作。该机制包含了行政手段和政治思想两大块。在行政手段上，绩效考核是推动河长和各个部门把注意力放在河流治理上的主要手段。河流治理的成绩直接关系到党政负责人个人政绩的考核，从而影响到个人政治生涯晋升和年度绩效考核。考核是以县区为单位，通常是上一级河长制办公室负责考核下一级的河长，如市级河长制办公室会考核各个县区河长制的表现。考核结果分三个档次：优秀、良好和一般。考核优秀的县区会受到嘉奖，潜在地增加了当地党政负责人之后的晋升机会，而考核结果为"一般"的县区一旦超过三次，他们的主要领导就会被约谈。同时，考核也要秉承"一票否决制"，即把河流治理表现直接与地方领导的政绩挂钩。[2] 绩效考核把水环境治理和经济发展摆到了同等重要的位置。

同时，考核采用全区统筹。如果地区的考核结果不佳则会对整个县区

---

[1] 资料由当地生态环境局提供。
[2] Li, J., et al., "Trade-off between Economic Development and Environmental Governance in China: An Analysis Based on the Effect of River Chief System", *China Economic Review*, Vol. 60, No.3, 2019.

第五章 治理灵活性：环境治理的中层角色与地方过程

的年终绩效产生影响。在全区统筹的影响下，河长制工作和所有干部息息相关。还有一点值得注意的是，河长制下，每一个河长都有属于自己的河需要管，这能更清楚地了解每个河长的工作表现。而以往在环境污染问题上"党政同责一岗双责"最大的问题是党政负责人到底需要负多大的环保责任很难判断，最终承担责任的可能还是环保部门。[1] 还有一点值得注意的是，河长巡河本身对于当地职能部门和下级河长也起到一种动员作用。巡河是河长的一项日常任务。每位河长都要定期对所管河流进行巡查，越是基层的河长，巡河频次就越高。比如，村和社区一级的河长巡查频次是每周一次，乡镇街道一级的河长巡查频次是每十天一次。巡查主要关注河湖水面，岸线情况；水量水质数据；水环境综合整治和生态修复情况；此前发现的问题的解决情况等。[2] 但县区级河长们的每一次巡河，本辖区内的各个部门负责人也会陪同。每一次的巡河都相当于一个小型的检查会，各个部门都得打起精神来。这样的巡查不仅能增加地方领导自身对所管河流的了解，更好地掌握该河湖上的治理难点，还意味着巡河工作是一项重要的政治任务。

除此之外，新的政治思想对地方政府（尤其是地方党政负责人）的影响力也不容小觑。其中最重要的就是习近平总书记提出的"绿水青山就是金山银山"的理念。该理念代表了党中央在新时代发展建设的新要求，形成了一种强有力的政治势能。政治势能拥有强制性和权威性。通过紧锣密鼓的政策宣讲和对相关政策文件的统一学习，干部的思想形成统一。然后，在落实理念的过程中，通过各种激励机制调动干部的积极性，从而推动政策有效落地。[3]

"习近平总书记提到的绿水青山就是金山银山，指出了在发展中必须要意识到环境保护的重要性。中央都那么重视了那我们地方也肯定要把环

---

[1] 冉冉：《如何理解环境治理的"地方分权"悖论：一个推诿政治的理论视角》，《经济社会体制比较》2019年第4期。
[2] 当地河长工作手册，由河长制办公室提供。
[3] 贺东航、孔繁斌：《中国公共政策执行中的政治势能——基于近20年农村林改政策的分析》，《中国社会科学》2019年第4期。

境问题考虑进（地方发展中）来"（访谈笔记，区级河长20042021HYC）。就像当年提出的"发展才是硬道理"把经济建设作为各个基层政府的首要任务，现在的"两山论"无疑是将环境问题提高到了一个新的角度，成为基层工作不得不重视的一个问题。河长制和河湖环境的重要性从中央一层一层传到地方，成为绩效考核的一部分。这不仅让河长们以及地方领导觉得很重要，还让各个政府部门的干部也觉得很重要。

值得注意的是，调研当地曾在2018年第一批中央环保督察"回头看"行动中被通报批评。"书记和市长都高度重视这次'回头看'，要对发现的问题进行全面整改，还要举一反三全面推进污染防治工作"（访谈笔记，区级河长20042021HYC）。除了在生态文明建设的大背景下，中央环保督察"回头看"行动对当地政府工作重心有较大的影响，地方必须把对环境的治理摆在首要地位以回应环保督察的整改意见。可见，整改的压力不仅存在于县一级，市一级政府也面临同样的情况。

（四）科技助力

除了前文提到的政府内部机构优化，激励配套的完善以外，科技手段的助力在河长制的实践当中也起到了相当重要的作用。首先是科技手段能更好地锚定和厘清责任。在调研当地，河长和河长制的工作人员都需要在手机上下载"河长制App"。河长在巡河的时候，需要打开这个App查看巡河路线，记录巡河轨迹，以证明其工作的确实性。基层河长，特别是村和社区一级的河长在巡河时发现问题可以及时在App内上报，这样能及时被当地县区的河长制办公室注意到，而河长制办公室会及时把问题转交给负责该业务的部门。所有的问题都会有回复期限，有关部门需要在期限内处理好问题并在App内回复。这样一来责任不仅清楚明了，而且在App有了明确的记录避免了不同执行部门之间的扯皮。更重要的是，巡河的记录和发现问题率（如果问题被上一级河长巡河发现，就会减分）都是作为河长们工作考核的指标，这让河长们在巡河这项工作上更认真，更为主动地在巡河中发现问题。而且，群众反映的河湖问题同样也会及时反馈到河长

第五章 治理灵活性：环境治理的中层角色与地方过程

制App上。在调研当地，群众可以在河长制的微信小程序上直接对发现的河湖问题进行举报。河长制办公室收到群众反馈的问题后也会马上进行转派，并在规定时间内回复。河长们对于群众发现的问题，也会在巡河过程中就问题的处理进度询问相关转派部门的负责人。

其次是科技的引入能帮助河长更好地掌握河流的状况，形成河湖监控体系及河湖环境的"千里眼"。政府在所有河道都装了摄像头实时掌握河流的水质、防洪与保洁的情况。通过河流环境的实时数据，发现问题能第一时间调查处理。这些实时数据有助于厘清跨行政区河流问题的责任归属。在以前，跨行政区的河流问题往往处理起来很麻烦，"搭便车"现象层出不穷。因为在跨流域问题上，以往很难判断污染的源头在哪儿，导致上下游之间互相扯皮。是上游排了流到下游？或者是下游排了怪上游？还有可能是上游下游都排了，且上下游政府之间可能谁也不愿去承担这个治理的责任：下游区域指望着上游区域能够下工夫去治理，这样下游不需要投入成本就能"顺便"享有上游治理所带来的红利；而上游也不愿意自己花钱，因为水是流动的，所以河流问题就能顺着水流留给下游去解决。[①] 这样一来跨界河流的治理成为了一个大问题。但有了河湖环境的"千里眼"之后，只需要查看上下游的水质变化数据就能锁定污染源在哪儿，厘清上下游责任。

对于协调沟通机制来说，实时通信的引入打破各个部门之间的信息不对称。河湖问题的治理强调时效性和整体性。而在以前，如果要调动各个部门协同治理，仅信息报送就要花费很多时间。

"以前呀，假如我们要让别的部门配合我们，得在领导的支持下发函请求协办，如果是跨界的就更麻烦了，一来二去上上下下的函，通知得花不少时间"（访谈笔记，区生态环境局工作人员，21042021HYC）。

---

① Cai, H., Chen, Y., & Gong, Q., "Polluting the Neighbor: Unintended Consequences of China's Pollution Reduction Mandates", *Journal of Environmental Economics and Management*, Vol.76, 2016, pp. 86–10; Zhang, Z., Xiong, C., Yang, Y., Liang, C., & Jiang, S., "What Makes the River Chief System in China Viable? Examples from the Huaihe River Basin", *Sustainability*, Vol.14, No.10, 2022.

现在有了河长制 App，问题的信息能即时同步到每个部门的手上，河长制办公室及时把问题交办出去，而且各个部门可以通过 App 实时沟通。对于跨界河流来说，因为河长制 App 和数据平台是全省统筹的，所以对于跨界河流来说，上下游地区能拿到一样的数据，消除了不同区域间的信息不对称。

对于动员机制来说，河湖环境的数据、河湖工作的台账是考核河长工作的主要依据。河湖环境的数据能直接反映水质提升或保持的任务是否达标，河湖工作台账能显示已发现问题的解决率。不仅如此，上一级河长制办公室还会委托第三方机构，通过遥感技术探查河湖的湖面以及岸线情况。特别是一些在河长日常巡河过程中容易忽略的"死角"，一旦发现问题会通过 App 直接交办给下一级河长制办公室。河长们在下一次巡湖的过程中也会更加留意这些"死角"，避免让自己的考核失分。科技在统一思想上也发挥了作用。"绿水青山就是金山银山"这一科学论断，生态文明建设精神以及河长制的成功案例都会在"学习强国"App 上推送。每个党员和干部每天都要在 App 上面做题获得积分。所得积分会在所在部门内进行排名从而带动大家的积极性。

"我们能从（学习强国 App）上面学到人家做的好的地方是怎么样做的，看得多了我们也知道该怎么样做能把我们这里也弄好，也知道河湖环境很重要"（访谈笔记，区级河长，05052021HYC）。

这正对应了贺东航和孔繁斌所提到的情景动员概化信念，即统一思想调动干部的积极性来接受和执行新政策。[1]

（五）小结

一把手们或者说权威是河长制政府内部的三大机制的核心，也照应了

---

[1] 贺东航、孔繁斌：《中国公共政策执行中的政治势能——基于近 20 年农村林改政策的分析》，《中国社会科学》2019 年第 4 期

第五章 治理灵活性：环境治理的中层角色与地方过程

文章开头所提到的权威型环境治理。其本质是利用一把手们所带有的权威和掌握的资源来解决河湖问题，特别是回应之前河湖管理上遇到的问题。责任落在一把手上，河湖治理中才有了足够的权威支持，责任和权威资源对等，工作才能顺利地进行下去。当河流治理的责任直接落在地方一把手身上，尤其是包含了书记和区长，河流治理任务直接上升到了地方的政治任务。当日常部门的任务升级成了政治任务意味着这项任务的参与者也就从部门扩大到了整个地方的任务，是集中力量办大事的表现。正如熊烨提出的河长的出台把原本弱资源、弱权威的弱治理模式推向了权威依赖式治理模式。①当地各个部门为了争取一把手们的注意力和支持需要先支持一把手的工作，从而，各个部门在河长们的协调下通力合作，部门彼此间的管理边界变得模糊起来。②责任切实地在一把手身上，出了问题要首先被问责，而不能将责任推到环保或是水利部门上面。③由此，河长们必须直面问题，利用自己权威所整合的资源分配相应的部门来解决问题。就比如文中的管网例子，河长们虽然不直接参与治理，但是能厘清责任交代相应的职能部门来处理。在协调沟通上，在同一行政区域内，由于各个部门之间的管理边界变模糊了，所以原本阻碍各个部门信息流动的壁垒也消除了。而在上下级政府之间，信息的传递集中在上下级河长或者河长制办公室之间，沟通交流变得更高效了。不同行政区之间也是同样的道理，交流的核心在不同的河长、河长制办公室之间。河长制办公室作为一个信息交流中心，把不同层级不同区域的河湖信息和问题进行上传下达，并对问题解决进程进行监督。

但值得注意的一点是，权威依然是协调沟通的推动器。不同行政区域

---

① 熊烨：《跨域环境治理：一个"纵向—横向"机制的分析框架——以"河长制"为分析样本》，《北京社会科学》2017 年第 5 期。

② 任敏：《"河长制"：一个中国政府流域治理跨部门协同的样本研究》，《北京行政学院学报》2015 年第 3 期；杨华：《县乡中国：县域治理现代化》，中国人民大学出版社 2022 年版，第 134 页。

③ 冉冉：《如何理解环境治理的"地方分权"悖论：一个推诿政治的理论视角》，《经济社会体制比较》2019 年第 4 期。

之间横向的顺畅交流也是建立在有纵向权威的保障下：如果这一层解决不了则一层层上报，直到找来更高级的权威来协同解决问题。在动员机制上，党政领导人的绩效考核则发挥着"指挥棒"效应。考核指到什么，党政领导人就得注意什么，从而自上到下各个部门也注意什么。从某种程度上来说，绩效考核的内容其实指向了权威流动的方向。除了直接的绩效考核，更潜移默化的则是思想上的统一。通过不断地思想教育学习、宣发，从而进行情景动员使基层的干部能够了解和接受新思想，再配合新的绩效考核，重新定义地方利益选择从而充分激发各有关单位河长制工作的主动性和积极性，使中央的政策能达到高位推动。

而至于新的科技手段，主要目的是方便前文所述的三大机制能够顺利运行。河长制 App 和河长制平台的出现一方面可以使当地河长制办公室更快更准确地获取河流问题的信息与河流状况，从而转给相应部门，及时协调各部门进行解决；另一方面，记好河湖治理的"流水账"，一旦有问题河长也能更快地了解治理的进展从而更有效地调配资源来解决问题。作为责任主体的地方党政领导人也能得知实施主体的相关部门是谁。除此之外，河长制 App 记录了河长巡河以及在巡河中发现的问题的具体情况，督促河长积极履职。在协调沟通机制上，在河长制 App 和河长制河流数据平台的加持下，对跨行政区域的河流问题的处理能够更加高效，能够第一时间知道谁负主要责任。而且，不同行政区域之间能够及时交换数据即时交流，信息能共享到参与实际治理的各个部门手上。从某种程度上来说，科技手段拓展了信息流动方向，使信息可以在横向上进行流动和共享。河长制 App 上对河长巡河的记录，问题解决的"流水账"为绩效考核提供了直观的数据进一步督促河长积极履职。

三　企业和群众

前文提及的河长制的重点在于地方政府内部，让一把手直接负责当地河湖环境的治理，同时加强内部的协调沟通。但河长制的出台也同样瞄准了造成当地水环境退化的两大污染源，即工业污染源和生活污染源。对这两大污染源的治理也映射着河长制出台后在实践中对当地的涉污企业的整治，还有人民群众在污染治理工作中扮演角色的转变。

（一）打击企业乱排乱放的"组合拳"

对企业而言，河长制的实施带来了更严格的监管和更高昂的污染代价，从而减少企业对水环境的污染。企业对于当地河湖环境的主要影响有污水排放、非法捕捞和非法采砂等。在调研当地，企业的主要污染行为包括：污水的排放量超标，处理完的污水未达到国家有关标准，甚至有些企业的废水，未经处理就直接排放到河湖里面。企业的污染行为也存在客观因素，早期城市的规划没有跟上人口和城市化的进度，管网建设和污水处理能力不足。对此，河长制出台后对企业污染采取了一套"组合拳"，包括更严厉的污染处罚和监督执法来严厉打击所有乱排乱放行为；完善治污设施和排污检测。

随着河长制的出台，河湖警长制也一并建立了起来。而且，公安系统也被纳入环境执法中来，以协助河长开展水污染治理工作，同时打击与水污染相关的违法犯罪行为。河长与河警长构建了一一对应的关系，在各级行政区域（如区、镇、村）内遵循相同的等级结构。各县（区）级河湖总警长由各县（区）公安局"一把手"担任；镇（街）级河湖总警长由各行政镇（街）派出所"一把手"担任；村（居）级河湖警长由相关社区民警担任。各个部门在河长的协调下协作联动变得频繁起来。

部门联合执法和交叉执法变多了。当地生态环境部门、水利部门、农业部门、公安部门联合突查企业。例如，该区在2020年共出动11690人次进行突击检查，检查企业4348家次，立案处理94宗，移送公安涉嫌环境犯罪13宗、涉嫌环境违法适用行政拘留10宗，下达处决定书82份，处罚金额1305.35万元。对于乱排乱放的企业，行政处罚的结果根据污染影响的严重程度而定，但都对企业未来的发展有影响。处罚包括警告、罚款、降低企业信用评级（可能会影响企业从银行获取贷款的额度）、企业关闭，甚至追究环境犯罪责任。对于初犯的企业通常是警告，如若再次发现有污染行为，则可能面临罚款甚至整个关停，直到完成整改并达到规定的排放标准。更重要的是，这样高频、严厉的执法查处了许多之前疏忽的低端落后重污染企业及家庭作坊式"乱污"企业。除了更严格的检查和处罚外，企业们必须拥有自己的废水处理和处理后水质监测系统，并且联网以便生态环境部门能实时检测到排污数据。这是一个政府和企业之间共同的检测项目。政府对此项目也有激励政策，对于前100家自愿安装污染监控的企业，所有的安装费用和后续的维护费用将由政府买单，对于后面安装的企业，仅支付安装费。

除此之外，为了解决客观上企业没地方排污的情况，河长制的重点工作之一就是进行环境投资以提升地方的污水处理能力。如前文提到的，该地污水处理能力不足，现有的污水处理厂不足以处理日污水排放量。河长制出台的第一年，当地扩建了3家污水厂，新建了3家污水厂，并把污水处理的标准提高了，流域污水处理能力达51.85万吨/日（2008年仅为2.36万吨/日）。此外，还有污水管网问题。之前的管网建设存在混接管、错接管问题，雨污分流不足，而且管网覆盖率也不足的问题。河长要求当地住建部门和街道摸清管网运营现状、缺口数量，完成建设工作。仅2020年一年就建了近150公里的新管网。虽然行政处罚可以让企业的污染成本变高从而减少废水排入河流，但不能从源头上解决乱排乱放的问题。环境投资一方面提高了本地污水处理的能力和治理；另一方面也为企业提供了排放的渠道，使企业乱排乱放行为再也没有借口。

（二）人民群众在治水角色中的转变

对于人民群众来讲，河长制的出台带来的最大变化是群众在环境治理中角色的转变。人民群众经历了从早期的污染者或者是旁观者再到现在的参与者的转变。最早，当地居民会在河道边种菜和养鸡，成为当地农业面源污染的主要来源之一，或是私自搭建小棚子侵占了河流岸线。有了前文提到的河长巡河和河道的监控设备，这些侵占河道的行为能够第一时间被

第五章　治理灵活性：环境治理的中层角色与地方过程

发现。对于人民群众侵占河流岸线的行为，当地河长（主要是村或社区级）主要是进行劝阻和教育。村级或者社区级河长会带着志愿者一起和种菜或者养鸡的村民讲道理，告知他们保护环境的重要性然后限期撤掉。但这个限期是灵活的，假如已经超过期限但种下的菜即将成熟也会宽限几日。

"刚开始很多居民不太理解，说他们都种了好多年了为什么突然就不让了。我们也是教育为主，然后在社区中心多贴一些河长制呀、河湖环境的宣传海报……现在环境变好了，居民们也能体会到河湖质量提高对于他们日常生活的积极影响……虽然偶尔还是会有种菜的行为但是经过劝说都能听得进去。"（访谈笔记，村、社区级河长，12052021HYC）

河长制的推行，不仅仅减少了居民的污染行为，更是把居民纳入到河湖治理的环节。协助环境监督是中国公众参与环境治理的主要形式之一。[1] 公众监督不单单提供了大范围和频繁的环境监督，他们向当地政府积极反馈，有助于及时发现河湖问题解决问题，同时也能对污染河湖的行为产生一种威慑力从而减少污染行为。[2] 河长制和以往公众参与监督模式最大的不同是，它提供了有效的问题举报途径。如前文提到的，居民可以通过微信河长制平台报告发现的河湖问题并能及时收到回复。当地河长制办公室收到上报的河湖问题后会转派给对应的部门并在一定期限内回复。除此之外，河流沿岸都配有河湖长制公告板，清楚标明了该河的河长信息以及联系方式。居民能直接向河长举报发现的问题，不会再出现以前举报到某个部门，存在"踢皮球""扯皮"的情况，为民众提供了有效举报的渠道。

除了公共监督，为了弥补传统行政河长制的不足，政府还推出了"民间河长"制，协助当地"官方河长"开展河道日常巡查、河道垃圾清理、

---

[1] Otto Spijkers, Li Xian, and Dai Liping, "Public Participation in China's Water Governance", *Chinese Journal of Environmental Law*, Vol.2, No.1, 2018, pp. 28–56.

[2] Guo Jin, Bai Junhong, "The Role of Public Participation in Environmental Governance: Empirical Evidence from China", *Sustainability*, Vol.11, No.17, 2019, 4696 (pp. 1–19).

河道周边企业排污监督、及时上报发现的违法违规行为等。或是参加地方河湖治理的志愿者团队，开展河道垃圾清理活动。如当地的"河小青"巡河护河亲子志愿服务。公众参与不仅仅停留在个人，更是以家庭为单位。[①]民间河长还经常走进校园宣讲关于爱河护河的经验与故事培养学生的环保意识，也鼓励学生参与到河湖巡逻和沿岸保洁的活动中来。通过培养学生的环保意识从而影响到学生们的家庭。[②]

"我们正朝着'全民治水'的目标前进，通过'官方'河长巡河责任划分，河流社会化维护管养，民间河长护河管理，实现河流网格化全域化管护"（访谈笔记，村、社区级河长，12052021HYC）。

通过公众监督，参与民间河长或巡河护河志愿活动，人民群众成为河长制中河湖治理环节的一部分。从一开始的旁观者或是污染者的角色转变成了治理的参与者。

（三）小结

对于企业来说，在河长制出台后污染排放的成本和代价变高了。一方面，有关部门频繁的突击检查和联合执法，加上河道河流信息的实时监控使污染没有可乘之机。对企业的突击检查和联合执法的增强恰恰反映了河长制出台后，各个部门能够在河长的协调下协同治理；另一方面，污染处罚的力度的增强使企业如果想污染必须三思而后行。还有一点，在政府大规模的环境投资下，基础设施进一步完善，企业也没有了借口进行偷排乱排。在这种条件下，企业不得不增加自身的环保支出已达到排放标准来避免处罚，并且加装检测设备，做到排放心中有数。但在这一方面，政府并

[①]《惠州"民间河长"陈加华：只要有时间就沿着江边捡垃圾》，今日惠州网，2021年9月5日，http://www.huizhou.cn/news/newsc_counties/newsc_hz/202109/t20210905_1466100.htm。

[②]《惠东：民间河长讲爱河护河》，惠州新闻网，2023年2月13日，http://www.hznews.com/jrgy/202302/t20230213_1515724.shtml。

第五章　治理灵活性：环境治理的中层角色与地方过程

没有采取常见的"命令—控制"策略，而是为企业提供一定的补助，如补贴检测设备的安装，帮助企业进行自检。

与企业较为单一的治理相比，人民群众在河长制出台后发生了在治理过程中角色的转换。居民从最早期的污染者或者只是治理旁观者的角色转换到了河流治理参与者的角色。在这个过程中起作用的主要还是教育策略。政府推广环保教育，向居民阐释关于环境保护的重要性，阐述当地河湖健康和居民的日常生活质量的相关性。进一步调动居民参与治理的积极性，促使当地居民加入河湖治理中。居民通过成为民间河长或是参与河湖管护巡河的志愿者活动发现问题和上报问题，参与基础的管养活动培养环保意识。虽然居民参与方式还是在治理的末端，仅仅是普通的清理举报行为，但依然将河湖治理河湖健康的理念嵌入居民的日常生活中。这构建了连接社会力量的一种初级的横向机制。通过这种社会化管养达到维持水质岸线环境的目标，减少对行政系统内资源的依赖，这也进一步支撑了运动式治理常态化的转变。

结　　语

河长制虽然在实施之初带有运动式治理的色彩，但科技的引入与机制的设置使河长制可以转型成常态化的治理。在河长制开始实施的时候，很多学者和政府官员认为河长制更像是一个临时的过渡性的政策，对于其可持续性抱有怀疑态度。正如前文提到的，运动式治理是一个高度集中的行动，经常是一段时期内快速解决问题从而忽视了治理效果的可持续性。首先，运动式治理一般都是针对特定的问题，而无法应对综合性较强的问题。其次，运动式治理需要花费大量的资源和精力，如果要常态化则会对地方政府的资源和管理能力造成较大挑战。

通过观察政府内部的河长制运行机理，可以发现，其本身带有强烈的内部性和运动式治理模式。例如，在河长制刚开始实行的时候，目的是在短期内快速提升水质，区领导亲自组建临时工作小组，把大量的资源和人力投入在相关的治理项目上。但和传统运动式治理模式的不同之处在于河长制在保留其运动式治理模式特征的同时也为常态化治理做出了一些尝试。首先，河长制里既有临时的工作小组也有常态化的河长制办公室，而这种常态化的河长制办公室在运动式治理转向常态化治理时发挥着重要的作用。河长制办公室对河长负责，向河长传达信息以便河长来做决定，因此河长制办公室在某种程度上来说是有"令箭"的部门，河长的"显性权威""借给"了河长制办公室使其带有一种"隐性权威"，让大部分的协调问题能够在河长制办公室这一层就能被解决。党政领导人虽然担起了河流治理的主要责任，但是他们并不需要掌握与河流相关的专业知识，实际的治理任务还是由各个专业性强的部门来实施。所以对于党政领导人来说，担任河长的主要目的一是帮助各个部门之间厘清责任，二是能协调好各个部门的利益使他们能够协同合作来完成治理任务。因此河长所能做的，在有了河长权威加持下的河长制办公室也能解决。同时，河长制办公室又是河长制工作的信息中心，收集和传达各类信息资讯到河长和各个部门手中，分派任务给指定部门。河长制办公室在有些时候可能比河长还要了解职责归属。

其次，虽然关于河长制实施的指导文件中提到了河长制的六大任务，但初期河长制的目标主要集中在水污染治理上。而现阶段的河长制的任务除了河流水质的维持，还涉及水安全（例如海绵城市建设，水利设施、工程的风险管控等）、生态修复（打击非法采砂，修复水源林等）和岸线保护。河长制任务的广度的拓宽意味着有更多部门的日常任务被涵盖进来。部门的日常任务变成了河长制的日常任务，促进部门协同的常态化，而不至于花费大量的人力物力在专项治理上。新科技手段如河长制 App 和河长制数据平台的出现使治理中能更加快速清晰地了解河湖情况从而对相关部门进行调动和针对性治理，对人力物力的要求进一步减少。因此在日常工作过程中，往往是河长制办公室发现问题然后分配给指定部门进行处理。河长的例行巡河则像是一次检查会，检查各个部门任务的进度并表达对河长制工作的支持和看重，河长（党政领导人）的"显性权威"补足河长制办公室的"隐性权威"以方便后续的监督。运动式治理对地方党政领导人的注意力要求非常高，只能短期进行而不可长期持续的。因为地方有太多综合性的事务需要党政领导人来处理。而河长制的年度考核使党政领导人必须得保持把一部分的注意力转移到河长制工作上来，但科技手段和常态化的河长制办公室的设置又使他们能将大部分的注意力放在日常的政务上面。而建立企业排放规则和鼓励居民发现河湖问题、参与基层的河湖养护在某种程度上来说也减少了河湖治理对政府资源的依赖。特别是对于居民来说，环境更好的河湖也意味着更好的日常生活。这种联系调动了社会各方的积极性，构建了连接社会力量的一种横向机制。科技的加持和社会化的管养支撑了河长制的可持续性，推动了运动式治理向常态化治理的转型。

综上所述，河长制属于中国的一种半创新型环境治理的尝试。"半"意味着它的治理逻辑没有改变，主要还是以权威为依托、以政府为中心主导的治理模式，而在政策实施之初依然以运动式治理的方式出现。"创新"则意味着河长制的实际实施中政府内部的常态化机构设置，所涌现的科技手段辅助，居民参与式治理把运动式治理所取得的成绩变得可以持续，使河长制的运动式治理转型成可以融入日常科层制运转的常态化治理。

第六章 非遗治理中的国家角色与体系特色

当代中国非物质文化遗产保护领域的文化治理：基于法律、政策与实践的制度分析[①]

陶 郁 徐雅雯

摘要： 基于文化治理的视角，本文系统总结并深入分析了当代中国非物质文化遗产保护事业的法律、政策与实践框架。在回顾20世纪下半叶中国非物质文化遗产保护情况的基础上，本文着重介绍了中国在2004年加入联合国教科文组织《保护非物质文化遗产公约》后如何在立法、政策与实践等多个领域联合发力，围绕非物质文化遗产保护事业建立起了一个多层次、多维度的立体化治理框架。具体来说，本文不仅梳理了相关领域从中央到地方的一系列法律、法规，还结合治理实践中涌现出的具体案例，阐释了"生产性保护"这一具有中国特色的非物质文化遗产保护模式。研究发现，当代中国在非物质文化遗产保护方面的治理成果丰富，但国家主导的文化治理范式也面临一些需要重视的挑战。

[①] 本文系国家社科基金项目"传统技艺产业价值链演化机制与数字化攀升路径研究"（项目批准号：22CGL072）的阶段性成果。

第六章 非遗治理中的国家角色与体系特色

引 言

"遗产"(heritage)这个概念的内涵,在20世纪下半叶的几十年间得到了显著拓展。这个曾经主要与遗址、遗迹和纪念碑等物质文化实体密切关联的概念,早已在实践探索与学术讨论中被赋予了更为广泛的意涵。如今,"非物质文化遗产"(Intangible Cultural Heritage, ICH)已被广泛视为"遗产"这一概念的核心组成要素。① 2003年,联合国教科文组织通过了《保护非物质文化遗产公约》,集中体现了这一变化的思潮。中国于2004年加入该公约,并在从中央到地方各个层面的立法与政策实践中明确了保护非物质文化遗产的理念。本文系统总结了当代中国为构建非物质文化遗产保护的法律和政策框架而作出的探索与努力。

我们的研究发现,与当代中国其他许多领域的治理实践一样,在以非物质文化遗产保护为代表的文化领域,国家、市场与社会在多维度、多层次的持续互动中不断塑造着具有中国特色的新兴治理逻辑。在促使非物质文化遗产保护理念在当代中国落地生根的过程中,中央政府、地方政府、遗产传承人与社会团体等多元治理主体密切互动,形成了"生产性保护"这一具有中国特色的非物质文化遗产保护范式,体现出使国家意志、市场规律与公众态度协同运作的治理创新。

在当代中国围绕非物质文化遗产保护展开的治理实践中,国家无疑占据着显著的位置。然而,如同对其他治理领域的既有研究已经充分展示的那样,这种国家中心主义的治理模式,并不意味着国家会作为唯一的行动者来直接干预治理实践的每个方面与每个层次。相反,如同陶郁等学者在既有研究中所揭示的那样,在当代中国丰富多彩的治理实践中,上级部门与下级部门的政策侧重点并不总是完全重合的。固然,上级部门在行政层级中占据优势,具有向下级部门下达政令的制度合法性;但在许多领域,

---

① 杨怡:《非物质文化遗产概念的缘起、现状及相关问题》,《文物世界》2003年第2期。

下级部门在治理实践中也享有充分的能动性，这些能动性在上下级部门之间的互动中深刻影响着治理的实际表现与最终成效。① 此外，有中国特色的国家中心主义治理模式既不排斥下级部门在政策执行中发挥能动性，也不排斥包括社会团体、企业与专业人士在内的民间力量在治理实践中积极而充分地发挥作用。实证研究表明，多种治理逻辑的交互作用，往往更能有效提升治理效能。例如，侯麟科等学者通过针对大样本全国数据的统计分析揭示出："那些植根基层社会文化网络、具有丰富地方性知识的自源性基层治理主体，更有可能平衡与约束外源性基层治理主体的政策执行方式，从而能够显著降低冲突发生的风险，提升治理效能。"②

通过非物质文化遗产保护这个具体视角，本文旨在揭示有中国特色的国家中心主义治理模式如何在文化领域通过立法、行政、动员、倡议等多种治理实践发挥作用。具体来说，本文首先回顾了中国在2004年前对非物质文化遗产保护的治理实践。在此基础上，本文介绍了中国在2004年以后如何建构起一套旨在保护非物质文化遗产的法律和政策立体性框架。其次，除了对法律文本与政策条例的研究，本文还通过介绍和分析一系列典型例证，阐释了"生产性保护"这一有中国特色的非物质文化遗产保护模式的运行逻辑。最后，我们从制度分析的视角出发，充分肯定了中国近年来在保护非物质文化遗产方面取得的显著进展，也指出了国家主导的文化治理范式所面临的一些值得重视的挑战。

一 2004年之前中国在非物质文化遗产保护方面的治理实践

在汉语中，"非物质文化遗产保护"是一个相对较新的概念。这个概念的产生与流行，与20世纪下半叶西方国家在相关领域的文化实践探索

---

① 陶郁、侯麟科、刘明兴：《张弛有别：上级控制力、下级自主性和农村基层政令执行》，《社会》2016年第5期。
② 侯麟科、刘明兴、陶郁：《双重约束视角下的基层治理结构与效能：经验与反思》，《管理世界》2020年第5期。

第六章　非遗治理中的国家角色与体系特色

密切相关。[1] 但是，中华民族保护非物质文化遗产的实践源远流长，而国家始终在这一治理领域发挥着重要的作用。例如，根据史籍记载，早在西周时期，国家就通过宫廷建立起了比较完备的礼乐制度，又通过采风制度大量收集民歌以体察民情并观察风俗。此后，历代封建王朝都曾出台各种章程，对皇家工艺生产的知识和实践进行总结、规范与传承。1898 年，在戊戌变法期间，清政府颁布了《振兴工艺给奖章程》，被广泛视为近代中国立法保护专利的序幕，也通过鼓励兴建藏书楼和博物馆、明确工艺技术创新过程中产生的知识产权等方式，开启了为保护非物质文化遗产提供立法保障的治理尝试。[2]

在 20 世纪的大部分时间里，包括中华人民共和国成立后的最初几十年，中国在遗产保护方面的立法框架，几乎完全侧重于保护物质类文化遗产（尤其是文物）。随着 20 世纪 90 年代亚洲和南半球国家在全球遗产话语权方面取得显著突破，世界范围掀起了一场非物质文化遗产讨论热潮[3]。国际社会中关于非物质文化遗产保护的观念和话语，开始作为一种比较明确的文化概念，逐渐开始在中国发挥影响。[4]20 世纪 90 年代初期到中期，一系列专门性的法律法规可以被视为国家在特定领域为非物质文化遗产保护建立制度框架的早期尝试。例如，1990 年颁布的《中华人民共和国著作权法》对文学、口头传统、音乐、戏剧以及舞蹈和杂技等表演艺术的版权提供了保护；1993 年起实施的《中医药品种保护条例》为保护传统医药非物质文化遗产打下了基础；而 1995 年颁布的《中华人民共和国体育法》

---

[1] 高丙中：《作为公共文化的非物质遗产》，《文艺研究》2008 年第 2 期。

[2] 孟令法：《中国文化遗产保护政策的历史演进》，载南方科技大学社会科学高等研究院主编《遗产》第 1 辑，南京大学出版社 2019 年版，第 111—135 页。

[3] 徐雅雯：《国际文化遗产管理与研究：范式、趋势和展望》，《文化遗产》2021 年第 2 期。

[4] 刘壮、牟延林：《非物质文化遗产概念的比较与解读》，《西南大学学报》（社会科学版）2008 年第 5 期。

则鼓励了传统体育文化和实践的复兴。①

1997年5月由国务院发布并施行的《传统工艺美术保护条例》，被广泛视为中国推进非物质文化遗产保护的一个里程碑。该法规为中国传统工艺的认定、记录、研究、保存和保护构建了一个初步框架，其涵盖内容既包括传统工艺美术领域的非物质文化遗产，也涉及与此相关的其他遗产内容。②该法规确立了一系列旨在保护工艺美术文化遗产的政策措施，明确了对违规者的惩罚机制，特别强调保护传统工艺中的技术秘密。就非物质文化保护领域的治理模式创新而言，该法规明确了中央政府与地方政府在传统工艺保护方面的责任分配，并"鼓励"（而非"要求"）地方政府培养传统工艺传承人、支持相关学术研究，以及挽救面临失传的手工艺。不过，尽管《传统工艺美术保护条例》作为中国构建非物质文化遗产治理框架的一个里程碑而具有很强的象征意义，由于其操作性和实用性相对较弱，因而在颁布后也受到了来自学术界的一些批评。③

此后，中央部委和地方政府还相继出台了一些与非物质文化遗产保护相关的重要法律、法规与指导意见。例如，文化部和国家民委于2000年下发了《关于进一步加强少数民族文化工作的意见》，为建立少数民族文化生态保护区、促进民族地区文化产业发展奠定了基础。同年，云南省也颁布了《云南省民族民间传统文化保护条例》（以下简称《条例》），该《条例》被视为中国第一部直接涉及非物质文化遗产的省级法规，覆盖了联合国教科文组织《保护非物质文化遗产公约》所界定的几乎所有五个非物质

---

① 有关本节中所提及的法律法规中涉及非物质文化遗产保护的更多技术细节，请参阅以下的补充材料：Yawen Xu, Yu Tao, and Benjamin Smith, "China's Emerging Legislative and Policy Framework for Safeguarding Intangible Cultural Heritage", *International Journal of Cultural Policy*, Vol.28, No.5, July 2022。

② 康保成：《〈中华人民共和国非物质文化遗产法〉形成的法律法规基础》，《民族艺术》2012年第1期；孟令法：《中国文化遗产保护政策的历史演进》，载南方科技大学社会科学高等研究院主编《遗产》第1辑，南京大学出版社2019年版，第124页。

③ 郑颖捷、张远胜、华慧：《知识产权战略背景下少数民族传统工艺的法律保护研究——以湘西土家族苗族自治州为例》，《中南民族大学学报》（人文社会科学版）2007年第6期。

文化遗产类别。①贵州省和福建省也分别于 2002 年和 2004 年颁布了类似的地方性法规。

进入 21 世纪，中国的非物质文化遗产保护事业逐渐与联合国教科文组织的相关国际框架整合交融。2001 年，中国申请将昆剧列入联合国教科文组织"人类口述和非物质遗产代表作"名录。这一举措在实践中有效整合了各级政府、学术机构、社会组织和新闻媒体等各种非物质文化遗产保护力量，也为 2004 年中国加入《保护非物质文化遗产公约》铺平了道路。②

二　中国非物质文化遗产保护的多层级法律框架：基于制度发展史的分析

中国加入《保护非物质文化遗产公约》后不久，与非物质文化遗产保护密切相关的一些重要概念，就被积极整合进了相关领域的官方话语体系。此后，从中央到地方，中国各级政府通过颁布法律、法规和政策文件，逐渐建立起了一个旨在保护非物质文化遗产的多层次法律框架。而这个法律框架的历史起点，则可以回溯到 2005 年国务院颁布的两份基础性文件。

（一）2005 年国务院基础性文件及后续政策实践

2005 年，国务院颁布了《关于加强我国非物质文化遗产保护工作的意见》和《国家级非物质文化遗产代表作申报评定暂行办法》两份基础性文件。在这两份文件中，中央政府阐述了中国非物质文化遗产保护工作的背景、原则、目标、机制和架构，将保护和抢救非物质文化遗产明确为国家的一项优先任务，并倡导提升保护非物质文化遗产的公众意识、鼓励社会更广泛地参与到保护非物质文化遗产的事业当中。这两份基础性文件严格

---

① 康保成：《〈中华人民共和国非物质文化遗产法〉形成的法律法规基础》，《民族艺术》2012 年第 1 期。

② 周高亮、吕军：《非物质文化遗产的理论认识与我国立法保护历程》，《紫禁城》2012 年第 8 期。

遵循了联合国教科文组织2003年在《保护非物质文化遗产公约》中对非物质文化遗产的定义，标志着非物质文化遗产保护被正式纳入中国的官方政策话语体系。

根据2005年国务院基础性文件的要求，当时的文化部牵头成立了部际联席会议，负责在全国范围内监督和协调非物质文化遗产保护工作。该联席会议负责对中国非物质文化遗产代表性项目进行评估，并邀请研究机构、专家学者就非物质文化遗产保护工作提供专业意见，鼓励个人、企业、社会组织投资非物质文化遗产保护事业。在国务院基础性文件的指导下，文化部还于2005年开展了中国第一次全国性非物质文化遗产普查工作。在普查信息和后续工作的基础上，从2006年开始，国务院陆续公布了五批国家级非物质文化遗产名录。① 在制定国家级非物质文化遗产名录的过程中，国家也创建了非物质文化遗产的分类框架。②

在此过程中，国家还确立了识别与认定非物质文化遗产代表性项目和非物质文化遗产代表性传承人的制度。其中，国家文化主管部门（文化部或文化和旅游部）分别于2007年、2008年、2009年、2012年、2018年、2024年公布了六批国家级非遗代表性传承人。追随中央政府的思路与做法，省、市、县（区）等各级地方政府也很快建立起辖区内非物质文化遗产代表性项目和代表性传承人名录。在此基础上，中国逐渐形成了国家、省、市、县（区）四级非物质文化遗产代表性项目和代表性传承人的认定制度。截至2024年2月底，国家级非物质文化遗产代表性项目3610项，国家级

---

① 这五批国家级非物质文化遗产名录分别公布于2006年、2008年、2011年、2014年和2021年。
② 第一批国家级非物质文化遗产名录（2006年公布）的10个类别包括民间文学、民间音乐、民间舞蹈、传统戏剧、曲艺、杂技与竞技、民间美术、传统手工技艺、传统医药、民俗（如节庆活动、仪式、礼俗传统）。第二批国家级非物质文化遗产名录（2008年公布）在部分类别命名中将"民间"改名为"传统"，如将"民间音乐""民间舞蹈""民间美术"改名为"传统音乐""传统舞蹈"和"传统美术"。此外，"杂技与竞技"一词改名为"传统体育、游艺与杂技"，"传统手工技艺"改名为"传统技艺"。在此后的三批国家级非物质文化遗产名录中，分类框架没有再出现新的变化。

非物质文化遗产代表性传承人4015人。①。

（二）2006—2011年关于非物质文化遗产保护的国家专项法规

为落实2005年国务院基础文件精神，2006—2011年，国务院有关部委围绕非物质文化遗产保护工作，发布了一系列专门性的指导性文件。例如，2006年，文化部颁布了《国家级非物质文化遗产保护与管理暂行办法》，明确了各级政府保护非物质文化遗产的职责。同年，财政部和文化部联合颁布了《国家非物质文化遗产保护专项资金管理暂行办法》。随着这项法规的出台，财政部还拨出用于保护非物质文化遗产的专项资金，并将其列为国家优先事项。2007年，文化部又颁布了《中国非物质文化遗产标识管理办法》，对由国家正式授权的非物质文化遗产标识在国内外活动中使用权的相关问题进行了规范。

从2004年开始，中国非物质文化遗产保护事业逐渐与商业和经济发展紧密结合。例如，2007年，商务部和文化部联合下发正式通知，要求加强保护老字号中所蕴含的非物质文化遗产，并给予老字号持有者与非物质文化遗产传承人相同的权利。2009年，文化部印发《关于加快文化产业发展的指导意见》；同年，文化部和国家旅游局又联合发布了其姊妹文件《关于促进文化与旅游结合发展的指导意见》。这两份文件都鼓励围绕非物质文化遗产开展旅游化开发活动（如以传统表演和手工艺纪念品的形式），后者还鼓励民间资金投资于与非物质文化遗产相关的旅游项目。2018年，文化部和国家旅游局合并，组建文化和旅游部，进一步强化了文、旅领域在非物质文化保护治理实践中的联系与协作。

---

① 根据中国非物质文化遗产网统计结果：国家文化主管部门先后命名了五批国家级非物质文化遗产代表性项目代表性传承人，共计3068人。在非物质文化遗产代表性传承人动态管理和退出机制下，先后有11人失去国家级代表性传承人资格。截至2022年11月，国家级非物质文化遗产代表性传承人共3057人。2024年2月19日，文化和旅游部公示第六批国家级非物质文化遗产代表性传承人，共计958人。因此，截至2024年2月底，国家级非物质文化遗产代表性传承人共有4015人。

（三）2006—2011年关于非物质文化遗产保护的地方性法规

在2005年国务院基础性文件的基础上，不少省级行政区结合本地情况，在2006—2011年间出台了一系列关于非物质文化遗产保护的地方政策与法规。从治理实践的角度来看，地方政府的这一立法过程，对于非物质文化遗产保护同时具有相辅相成的政策效应。

一方面，省级行政区域在制定相关地方性政策法规的过程中，往往在话语措辞与治理结构方面都承袭了国家级法律法规的特征，努力将非物质文化遗产保护的地方性整合到国家在相关领域的治理框架之中。例如，2006年7月通过的《宁夏回族自治区非物质文化遗产保护条例》，就依据2005年国务院基础文件的框架，对非物质文化遗产进行了明确的定义和分类。此后，浙江、新疆、广东等省（自治区）也发布了相似的地方性法规。从2012年开始，云南、贵州和福建等许多先前已经出台了民间传统文化保护法规的省份，也纷纷更新了相关地方性法规，出台了在文字与内涵上都与国务院基础文件高度一致的非物质文化遗产保护法规。此外，2007—2010年，遵循国务院基础文件的框架，许多省份还出台了关于认定省、市、县（区）级非物质文化遗产传承人的地方性法规。一些地方政府还出台了专门法规，旨在保护被联合国教科文组织列入名录的非物质文化遗产项目，相关案例包括苏州市对于昆曲的保护以及新疆维吾尔自治区对于维吾尔木卡姆艺术的保护等。这些地方性法规都遵循相关国际公约与国务院基础文件的模式，详细描述了非物质文化遗产的记录、保护和推广方法。可以说，经过这个立法过程，关于非物质文化遗产的核心话语，在全国范围内实现了相当程度的统一。

另一方面，部分地方政府在国务院基础文件的规定之外，也针对本地实际情况补充了一些具有地方特色的条款。例如，《宁夏回族自治区非物质文化遗产保护条例》虽沿用了国务院2005年基础性文件中关于非物质文化遗产的定义，但也新增规定相关遗产应该具备"历史、文化、艺术和科学价值"，并在原分类基础上增加了"回族医学及其他民间医学技术"的类别。

这样的调整使地方能够在国家框架下更加灵活地兼顾地方利益与地方特色。

需要指出,如同当代中国治理实践在许多方面的表现一样,对于地方治理主体而言,服从上级权威与强调地方特色之间往往并不存在对立关系,而是在治理过程中相辅相成,在不同方面同时发挥着重要的作用。仍以《宁夏回族自治区非物质文化遗产保护条例》(以下简称《条例》)为例。2021年7月,该《条例》在出台15年之后被修订,而细化和补充条款占修订后条例的比例高达2/3。宁夏回族自治区提出的修改原因,既包括"旧版《条例》颁布施行的时间比较早,在立法体例、有关制度设计以及具体内容等方面,还存在着与上位法不一致的地方,从法治统一的原则出发,有必要对《条例》进行全面修订",也包括"宁夏在全国较早通过立法保护非物质文化遗产,全区各地不断探索实践,积累了丰富的工作经验,形成了很多具有宁夏特色的保护制度和措施,也需要将其上升为地方性法规"。[1] 可见,在保护非物质文化遗产的治理实践中,地方性法规一方面为追求规范性,会努力确保在框架、体例与核心概念等方面与上位法保持一致;另一方面也会在条件许可的情况下为基层治理主体围绕地方实际情况发挥能动性而创造必要的政策空间。要充分理解当代中国治理的实践,必须同时重视上述两个方面。

(四)2011年《中华人民共和国非物质文化遗产法》及其影响

2011年2月,第十一届全国人民代表大会常务委员会第十九次会议通过了《中华人民共和国非物质文化遗产法》,该法于当年6月1日施行。相较于2005年国务院基础性文件,《中华人民共和国非物质文化遗产法》是一部更为正式和更具效力的国家法律,因而其影响也更为深刻。尽管该法严格遵循了2003年联合国教科文组织《保护非物质文化遗产公约》对非物质文化遗产的定义,但就非物质文化遗产的具体分类结构而言,该法则并没有完全沿用公约的指定类别,而是选择了更切合中国传统文化特色

---

[1] 佚名,《解读新版〈宁夏回族自治区非物质文化遗产保护条例〉的亮点关键点》,人民网,2021年9月9日,http://nx.people.com.cn/n2/2021/0909/c192482-34906568.html。

的分类框架。①

毫无疑问，作为中国非物质文化遗产保护领域的第一部专门性国家法律，《中华人民共和国非物质文化遗产法》具有里程碑式的意义。就其内容而言，这部专门法与2011年之前的许多相关法律法规存在着高度的一致性。在非物质文化遗产项目和传承人的认定制度、传承人的权利和义务、对非物质文化遗产的日常抢救与保护，以及与非物质文化遗产相关的违法行为的惩罚机制等核心问题上，《中华人民共和国非物质文化遗产法》与2005年国务院基础性文件的精神与表述一脉相承。此外，《中华人民共和国非物质文化遗产法》第四条承继了2005年国务院基础性文件的核心理念，明确将非物质文化遗产保护与提升中华民族文化认同、维护国家统一和民族团结等宏大使命挂钩。类似地，该法第五条也延续了2005年国务院基础性文件的精神，使用非物质文化遗产，应当重其形式和内涵，禁止歪曲和破坏非物质文化遗产。

不仅如此，在许多方面，《中华人民共和国非物质文化遗产法》也是对2006—2011年相关国家级法规和若干地方法律的传承。例如，该法第6条特别强调要对民族地区、边远地区和贫困地区的非物质文化遗产保护予以支持，此项规定源于2000年文化部和国家民委联合出台的《关于进一步加强少数民族文化工作的意见》。此外，在非物质文化遗产传承人的义务等方面，2011年颁行的《非物质文化遗产法》也与2006年出台的《宁夏回族自治区非物质文化遗产保护条例》具有相当程度的一致性。

《中华人民共和国非物质文化遗产法》被广泛视为中国在国家层面对非物质文化遗产保护所展开的最重要的立法工作。但是，也有学者批评该法中的某些规定过于理想化，因而在指导相关领域的治理实践时可能会面临挑战。②

---

① 谭宏：《冲突与协调——中国非物质文化遗产名录制度的人类学反思》，《文化遗产》2016年第4期。

② Luo Li, "Extraordinary Landmark in the Protection of Intangible Cultural Heritage of China", *Queen Mary Journal of Intellectual Property*, Vol.1, No. 3, September 2011; Luo Li, "Does Intangible Cultural Heritage Law Resolve Everything in China?", *Journal of International Commercial Law and Technology*, Vol.7, No.4, October 2012.

三　非物质文化遗产保护领域的治理范式与工作重点

自《中华人民共和国非物质文化遗产法》于 2011 年颁布以来，各个省级行政区均已出台了针对非物质文化遗产保护的地方性法规。值得注意的是，有专家认为，许多这类地方性法规只是简单重申了《中华人民共和国非物质文化遗产法》中的相关内容，对本地具体问题和具体挑战的考虑并不十分充分。[1] 如同前文对《宁夏回族自治区非物质文化遗产保护条例》在 2021 年被修订的情况所做的介绍那样，一些地方政府已经开始采取行动以应对相关挑战。不过，整体而言，当今中国非物质文化遗产保护的多层级法律框架，其根本锚点仍在 2011 年通过的《中华人民共和国非物质文化遗产法》。

不过，相对稳定的法律框架并不意味着当代中国的非物质文化遗产保护工作缺乏变革与创新。相反，在 2011 年之后，随着非物质文化遗产保护逐渐成为各级政府的一项重要工作，相关领域的治理实践开始与经济发展和脱贫攻坚等核心政策领域联系密切，逐渐形成了"生产性保护"这一有中国特色的非物质文化遗产保护模式。此外，各级政府还采取多种措施努力提高社会公众对于非物质文化遗产保护的了解与支持。这些以实践为导向的非物质文化遗产保护政策措施也是当代中国非物质文化遗产保护制度的重要组成部分。只有了解它们，才能全面而深入地理解当代中国非物质文化遗产保护领域的文化治理。

（一）"生产性保护"

顾名思义，"生产性保护"模式倡导将非物质文化遗产保护工作与生产实践密切结合起来，以生产实践促成非物质文化遗产保护目标。应该指出，中国并不是唯一积极寻求将非物质文化遗产保护与商品和服务生产、

---

[1] 李晓松：《我国现行省级非物质文化遗产保护法规研究》，《文化遗产》2018 年第 2 期。

消费联系起来的国家和地区。例如，在加拿大的魁北克省，非物质文化遗产保护实践与本土农产品的消费密切相关，在构建魁北克民族形象方面发挥着重要作用。[1] 同样，在荷兰南部的历史名城豪达，非物质文化遗产保护与当地商店中的奶酪生产、销售和消费交织在一起、不可分割。[2] 在法国和意大利，葡萄酒生产商、本地葡萄酒协会和政策制定者也共同努力，将保护非物质文化遗产、强化原产地属性与营销特色产品等工作有机结合起来。[3] 然而，只有在当代中国，"生产性保护"才被明确作为非物质文化保护的一种主导范式。这种具有强实践性的文化治理模式，突破了非物质文化遗产保护与营利性文化商品生产、营销和销售之间的习惯壁垒，而要求国家、社会与市场密切结合，具有鲜明的中国特色。

尽管2011年6月1日正式实施的《中华人民共和国非物质文化遗产法》中并未明确使用"生产性保护"这一术语，但其中的若干条款已经明确传递出了将非物质文化遗产保护工作与市场化行为联系起来的精神。例如，该法第37条第1款明确规定，"国家鼓励……合理利用非物质文化遗产代表性项目开发具有……市场潜力的文化产品和文化服务"；不仅如此，该法第37条第3款还要求县级以上地方政府扶持这类项目并尽可能为这类项目提供税收优惠。

此后，文化部于2011年11月1日公布了"第一批国家级非物质文化遗产生产性保护示范基地名单"，将"生产性保护"正式确立为中国非物质文化遗产保护工作的重要实践模式。这份名单中的"示范基地"，是指专注于展示、培训与实践特定非物质文化遗产的机构及其场所。在开展非物质文化遗产保护工作的过程中，这些机构往往也会生产、销售与非物质

---

[1] Laurier Turgeon, "Food Heritage and the Construction of Territory: Home-grown Products in Québec", *Ethnologies*, Vol. 36, No.1–2, January 2014.

[2] Francesc Fusté-Forné, "Say Gouda, Say Cheese: Travel Narratives of a Food Identity", *International Journal of Gastronomy and Food Science*, Vol.22, December 2020.

[3] Angelo Riviezzo et al., "Using Terroir to Exploit Local Identity and Cultural Heritage in Marketing Strategies: An Exploratory Study among Italian and French Wine Producers", *Place Branding and Public Diplomacy*, Vol.13, No. 2, November 2016.

文化遗产相关的商品，有些还会提供付费的培训课程与体验活动。

2012年，文化部发布了《关于加强非物质文化遗产生产性保护的指导意见》(以下简称《指导意见》)，明确了"生产性保护"的定义，并要求以传统技艺、传统美术和传统医药药物炮制等领域的非物质文化遗产保护工作为重点，"借助生产、流通、销售等手段，将非物质文化遗产及其资源转化为文化产品"。《指导意见》主张将非物质文化遗产的功能、主题和设计与市场需求结合起来，鼓励通过文化旅游和传统民俗节日等方式开发具有市场潜力的非物质文化遗产项目。除了促进文化消费，《指导意见》还指出，保护非物质文化遗产有利于增加就业、提高人民生活水平、改善地区经济。

《指导意见》将非物质文化遗产保护与发展地方经济直接联系起来，细化并深化了《中华人民共和国非物质文化遗产法》中的相关精神，要求地方政府将非物质文化遗产生产性保护纳入本地区经济社会发展规划。遵循《指导意见》精神，许多地方政府出台了旨在促进非物质文化遗产生产性保护工作的地方政策。例如，苏州市人民政府于2013年颁布了《苏州市非物质文化遗产保护条例》(以下简称《条例》)，其中第十六条要求对"存续状态较好、有一定的消费群体，具有市场潜力和发展优势的非物质文化遗产项目"实施生产性保护。此外，该《条例》还明确了对非物质文化遗产进行生产性保护的主要途径是"培育和发展市场"以及"完善和创新产品或者服务"。此外，该《条例》还要求辖区内市、县两级人民政府"引导金融机构通过创新金融产品等方式，对实施生产性保护的非物质文化遗产项目提供信贷支持"。

与苏州的情况类似，针对非物质文化遗产的生产性保护，已经成为在当代中国许多地区被大力推广和广泛采用的治理模式。例如，2020年出台的《广州市非物质文化遗产保护办法》也明确要求"对具有广州特色的传统技艺、传统美术、岭南中医药等非物质文化遗产代表性项目实施生产性保护，将非物质文化遗产及其资源转化为文化产品和文化服务"。江西省则走得更远。2015年出台的《江西省非物质文化遗产条例》中，就已经包含了多个与生产性保护相关的条款，明确"鼓励探索生产性保护方式"。而江西省文化和旅游厅更于2020年专门印发了《江西省非物质文化遗产生产性保护示范基地管理办法》。根据该文件，生产性保护示范基地需要满足多个条件，包括"具有生产能力或设计研发能力，经济效益良好，对行业发展有突出带动作用"以及"通过非物质文化遗产生产性保护，取得了显著的社会效益和经济效益，提高了传承人的地位和收入，增加了就业岗位，并为促进当地经济社会全面协调可持续发展做出较大贡献"等。

需要指出，"生产性保护"往往更适用于非物质文化遗产与市场行为关系密切的领域。例如，无论是在文化部于2012年发布的《关于加强非物质文化遗产生产性保护的指导意见》，还是文化部所确定的100个国家级非物质文化遗产生产性保护示范基地，都集中在传统技艺、传统美术和传统医药药物炮制这三个领域。在这些领域中，非物质文化遗产都相对比较容易被应用于商品生产，为"生产性保护"提供了大量机会。但值得注意的是，在其他非物质文化遗产领域，也存在一些对"生产性保护"模式的积极探索，而这些探索主要与旅游、培训和文化产业密切相关。例如，安徽、广东等省份的一些戏曲剧团已将其剧院打造成非物质文化遗产生产性保护示范基地。[①]通过这些努力，一些文化创意团体得以享受当地政府在非物质文化遗产保护政策框架中提供的诸多机会与优惠，也有效地拓展了非物质文化遗产生产性保护的应用范围。

（二）非物质文化遗产保护与精准扶贫相结合

当代中国在非物质文化遗产保护治理方面的另一个显著特点，是以扶贫为重点将其与经济发展结合起来。如同我们在前文中所讨论的那样，文

[①] 王平：《试论传统戏剧的生产性保护》，载傅才武主编《中国公共文化政策研究实验基地观察报告（2015—2016）》，社会科学文献出版社2016年版，第343—349页；夏泽和：《试论传统戏剧生产性保护的三种途径——以广东剧种为例》，《文化遗产》2017年第5期。

注：2021年2月25日，中华民族的历史翻开崭新篇章。当天在北京召开的全国脱贫攻坚总结表彰大会上，习近平总书记庄严宣告：我国脱贫攻坚战取得了全面胜利！参见习近平《在全国脱贫攻坚总结表彰大会上的讲话》，人民出版社2021年版，第1页。

化部于 2012 年颁布的《关于加强非物质文化遗产生产性保护的指导意见》，明确要求将非物质文化遗产保护工作与增加就业、提高人民生活水平、改善地区经济等其他方面的治理目标结合起来。2013 年，"精准扶贫"成为中国脱贫攻坚的首要战略，非物质文化遗产保护与改善民生的联系被进一步加强。

"精准扶贫"这一新兴反贫困战略比中国以往的反贫困措施更加广泛、深刻与精密。除了向交通道路和互联网等基础设施投入巨额资金，中国政府还通过小额信贷、电子商务、旅游和创业培训等多种手段来解决贫困问题。[①] 如同前文所分析的那样，其中许多领域与非物质文化遗产生产性保护直接相关。

2016 年，联合国教科文组织发布了第四版《实施〈保护非物质文化遗产公约〉的业务指南》（以下简称《业务指南》），阐述了保护非物质文化遗产和包容性经济发展之间的联系。修订后的《业务指南》特别鼓励缔约国采取适当的法律、技术、行政和财政措施（包括税收优惠）来促进社区、团体和个人在实践和传播其非物质文化方面的生产性就业和体面工作。

在保护非物质文化遗产方面，中国政府迅速将联合国教科文组织"包容性经济发展"的愿景与精准扶贫议程结合起来。2018 年，文化和旅游部办公厅发布了《关于大力振兴贫困地区传统工艺助力精准扶贫的通知》，要求省级政府建立贫困地区传统工艺品的设计、展示和销售平台。随后，该部与国务院扶贫开发领导小组办公室（2021 年 2 月 25 日，正式挂牌为国家乡村振兴局）联合启动了一项计划，建立非物质文化遗产培训网络，旨在为贫困个人和家庭提供就业机会和收入来源。该计划要求地方政府确定适合生产性保护的非物质文化遗产项目，并为建立非物质文化遗产培训计划提供资源。此外，贫困家庭被动员起来，接受非物质文化遗产培训。该计划还鼓励大学、企业和专业协会帮助非物质文化遗产团体改进其产品设计以更好地满足市场需求，并利用电子商务平台以及传统媒体和新媒体

---

① Yang Zhou et al., "Targeted Poverty Alleviation and Land Policy Innovation: Some Practice and Policy Implications from China", *Land Use Policy*, Vol. 74, May 2018.

等渠道来进行宣传，以促进相关产品的销售。

（三）加深公众对非物质文化遗产保护工作的了解与支持

中国政府正在通过多项战略向民众更广泛地宣传非物质文化遗产保护的价值和意义。例如，政府通过大力投资实体和数字基础设施以促进非物质文化遗产的展示和传播。2012年，文化部、财政部共同组织实施全国文化信息资源共享工程。该工程促进图书馆、博物馆、美术馆、专业组织和研究机构通过互联网和传统大众媒体向公众分享其文化产品，包括数字档案和可视化非遗资料。同年，上述两部委还联合启动了公共电子阅览室建设计划，旨在为青少年、老年人和农民工提供公共图书馆和互联网的数字资源。

通过实施这些计划，非物质文化遗产保护已经成为一个日益受到公众关注的话题，在充满活力的新媒体平台上尤其如此。例如，截至2024年8月，"非物质文化遗产"话题标签视频在抖音上获得了超过404亿次播放量。顺应这一趋势，不少地方政府部门——特别是文化和旅游部门——开始积极打造以辖区非物质文化遗产及其保护工作为特色的新媒体内容，以吸引游客和投资者。此外，许多个人和商业实体也加入了制作非遗主题内容的大潮，以提升品牌知名度、吸引在线用户并试图赢得潜在客户的关注。

此外，中国政府还组织了一些备受瞩目的活动，以提高公众保护非物质文化遗产的意识。2006年，中国政府将每年6月的第二个星期六命名为"文化遗产日"，并于2016年将其更名为"文化和自然遗产日"。此后，在2016年至2023年八年间，五个"文化和自然遗产日"的主题都与非物质文化遗产密切相关。每逢文化和自然遗产日，各级政府都会举办各种活动，以提高公众保护非物质文化遗产的意识。此外，中国政府还组织了民间音乐、戏曲等非物质文化遗产领域的全国性比赛，其中一些竞赛旨在吸引年轻一代参与到保护非物质文化遗产的事业中。例如，2011年和2014年，作为中国政府文化艺术奖评选的一部分，文化部组织了两届全国大专院校学生中国传统地方戏曲比赛。2018年，文化部又组织了一系列高校地方戏曲教学示范演出。这些活动不仅提高了公众对非物质文化遗产的认识，也刺激了高等教育机构开展非物质文化遗产相关研究。与此同时，各级政府也积极提供经费和各种形式的支持，鼓励研究机构和大学开展与非物质文化遗产相关的研究项目。例如，近年来国家社科基金艺术学项目课题指南中对于与非物质文化遗产相关的研究选题越来越重视，鼓励非物质文化遗产领域的学术进步。

中国政府还做出了巨大努力，以提升农村和欠发达地区公众对非物质文化遗产的认识。2012年，文化部实施"春雨工程"，向民族地区派遣志愿者，培养当地文化人才，以帮助这些地区早日实现文化与知识的数字化。2013年，文化部组织开展了一系列志愿者活动，在农村和欠发达地区开展文艺演出、宣传文化艺术知识和举办文化展览。2017年，中央多部委联合印发《关于戏曲进乡村的实施方案》，安排专业戏曲表演团体、戏曲专家、非物质文化遗产传承人和业余爱好者、志愿者团体等开展戏曲下乡活动，到广大农村地区进行演出。这些举措为通常无法充分获得文化资源的农村民众提供了免费或低成本的娱乐活动。这些活动不仅提高了公众对非物质文化遗产的认识，也为中国传统戏曲等各类非物质文化遗产的生存和发展提供了机会。[①]

四 非物质文化遗产保护工作国家主导治理模式的优势与挑战

通过前文对当代中国非物质文化遗产保护领域的法律框架与政策实践所展开的系统分析，我们不难发现国家在该领域治理中扮演着显而易见的主导角色。可以说，国家主导的治理模式，是中国非物质文化遗产保护工作的最明显特征之一。

从法律框架观察，在2011年颁布的《中华人民共和国非物质文化遗产法》中，虽然有部分条款规定国家鼓励公民、法人和其他组织参与非物质文化遗产保护，但该法的关注重点，却明显落脚于各级各类政府机构的

[①] 胡劲松：《振兴戏曲面临的问题与对策》，《中国艺术时空》2018年第6期。

职责和管辖权。该法第 7 条第 1 款更明确规定：非物质文化遗产保护的最终责任由国务院文化主管部门和地方政府文化主管部门负责。

值得指出的是，在当代中国，即使在新媒体等通常被认为更容易与自下而上的治理范式相关联的领域，非物质文化遗产保护工作中国家主导的特征也显而易见。许多政府机构直接制作和推广以非物质文化遗产为主题的新媒体内容，以推进其治理进程。既有研究还表明，中国政府非常善于利用新媒体动员网民成为"思想工作合作者"，强化民众对国家与中华民族的价值认同。[1] 此外，在当代中国，很多由民众自发创作的非遗主题新媒体内容，也是对政府推广非物质文化遗产努力所作出的市场反应。换句话说，如果没有政府对非物质文化遗产保护的持续推动，中国新媒体的非物质文化遗产热潮很难获得持续。

国际上对非物质文化遗产保护的讨论，主要侧重于强调以遗产传承人为代表的实践者所发挥的重要作用。然而，以笔者在景德镇实地调研所发现的情况为例，至少在当今中国，国家在建构非物质文化遗产保护的良性生态环境中的作用不容忽视。笔者认为，重振景德镇瓷器行业中的传统工艺，关键在于三个方面。首先，这座城市的众多工匠需要有体面的收入、工作保障、基本福利和发展机会。只有拥有这些条件，他们才会有能力发挥主观能动性来提升传统工艺技能、增进知识和技术，并提高生产实践的艺术价值。在当今中国，国家显然是能够创造这些条件的重要主体。其次，在缺乏有效协调人的情况下，当今景德镇的大多数私人作坊和工厂缺乏与当地研究机构和大学进行沟通或互动的渠道。因此，地方政府需要建立新的沟通渠道和交流平台，为非物质文化遗产保护的实践者和研究者之间共享知识创造条件，并促进二者在开展研究和发展传统技艺方面进行合作。最后，尽管自发性的学徒制度已经在景德镇的一些瓷器作坊中发展起来，但如果没有地方政府的介入，在 20 世纪中期被取缔的传统行会很难自我

---

[1] Maria Repnikova and Kecheng Fang, "Authoritarian Participatory Persuasion 2.0: Netizens as Thought Work Collaborators in China", *Journal of Contemporary China*, Vol. 27, No. 113, April 2018.

第六章　非遗治理中的国家角色与体系特色

再生，而政府支持的非物质文化遗产传承人制度，则可以在一定程度上填补这个空白，促进传统技艺的传承与创新。① 可见，尽管市场需求导向是传统技艺的一个基本属性，但保护和发展传统工艺的知识、技能和技术需要的不仅仅是市场。因此，与其采取自由放任的态度，国家可以并且应该在提供社会福利、促进技术合作和培养技能传承网络方面更加积极主动，以促进非物质文化遗产的保护。

通过国家主导的治理模式，中国各级政府发起、资助和运行了许多非物质文化遗产项目。然而，这种保护非物质文化遗产的方法也带来了一些严峻的挑战，限制了中国相关立法和政策努力的有效性，甚至会影响一些旨在吸引私人投资保护非物质文化遗产的政策举措。具体来说，国家主导的非物质文化遗产保护模式，可能存在四个方面挑战。

第一，在国家主导的非物质文化遗产保护治理实践中，自上而下的政策举措可能会忽视地方具体情况的差异，因此在基层并不总是切实可行或有效。② 例如，中央政府出台了鼓励企业建设非物质文化遗产活动场所的政策。但是，只有直接投资于被国家正式认可的非物质文化遗产场所，才有资格享受相关的财税优惠。然而，许多富有价值或者濒临失传的非物质文化遗产位于偏远村庄，没有良好的道路和互联网等基础设施，如果没有资金提供接入这些村庄的实体或虚拟通道，直接资助建设非物质文化遗产场所的政策就会变得毫无意义。同样，为促进非物质文化遗产的生产性保护，中央政府倡导农村社区举办传统节日；然而，在许多居民已经搬到城市寻找工作和其他机会的村庄，这些活动的效果可能非常有限。

第二，在一些领域，政府指令可能与市场力量相抵触，因而其效力可能会受到很大程度的影响和限制。例如，2012 年，文化部印发了《关于鼓励和引导民间资本进入文化领域的实施意见》(以下简称《实施意见》)。

---

① 关于这些问题更加详细的说明与讨论，请参阅 Yawen Xu and Yu Tao, "Cultural Impacts of State Interventions: Traditional Craftsmanship in China's Porcelain Capital in the Mid to Late 20th Century", *International Journal of Intangible Heritage*, Vol. 17, August 2022。

② 谭宏：《冲突与协调——中国非物质文化遗产名录制度的人类学反思》，《文化遗产》2016 年第 4 期。

遵循《实施意见》中的相关精神，中央制定了一系列优惠政策，通过土地、信贷和税收等方面的优惠，吸引私人投资文化项目，包括与非物质文化遗产相关的旅游项目。然而，正如一位旅游行业资深人士所指出的那样，针对非物质文化遗产的商业利用，往往受到非物质文化遗产固有性质的阻碍，导致其生产缺乏规模经济并分散在多个地理位置，而政府的优惠政策往往并不能解决这些问题。① 出于同样原因，有分析者认为，并非所有涉及非物质文化遗产的扶贫项目，都取得了预期的成效。②

第三，一些片面强调通过行政手段促进政策实施的做法，可能发挥不利于非物质文化遗产保护的作用。例如，文化部于 2012 年发布的《关于加强非物质文化遗产生产性保护的指导意见》，明确呼吁建立非遗相关产品和服务的专业标准。同一些学者所指出的那样，这类专业标准可以为国家规范非物质文化遗产商业活动提供清晰便捷的框架，从而受到许多政府机构的欢迎、拥护和推广。③ 然而，正如许多学者指出的那样，过于明确的专业标准，可能会阻碍非物质文化遗产的自然发展和演变④，还可能导致非物质文化遗产的某些元素失去与地方性特征密切关联的丰富多样性⑤。此外，片面强化专业标准的约束效力，可能会弱化非物质文化遗产基层从业者在形塑相关治理实践方面的作用，从而边缘化他们的个人创造力和能动性。

第四，与许多其他国家的情况一样，中国各级政府需要利用有限的资源来实现不同的政策目标。尽管非物质文化遗产保护已被法律规定为中国各级政府的长期责任，但在与其他政策目标的竞争中，这项工作并不总会被优先考虑。例如，文化部 2012 年发布的《关于加强生产性非物质文化

---

① 吴彤：《谁可能投资非遗》，搜狐网，2020 年 4 月 26 日，https://www.sohu.com/a/391405178_700633。
② 刘杰：《非遗扶贫的作用机制、实践困境与路径优化》，《财政科学》2019 年第 8 期。
③ 王霄冰：《祭孔礼仪的标准化与在地化》，《民俗研究》2015 年第 2 期；胡玉福：《非遗保护标准与文化多样性的矛盾与调谐》，《文化遗产》2018 年第 6 期。
④ 胡玉福：《非遗保护标准与文化多样性的矛盾与调谐》，《文化遗产》2018 年第 6 期。
⑤ 李凡：《神灵信仰的标准化与本土化——以胶东半岛妈祖信仰为例》，《民俗研究》2015 年第 3 期。

遗产保护的指导意见》等许多官方文件表明，中国政府认为非物质文化遗产保护不仅是一项政策目标，也是实现发展经济、创造就业机会和加强民族团结等其他战略目标的手段。然而，在现实中，一些地方政府为了追求经济增长和发展就业，放松或忽视了对非遗相关产品和服务质量的监管义务，威胁到非物质文化遗产的原真性，从而损害了其他非物质文化遗产保护努力的效果。[①] 此外，公共电子阅览室建设项目旨在增加公众获取文化信息（包括非物质文化遗产资料）的机会，要求地方政府负责维护和管理电子阅览室；然而，在现实中，许多地方政府却难以承担这一成本。[②] 因此，一些公共电子阅览室的服务和设施还很不理想，限制了它们在提高公众非物质文化遗产认知等方面所发挥的作用。[③]

结　语

在 2004 年加入联合国教科文组织《保护非物质文化遗产公约》之前，中国就已经做出了保护现在被称为"非物质文化遗产"的各种形式文化资源的努力。在中国政府加入该公约后，非物质文化遗产保护逐渐成为各级政府的一项重要工作，也为我们观察文化治理的中国模式提供了一个重要案例。

本章展示了有中国特色的国家主导治理方式如何通过包括立法、行政、动员和倡议多种手段在文化治理领域发挥作用。我们的研究表明，在当代中国，以非物质文化遗产保护领域为代表的文化领域的治理实践，与其他许多领域的治理方式颇为相似，国家、市场和社会在多个维度和层次上持续相互影响。在保护非物质文化遗产的过程中，包括中央政府、地方

[①] 李烨：《非物质文化遗产旅游化生存模式及风险研究：以天津为例》，南开大学出版社 2015 年版。

[②] 张明乾：《宁夏图书馆数字文献共享平台建设》，《价值工程》2014 年第 34 期。

[③] 张明乾：《宁夏图书馆数字文献共享平台建设》，《价值工程》2014 年第 34 期；银晶：《国内公共电子阅览室建设与思考》，《图书馆理论与实践》2017 年第 5 期。

政府、传承人和社会团体在内的多个治理主体紧密合作，催生了"生产性保护"这一有中国特色的非物质文化遗产保护模式，围绕非遗保护这一共同目标，将国家意志、市场机制和公众观念有机整合到了一套治理框架之中。

就法律框架而言，继2005年国务院基本文件之后，主要由当时的文化部发起，一系列专门的、全国性的政策措施相继出台并得以推广实施。与此同时，各级地方政府也通过采纳或调整国家措施，制定了诸多旨在保护非物质文化遗产的地方性法规。最后，2011年颁布的《中华人民共和国非物质文化遗产法》，成为当代中国非物质文化遗产保护多层级立法框架的基础支点。

此后，"生产性保护"这一有中国特色的非物质文化遗产保护模式逐渐兴起。该模式明确将非物质文化遗产保护工作与经济发展联系起来。追随"生产性保护"的模式，中国将联合国教科文组织的包容性经济发展理念与自身的精准扶贫议程相结合，推出了多项基于实践的政策举措来解决贫困问题。此外，中国政府还采取了其他许多举措（包括利用日益流行的新媒体平台）以提高公众对非物质文化遗产保护工作的理解和支持。

中国在非物质文化遗产保护方面的许多工作，都深受该领域国际专业规范和标准的影响，特别是《保护非物质文化遗产公约》。联合国教科文组织确定并推荐的一些非物质文化遗产管理实践先进理念与核心主张，如包容性发展、社区参与、公众非遗意识等，已融入到中国各项非遗保护工作中。如今，中国已成为联合国教科文组织最大的政府资助来源之一。[①] 理解中国在非物质文化遗产保护方面的立法、政策和实践如何与国际规范和标准相联系与区别，具有重要的现实意义，也亟待后续的系统性比较分析来填补这一空白。

此外，正如本文所揭示的，中国的非物质文化遗产保护工作，在某些方面也存在受到国家主导治理模式掣肘的情况。当然，与此相关的许多挑战，并不仅仅出现于非物质文化遗产保护工作中。相反，它们反映了国家

---

① Ji Yuqiao, "China's Support and Contribution to UNESCO", *Global Times*, September 24, 2020.

主导治理模式中一些深刻的结构性张力,例如政府的权责范围并不总是明确清晰、不同政策目标之间存在竞争关系,以及资源和义务在不同政府层级之间的不合理分配等。① 我们认为,进一步探究这些影响治理效果的结构性张力是否以及如何能够得到解决,具有重要的理论和现实意义,值得进一步展开理论分析和实证研究。

---

① 陶郁、侯麟科、刘明兴:《张弛有别:上级控制力、下级自主性和农村基层政令执行》,《社会》2016年第5期;陶郁、刘明兴、侯麟科:《地方治理实践:结构与效能》,社会科学文献出版社2020年版;Luca Zan, Bing Yu, Jianli Yu, and Haiming Yan, *Heritage Sites in Contemporary China: Cultural Policies and Management Practices*, London: Routledge, 2018。

超越非遗保护：非遗治理的概念廓清与再阐释

彭琪

摘要：核心概念承担着揭示事物本质、产生成熟理论以及推动实践发展的重要使命。然而在非物质文化遗产（以下简称非遗）领域中，已有的核心概念缺乏较强的理论统摄性和现实解释力，难以与当前复杂化的治理实践相匹配。在系统分析"非遗保护"在概念定义、概念面貌以及概念测量等方面存在一定限度的基础上，总结了中国非遗治理概念的基本内涵：在逻辑起点上，具有"修补""提升"双重面向的非遗治理寻求重新塑造国家与民间文化的连接；在理论基础上，以非遗治理主体所构成的"米"字形关系结构为现实参照，非遗治理提出了非遗领域中的参与式治理理论；在价值追求上，从价值引领、价值导向和价值禀赋三个方面出发，非遗治理提倡非遗的理想化属性需要向文化先进性、文化人民性以及文化真实性靠拢。非遗治理概念的廓清与再阐释，不仅为充分理解非遗现象、有效评估非遗影响奠定了坚实基础，还为开展跨学科对话、形成具有中国特色的非遗治理话语体系提供了有益视角。

引 言

非遗保护是当代中国文化研究的重要研究内容，也是当前非遗事业发展的核心目标之一。社会各界对非遗保护的密切关注，不仅推动了人们对于传统文化的当下定位、传统与现代的关系等话题的探索与反思，还使一度被视为是神权政治和大众愚昧观念象征、与现代民族国家理想相悖的

"遗留物"①逐渐转变为融入国家发展战略、人民群众喜闻乐见的公共文化。

以"非遗保护"这一核心话语为驱动,中国的非遗研究和非遗实践均产生了较大变化:在非遗研究方面,与以往研究聚焦于单一文献资料、特定研究主题,对非遗开展静态刻画不同,当前中国非遗研究逐渐呈现出"文献与田野并重""理论与实践结合"等特色,在研究方法、维度以及态势等方面取得了重要突破,为非遗研究体系建构、非遗学科建设奠定了良好基础②;在非遗实践方面,在以项目制形式进行纵向行政发包、联合各类社会组织开展横向分类控制的过程中,③非遗宣传、普及力度不断增强,广大民众对非遗的保护意识逐渐提升,并以文化体验、文化消费等多种形式表达对于非遗的喜爱。例如,文旅产业指数实验室推出的《2022非物质文化遗产消费创新报告》显示,当前非遗消费呈现出稳定增长趋势,"2022年,淘宝平台非遗店铺数为32853家,较2020年增长9.5%;非遗交易额较2020年增长11.6%。非遗商品消费者规模达亿级,'90'后和'00'后正在成为非遗商品消费主力"。④

在看到非遗事业在创新文化表达方式、唤起社会民众文化自觉、增强国家文化软实力等方面取得可喜成就的同时,我们仍需注意到,当前非遗屡屡遭受伪民俗、假非遗、假保护等质疑⑤,在复兴地方民俗与推动文化标准化⑥之间、在加强国家行政渗透与维持地方文化自治传统之间⑦

---

① 沈洁:《"反迷信"话语及其现代起源》,《史林》2006年第2期。
② 高艳芳:《新世纪以来中国非物质文化遗产研究的转向与成因》,《理论月刊》2023年第3期。
③ 刘彦武:《背离与回归:基于行政发包制的社区文化治理研究》,《马克思主义文化研究》2022年第2期。
④ 《2022非物质文化遗产消费创新报告》,《中国旅游报》2022年11月23日。
⑤ 详见高小康《走向"后申遗时期"的传统文化保护》,《江苏行政学院学报》2012年第2期;林琰、李惠芬《非物质文化遗产的保护机制与活化路径》,《南京社会科学》2023年第3期。
⑥ Taylor, "Intangible Heritage Governance, Cultural Diversity, Ethno-Nationalism", *Focaal*, Vol.55, December 2009, pp. 41–58.
⑦ Aurore Dumont, "Turning Indigenous Sacred Sites into Intangible Heritage: Authority Figures and Ritual Appropriation in Inner Mongolia", *China Perspectives*, Vol.126, No.3, 2021, pp. 19–28.

摇摆不定，甚至部分非遗在"低端非遗化"的过程中出现了再度边缘化的迹象①。上述情况在一定程度上表明，当前非遗亟须跳出高社会关注而低治理绩效、社会覆盖面广而参与水平低、能实现文化延续而不均衡发展的保护怪圈。要想走出这种非遗发展困境，首先需要重新寻找兼具理论统摄性和现实解释力的核心概念，将非遗从不言自明、无须深究的社会现象被提取、转化为穿透事实、反映本质的学术议题；将非遗从一个具有显著西化特征的工作概念提取、转化为推动国际平等对话、融合中国特色、具有普遍意义的学术概念；②将中国在近20年的非遗实践中形成的相对零散、多元化的本土经验提取、转化为支撑非遗学科发展、指引行动方向的知识体系。因此，本文从理论叙事出发，在对非遗保护概念的限度进行重新审视与反思的基础上，尝试对非遗治理概念的核心内涵进行系统梳理与总结，并进一步指出了非遗治理概念成为推动理论与现实对话的桥梁的可能着力点。

一　走出迷思：非遗保护的概念化限度

非遗保护作为当下非遗领域中的关键词，频繁出现在非遗研究与非遗实践之中，在事实上构成了探索非遗本质、了解非遗现状难以回避的重要概念。但是对于非遗保护理所当然地接纳甚至过度推崇的态度也导致部分文化主体陷入了非遗浪漫化、脆弱化的迷思之中，未能充分意识到非遗保护在概念定义、概念面貌以及概念测量上存在的多重限度。

---

①　"低端非遗化"意味着部分非遗处于停滞于非遗制度体系的初级阶段、难以吸纳发展资源、被动应对发展危机的状态。详见李舒恬《双重边缘化：东莞手工腐竹的日常实作与官民「非遗化」治理》，硕士学位论文，台湾大学，2019年。

②　刘壮：《非物质文化遗产学的研究对象、方法与知识生产》，《民族艺术》2012年第1期。

（一）非遗保护概念定义的模糊性

非遗保护最早产生于联合国教科文组织《保护非物质文化遗产公约》，中国在2004年8月经全国人大常委会批准，正式成为缔约国之后，这一概念也随之引入国内，成为中国制定非遗政策、开展非遗实践无法回避的工作概念。但是，非遗保护在适应中国情境、解释中国现象的概念旅行过程中，出现了概念拉伸问题。这突出表现在非遗政策文本转译上。这里的转译事实上包括两重维度：从国际到国内的转译以及从国家层面到地方层面的转译。

在第一重从外向内的转译中，《保护非物质文化遗产公约》（2003）第一章第2条对何为"safeguarding"进行了明确界定：

"Safeguarding" means measures aimed at ensuring the viability of the intangible cultural heritage, including the identification, documentation, research, preservation, protection, promotion, enhancement, transmission, particularly through formal and non-formal education, as well as the revitalization of the various aspects of such heritage.[1]

可以看到，作为伞式概念的"safeguarding"包含了identification, documentation, research, preservation, protection, promotion, enhancement, transmission revitalization等诸多内容。而在中文版的《保护非物质文化遗产公约（2003）》中，并未对"safeguarding"和"protection"进行区分，而是均翻译为"保护"：

"保护"指确保非物质文化遗产生命力的各种措施，包括这种遗产各个方面的确认、立档、研究、保存、保护、宣传、弘扬、传承（特别是通

---

[1] "Convention for the Safeguarding of the Intangible Cultural Heritage", UNESDOC, October 17, 2003, https://unesdoc.unesco.org/ark:/48223/pf0000132540.

过正规和非正规教育)和振兴。①

由此,非遗保护在中文语境中出现了"大保护"与"小保护"之分,也有学者将此称之为"预防式保护"和"反应式保护",并指出"safeguarding"层面的"预防式保护"不仅需要应对"protection"层面的保护所面对的现实威胁,还需将潜在威胁纳入考察视野。② 随后,在综合考量《保护非物质文化遗产公约》(2003)精神以及中国传统文化发展现状的基础上,《关于加强我国非物质文化遗产保护工作的意见》(2005)这一早期纲领性文件的附件1《国家级非物质文化遗产代表作申报评定暂行办法》第七条从广义层面的"大保护"出发,对"保护"作出了如下界定:

(五)保护:采取切实可行的具体措施,以保证该项非物质文化遗产及其智力成果得到保存、传承和发展,保护该项遗产的传承人(团体)对其世代相传的文化表现形式和文化空间所享有的权益,尤其要防止对非物质文化遗产的误解、歪曲或滥用。

此后,非遗保护的概念内涵与外延随着国家与社会对于非遗认知的深化,一直处于动态调整之中,这在立法过程中表现得尤为明显。在2011年颁布的《中华人民共和国非物质文化遗产法》中,"保护"与"保存"成为并列的伞式概念,第三条也对何为"保存"和"保护"作了进一步解释:

第一条 为了继承和弘扬中华民族优秀传统文化,促进社会主义精神文明建设,加强非物质文化遗产保护、保存工作,制定本法。

第三条 国家对非物质文化遗产采取认定、记录、建档等措施予以保存,对体现中华民族优秀传统文化,具有历史、文学、艺术、科学价值的

---

① 《保护非物质文化遗产公约》,《中华人民共和国全国人民代表大会常务委员会公报》2006年第2期。

② 张骁鸣、周淑君:《当我们谈"保护"时,我们在谈些什么?——对非物质文化遗产保护若干核心概念的讨论》,《中国文化产业评论》2020年第2期。

第六章 非遗治理中的国家角色与体系特色

非物质文化遗产采取传承、传播等措施予以保护。

在相关法条释义中,全国人大常委会法制工作委员会行政法室也进一步指出,此处的"保护"与《保护非物质文化遗产公约》(2003)中的"保护"相比,内涵更为狭窄。具体而言,出于对中文语境中的"保护"含义偏积极、需要甄别不同非遗的文化价值等因素的考虑,一方面,在保护与保存、保护与利用的关系上,《中华人民共和国非物质文化遗产法》提出了一律保存与选择性保护、有效保护基础上的利用等处理策略;另一方面,在法的名称设置上,为了确保保护与保存内容的全覆盖、"避免公众产生对所有的非物质文化遗产不加区分地一律进行保护的误解",《中华人民共和国非物质文化遗产法》没有在法名中添加"保护"一词。[1]值得注意的是,在地方立法中,部分地区更多是从"大保护"理念出发,选择在法名中保留"保护"二字,将相关行动均涵盖于"保护"之下,但是各自的"保护"内涵依然存在较大差异(如表1所示)。

上述现象表明,中国非遗保护概念在不同情境下依据不同主体的理解,在伞式概念"大保护"所处的"基本层次"与分支性概念"小保护"所处的"第二层次"之间来回滑动[2],相应的内涵与外延也处于动态变化之中(如表2所示)。进而言之,概念拉伸问题的存在,一方面使非遗保护难以成为一个稳定的概念,凝聚好社会各界对于非遗工作高度共识性的理解;另一方面过度扩张非遗保护概念的应用范围而忽视概念精准度的做法也导致对不同非遗代表性项目进行科学控制与比较的标准难以产生,在相当程度上阻碍了不同主体间的交流与实践,导致"我们只能在经验和理论混乱的海洋中游泳"[3]。

---

[1] 全国人大常委会法制工作委员会行政法室:《中华人民共和国非物质文化遗产法释义及实用指南》,中国民主法制出版社2011年版,第20—21页。

[2] [美]加里·戈茨:《概念界定:关于测量、个案和理论的讨论》,尹继武译,重庆大学出版社2014年版,第4页。

[3] Giovanni Sartori, "Concept Misformation in Comparative Politics", *American Political Science Review*, Vol.64, No.4, 1970, pp. 1033–1053.

表1　部分地方性法规中的"保护"

法规名称	施行日期	"保护"的定位
《上海市非物质文化遗产保护条例》	2016年5月1日	调查、保存、认定、利用、传承、传播
《武汉市非物质文化遗产保护条例》	2016年11月1日	保护、传承、利用、发展
《南京市非物质文化遗产保护条例》	2017年3月1日	调查、认定、保存、传承、传播、利用
《河池市非物质文化遗产保护条例》	2018年1月1日	保护、保存、传承、利用
《滁州市非物质文化遗产保护条例》	2018年1月1日	传承、传播、利用和发展
《天津市非物质文化遗产保护条例》	2019年1月1日	调查、认定、保存、传承、传播、利用

资料来源：国家法律法规数据库。

表2　概化阶梯：非遗保护的内涵与外延

内涵	举例	外延
是对非遗工作的统称或是非遗工作中具有一定先后顺序的特定环节	调查、保存、认定、利用、传承、传播；保护与利用/保护与传承	大；中等
是对非遗工作中依据非遗存续状态而提出的针对性策略	抢救性保护、生产性保护、整体性保护	小
是对非遗工作中依据文化价值评估而采取的选择性处理措施	保存与保护	中等

资料来源：笔者自制。

（二）非遗保护概念面貌的片面性

要想真正成为非遗领域中的统摄性概念，避免陷入"概念孤儿"的尴尬境地，在保持概念内涵与外延清晰的基础上，还需要以一定的知识体系和话语体系为支撑，将相关事实完整地反映、提取出来，将众多零散化、碎片化的概念按照一定的主线与逻辑思维串联起来，从而形成多元化的学术流派与研究脉络[①]。有学者指出，科学的概念建构需要"实现理论、实践

---

① 徐勇：《将概念带入学术体系：为"概念孤儿"寻家》，《中国社会科学评价》2022年第4期。

和历史等维度的全覆盖"。① 由此观之,注重挖掘实践层面上他国先进经验和中国实践智慧的非遗保护尚未能实现统摄性概念在理论层面、历史层面的全覆盖。

从理论层面来看,中国非遗保护的理论预设长期滞后于相关的社会实践,这与非遗事业本身的庞大体量、非遗所获得的较高社会关注度极不相称。当前非遗保护隐含的理论预设包括以下两点:一是被吸纳到非遗名录体系之中的传统文化具有一定的脆弱性,即非遗都是需要被保护的对象;二是相较于未被吸纳到非遗名录体系之中的传统文化,非遗的文化质量较高,即非遗都是值得被保护的对象。但是,对于非遗的浪漫化想象及其生存危机并不是非遗工作所面对的全部事实。如果将非遗视为核心研究对象,可以发现,当前非遗事业具有文化负功能、行政刚性、市场野性这三重发展瓶颈:首先,文化负功能很大程度上源于文化内涵、话语诠释在层累性建构过程中被异化,非遗出现"伪标准化"现象,导致文化的差异性与不足被正统标签所掩盖②,非遗发展难以落到实处。其次,科层制相对固定化的制度框架、行政化的运行逻辑难以应对由文化内涵丰富性、文化场景与界面多样化所带来的复杂性,导致刚性行政手段与弹性文化需求之间产生适配性偏差。最后,在寻找传统文化与现代生活的连接点的过程中,注重社会效益的非遗发展不可避免地会受到市场经济利益导向的强势渗透,导致部分非遗在过度商业化的裹挟下变味、变质,甚至失去文化应有的社会功能。

从历史层面来看,已有非遗保护研究在梳理非遗的历史脉络时,主要将非遗视为"概念移植"的产物③,聚焦于中国非遗从无到有、从国际走向国内的发展轨迹,较少从大历史观出发,将中国非遗制度以及相关实践与

---

① 王衡:《全过程人民民主的概念建构:出场语境、逻辑理路与内在优势》,《南昌大学学报》(人文社会科学版)2023年第2期。
② Michael Szonyi, "Making Claims About Standardization and Orthopraxy in Late Imperial China: Rituals and Cults in the Fuzhou Region in Light of Watson's Theories", *Modern China*, Vol.33, No.1, 2007, pp. 47–71.
③ 李菲:《理论旅行:本土语境下的非遗阐释与操作》,《贵州社会科学》2012年第12期。

中国自古以来的民间文化保护传统、文化建设工作之间进行深入的关联性思考与对话，这使得相关研究在一定程度上忽视了当前"新"现象背后"旧"事实可能的历史延续性。例如，在制度建设方面，当前的非遗保护制度与始于宋代的封号赐额制度同样都是国家机器试图通过制度化方式来填充社会的文化空隙的表现；在法律建设方面，《宋会要辑稿》《庆元条法事类》等历史文献均记载了官方对于扰乱社会秩序、威胁地方治安的"淫祀"予以严厉打击，颁布了诸多朝廷禁令；在文化保护方面，古代中国既有描述民间文化的《诗经》《乐府诗集》等经典著作、以采集、弘扬各地民情风俗为目标的"采风"运动，也有西汉武帝时期以"崇儒更化"为主线的主流文化建设①。非遗保护对于历史线索的忽视，意味着相关研究要么会在针对当前的非遗现状做出即时即地的简单归因的过程中出现"就非遗谈非遗"的偏差，要么会在遗漏国家与特定民间文化互动的初始条件或者长时段因果关系的过程中得出较为片面的研究结论。

总而言之，非遗保护概念在实践、理论、历史层面上的非均衡发展表明，如果持续以这种相对孤立状态下的非遗保护作为非遗领域中的统摄性概念，将使非遗在持续对象化的过程中成为缺乏自主性的存在，相应的非遗研究在忽略部分事实、缺乏历史视角的过程中难以建立具有持久解释力的理论，而非遗保护概念本身也因此难以实现从具有事实意义的工作概念到系统化的学术概念的"惊险一跃"。

（三）非遗保护概念测量的悬浮化

作为衡量概念有效性的重要标准，概念测量是对于特定概念基本结构、现实应用情境的集中揭示，也是提升研究结论解释力与预测力的着眼点。在理想状态下，概念测量以一定的衡量标准为前提，推动两个目标的实现：一是通过提出一系列可观测的指标实现理论建构的具体化②，即概念

---

① 刘国民：《论汉武帝时期的"崇儒更化"》，《中国青年社会科学》2016年第6期。
② 李艳霞：《政治科学理论叙事中的概念界定与测量——以"政治认同"为例》，《社会科学战线》2021年第12期。

测量与理论相契合；二是借助对概念核心要素的精准提炼实现对经验现实的抽象化，即概念测量与现实相呼应。由此，本文从非遗研究与非遗实践两方面出发，分析非遗保护概念的测量过程。

在非遗研究中（如表3所示），非遗保护概念测量主要围绕非遗保护的特定环节或议题（如非遗利用、非遗传播、非遗传承）而展开，其中非遗在旅游开发的过程中如何在尽量不破坏非遗原貌的基础上得以充分且有效利用、非遗如何在数字化转型背景下得以突破以往相对碎片化、小众化等传播困境以及非遗如何在不同文化空间或特定群体中实现活态传承等研究问题成为相关研究的关注焦点。这在一定程度上为克服由非遗的非物质性所带来的难以直接测量、即时验证难题给出了较好的替代性解决方案，但是也在无形之中走向了"非遗保护概念测量＝非遗保护某环节或议题测量"的误区，在将层次化的非遗保护概念扁平化测量、多维度的非遗保护概念片段化测量的同时面临着概念悬浮风险。在这一情境下，看似非遗保护概念的每个维度均对于全面把握非遗保护概念十分必要，但是相关研究结论却在某种程度上暗示着，即使只提取了非遗保护概念的特定维度予以测量，也足以确认、反映非遗保护概念测量的整体状态，而这显然是失之偏颇的。

表3　　　　　　　　　　中国非遗研究中非遗保护概念测量情况（部分）

关注议题	作者	基本层	维度层	指标层
非遗利用	陈炜、文冬妮（2011）	西部地区非物质文化遗产旅游开发适宜性	开发潜力（子维度2）、开发条件（子维度3）、利益相关者因素（子维度3）、开发利益（子维度2）	26个指标
	张涛、李玺、温慧君（2019）	非遗原真性	客观原真性、建构原真性和存在原真性	10个指标
	Su, X., Li, X., Wu, Y., & Yao, L. (2020)	非遗传承人对非遗的价值认知	象征性价值；经济价值；历史价值；美学价值；社会价值	25个指标

续表

关注议题	作者	基本层	维度层	指标层
非遗利用	Xiao, L. (2022)	非遗旅游价值	\	国家级非遗代表性项目的分布数量、密度、非遗旅游业与相关产业之间的灰色关联
	Luo, W., Lu, Y., Timothy, D. J., & Zang, X. (2022)	居民保护非遗的行动意向	\	4个指标
非遗传播	Xue, K., Li, Y., & Meng, X. (2019)	非物质文化遗产数字传播效果	技术层（子维度3）；中间层（子维度4）；文化层（子维度4）	43个指标
	孙传明、李浩（2020）	非遗新媒体传播力	\	总阅读量
	薛可、李柔（2020）	非物质文化遗产数字信息的传播	信息丰富度；信源公信力；信息传播热度	8个指标
	徐孝娟、赵泽瑞、吴曼丽、宋士杰、潘冬银（2022）	用户非遗信息搜寻意愿	\	3个指标
非遗传承	崔家宝、周爱光、陈小蓉（2019）	传承活跃度	\	7个指标
	陈波、赵润（2020）	中国城市传承非遗场景力	社区、设施、人群、活动、价值观	31个指标
	李江敏、王青、朱镇（2020）	非遗活态传承体验价值	经济价值、认知价值、情境价值、传承价值、活态价值	16个指标
	侯涛、王亚华（2022）	县域非遗资源存量	\	3个指标
	黄远水、梁旷映雪、王芳（2023）	非遗传承人的遗产保护行为	\	4个指标

注：部分文献的变量、指标名称有所改动。

在非遗实践中（如表4所示），非遗保护概念测量主要体现在以《中华人民共和国非物质文化遗产法》、地方非遗保护条例等政策文件为测量依据，纳入对于各类非遗保护主体进行针对性考核评估的过程之中。与非遗研究侧重于测量非遗保护概念的特定维度、分析特定非遗保护群体的态度与行为不同，非遗实践对于非遗保护概念的测量范围更加全面，更倾向于在对不同非遗保护群体予以区分的基础上，结合考核评估期间非物质文化遗产保护工作总体导向和重点任务要求，提出更具操作化、更贴合文化行政工作需求的指标体系。但是，非遗实践也面临着概念测量悬浮于非遗发展现状、社会生活之外的风险：一方面，当前的考核评估并未脱离文化行政的运转逻辑，大多是在官方认证的非遗保护主体职责要求、活动范围内进行，强调对非遗保护主体进行自上而下的规范与约束，而鲜少涉及现实中作为非遗保护服务对象的民众反馈情况、非遗发源地的在地化保护情况等内容；另一方面，不少非遗研究已经指出非遗经费问题是制约广大非遗代表性项目发展的一个关键因素，不同非遗代表性项目也因此根据自身资金条件开展策略性行动，①而各地开展非遗考核评估时对于经费保障的考虑不足与其对于非遗活态传承的高度关注并不相称，最终会产生较大的测量偏差。

总而言之，无论是在非遗研究中所表现出的扁平化、片段化测量，还是在非遗实践中所表现出的单向化、偏差性测量，都使得当前的非遗保护概念难以对"当前中国非遗保护效用如何"这一问题给出精确回答与阐释。而这一切的根源都在于非遗保护概念本身在初始建构过程中遵循了"列表路径"②：在列举非遗保护概念所具有的维度的同时，并未对内部各要素之间的关系、影响大小、作用条件等方面予以进一步的澄清。由此，不同的非遗研究或非遗实践均会按照自身的理解来对于非遗保护概念予以二次选择性建构，最终导致非遗保护概念的系统化、相呼应的理论与现实图景难以形成。

---

① 赵岚：《民间音乐类非物质文化遗产的数字化传播》，《传媒》2023年第12期。
② ［美］加里·戈茨：《概念界定：关于测量、个案和理论的讨论》，尹继武译，重庆大学出版社版2014年，第62页。

表 4　　　　　　　　中国非遗实践中非遗保护概念测量情况（部分）

地区	考核文件	考核对象	考核内容
浙江台州	《关于开展台州市级非物质文化遗产代表性项目和代表性传承人2022年度考核工作的通知》	保护单位	制订年度工作计划（5分） 上交年度工作总结（5分） 档案齐全完备（5分） 开展传承工作（10分） 传承场所（25分） 参加公益活动（20分） 加强非遗宣传推广（10分） 提供传承经费保障（10分） 紧密联系代表性传承人（5分） 获奖情况（5分）
浙江台州	《关于开展台州市级非物质文化遗产代表性项目和代表性传承人2022年度考核工作的通知》	代表性传承人	1. 制订年度工作计划（5分） 2. 上交年度工作总结（5分） 3. 人才培养情况（10分） 4. 编撰项目资料情况（10分） 5. 参加宣传展示活动情况（30分） 6. 开展传承活动情况（30分） 7. 参加培训情况（5分） 8. 获奖情况（5分）
江苏苏州	《关于开展2022年度苏州市级非物质文化遗产代表性项目保护单位评估工作的通知》	保护单位	以口述与表演类代表性项目为例 人员结构（15分） 设备设施与场馆平台建设（10分） 表演或活动（25分） 传承活动（30分） 资料收集整理记录工作（10分） 公益性传播活动（10分）
江苏苏州	《关于开展第三次苏州市级非物质文化遗产代表性项目代表性传承人评估工作的通知》	代表性传承人	以传统美术、传统手工技艺、传统医药类项目为例 生产创作活动 传承活动 资料收集整理记录 公益性传播活动

续表

地区	考核文件	考核对象	考核内容
上海	《关于开展2021年上海市非物质文化遗产代表性项目保护工作评估的通知》	保护单位	基本分项（1000分）：基础保障、记录建档、传承发展和传播推广 附加分项（100分）：奖励表彰、特色亮点
		代表性传承人	基本分项（100分）：基本情况、传承实践、资料建设和宣传交流 附加分项（30分）：奖励表彰、特色亮点、媒体传播

资料来源：相关地方政府网站。

二 正本清源：非遗治理的基本内涵分析

从前文可知，非遗保护概念囿于定义模糊、覆盖不全以及测量悬浮等问题，事实上仅仅成为基于日常知识的描述性概念而不是基于专业知识的规范性概念，未能完成社会科学概念"双重建构"的任务[1]。而非遗治理作为文化治理的下位概念，在致力于打造"文化领域的现代治理"的过程中[2]，从逻辑起点、理论基础、价值追求等方面均实现了对于非遗保护概念的突破与超越。

（一）逻辑起点：再造国家与民间文化的连接

非遗治理本质上是部分民间文化在国家与社会力量的共同作用下，依照一定的治理目标被针对性提取、重构的过程。作为非遗的前身，民间文化自古以来就是国家权力观照的对象。如果从古今之变的视角出发，对于国家与民间文化之间的关系进行历时性审视，可以发现，古代的民间文化治理传统构成了当前非遗治理的历史参照，而"政府主导"的文化行政模式则是非遗治理得以有效运转的前置阶段。

---

[1] 郭忠华：《日常知识与专业知识的互构——社会科学概念的双重建构模式》，《天津社会科学》2020年第1期。

[2] 高丙中：《非物质文化遗产保护实践的中国属性》，《中国非物质文化遗产》2020年第1期。

在古代，处于"大传统—小传统"双轨运作模式之中的民间文化治理传统表现为两个方面：一方面，对于绝大多数未进入封号赐额制度体系的民间文化而言，它们更多是停留在社会自我供给层面，在民间文化未被贴上"淫祀"标签需要予以打击、消灭的情况下，作为象征性权威的国家与作为小传统的民间文化的接触主要是以国家对民间文化活动的参与者进行日常教化以及民间文化对于国家行动的效仿[①]等间接方式进行；另一方面，当诸如关羽、妈祖等民间文化通过封号赐额制度体系得到国家正式认证并在全国范围内推广时，民间文化就在跨越"大传统—小传统"双轨运作模式的过程中，从管制约束对象上升为国家统治工具的位置，承担着传播正统思想、强化国家政治权威的职能。然而，无论民间文化是否被纳入到制度化体系之中，在社会呈现"板结"状态[②]，而国家权力在基层更多表现为符号、话语的背景下，国家与民间文化之间实际上只能形成松散化的象征性连接，相应的治理效能也受到了一定程度的限制。

近代以来，中国对待民间文化的态度经历了从实现现代化的阻碍因素到建设性力量的角色和地位转变。尤其是在中国于2004年正式加入《保护非物质文化遗产国际公约》以后，"非遗"在借助调查、代表性项目名录、传承传播等制度体系以及相应的文化行政运作赋予民间文化前所未有的合法性地位、社会能见度的过程中，推动着其从主流话语的边缘位置逐渐走向中心，从民众的日常生活的一部分被吸纳为中华优秀传统文化、公共文化体系乃至国家现代化建设的重要组成部分。但如果我们仍旧将非遗这一文化事象置于非遗保护视野之下，就会使相关主体对非遗的认知局限于文化层面尤其是文化政策层面，进而产生了双重困境：一是非遗发展的名实分离困境。非遗在经过文化画像、文化分类、层级化排序等一系列治理技术的标准化处理之后，被转化为相对扁平化、易被国家主体认知和

---

① 例如，王斯福在《帝国的隐喻：中国民间宗教》一书中就提及了民间信仰对于帝国行政的复制与模仿行为。详见［英］王斯福《帝国的隐喻：中国民间宗教》，赵旭东译，江苏人民出版社2008年版。

② 陈军亚：《超越内卷："板结社会"与国家渗透》，《社会科学》2022年第4期。

处理的相似对象群体,而不同非遗在实际运作中的个体差异性则在一定程度上被遮蔽,难以实现精细化治理。二是非遗发展的不确定性困境。从治理过程来看,政府主导的自上而下的"非遗化"推动着非遗不再是专属于特定社区内部、特定文化群体的议题,而是被构建为外部力量渗透与介入下的"文化行政工程"[1],不可避免地会产生社区脱嵌、政策依赖性增强等问题,难以真正确立文化主体性。

进而言之,不同于古代民间文化治理传统中的象征性连接,当前"非遗化"通过制度体系建设、文化生存资源培育与输送等渠道,强化了国家与民间文化的实质性连接,但是文化行政在部分解决非遗发展的"专业性问题"的同时,尚未完全处理好外部力量与社区主体、非遗发展与国家治理的其他事项的"兼容性问题"[2],使国家与民间文化的连接在某种程度上面临着多重关系异化风险。而其中的关键就在于将非遗保护概念作为非遗研究与实践的核心范畴的过程中,国家与社会主体既难以在秉持浪漫化想象的同时妥善处理好非遗发展背后潜藏的冲突与矛盾,也难以在片面审视非遗发展潜力的同时将非遗顺利打造成共同体理念的具象化载体。而非遗治理则通过历时性比较和吸取社会学、民俗学、政治学等其他学科知识的尝试,将非遗从非遗保护视野下相对单一、悬置化的文化现象重新定位为治理对象和治理目标:一方面,非遗治理具有"修补"面向,需要将非遗作为治理对象,运用针对性治理策略来修复非遗的生存状态、解决非遗的发展问题;另一方面,非遗治理也具有"提升"面向,在实现非遗"治愈"的基础上,将非遗锻造为有效的治理手段,在实现非遗与国家的象征性连接与实质性连接有机耦合的过程中,以非遗的高质量发展促进人的全面发展。

(二)理论基础:建立在"米"字形关系结构上的参与式治理

治理结构作为各治理主体围绕特定治理事务所展现出的相对稳定的关

---

[1] 马千里:《"中国非遗代表性项目名录"列入标准研究》,《文化遗产》2018年第4期。
[2] 高丙中:《非物质文化遗产保护实践的中国属性》,《中国非物质文化遗产》2020年第1期。

系状态①，在相当程度上影响着各治理主体的角色定位与行为规范，相关制度的设计与调整方向以及治理效能的持续产出。从非遗指导性政策的演变历程来看，中国对于各治理主体间的关系理解并不是一成不变的，而是随着非遗工作发展重心的阶段性变化②而有所调整：从2005年国务院办公厅《关于加强我国非物质文化遗产保护工作的意见》中所指出的"政府主导、社会参与，明确职责、形成合力"，到2021年《关于进一步加强非物质文化遗产保护工作的意见》强调的"党委领导、政府负责、部门协同、社会参与"，可以看到，党在非遗治理中的领导作用越发凸显，政府也在加强资源整合的过程中逐渐由管控性角色转向服务性角色，而社会力量也随着其他治理主体职责范围的调整，主体积极性得以进一步激发。

具体而言，中国当前的非遗治理结构如图1所示。首先，作为"米"字形结构中间的一竖，行政体制表现为在党的全面领导下，由文化部门发挥牵头作用，根据不同非遗代表性项目性质与发展需求，与其他政府部门、基层干部围绕国家、省、市、县四级非遗代表性项目名录体系开展层级化的项目申报、管理等工作。其次，作为"米"字形结构中间的一横，事业体制中的治理主体主要是以参照四级非遗代表性项目名录体系而设置的各级非物质文化遗产保护中心，相应的业务重心是人员培训、活动展演以及项目建设等工作。再次，作为"米"字形结构左侧的一撇和右侧的一捺，社会体制中的治理主体涵盖了高等院校以及其他教育、媒体机构。其中，高等院校主要承担非遗研究、非遗评审等专业性工作以及"非遗进校园"等实践性工作，而其他教育、媒体机构则负责非遗影像记录、非遗活动宣传等文化传播工作。最后，以文化传承者、文化受众等面貌呈现的广大民众既是非遗工作的服务对象，也是非遗发展的建设性力量。

由此，中国非遗治理结构提供了三种方式来吸纳社会力量在非遗治

---

① 王臻荣：《治理结构的演变：政府、市场与民间组织的主体间关系分析》，《中国行政管理》2014年第11期。

② 总体而言，中国非遗工作实现了从注重全面摸清非遗基本情况的"抢救性保护"向强调各要素有机整合的"系统性保护"转变，在积极解决非遗生存问题的基础上，对于非遗的文化内涵与价值的诠释越发深入。

理事务中自下而上的参与：一是通过项目制运作突破传统意义上民间文化存在的时间与空间的限制，将经过再制造的各类非遗代表性项目依托互联网、影视传媒等载体扩散到广大民众日常所能接触到的各类领域之中，以扩大接触面的形式推动社会力量参与非遗治理的规模扩大。二是通过将特定性赋权（即设置作为半正式行政人员的代表性传承人①）与广泛性赋权（如非遗代表性项目名单公示、非遗立法听证会、鼓励社会力量兴办传承体验设施，等等）相结合，社会力量不仅在文化生产环节具有较大的话语权，还在国家认证的保障下具有了参与非遗治理事务的主体资格，更加深入地参与到非遗决策、执行、监督等诸多环节之中，社会力量的利益偏好也得以制度化表达。三是通过加强"非遗在社区"、中国非遗传承人研修培训计划、中国非遗年度人物等扶持性工作，推动非遗治理重心下沉到基层，在增强政府回应性、营造民主协商氛围的同时，不断提升社会民众的自我发展能力和文化自组织的自主治理能力。

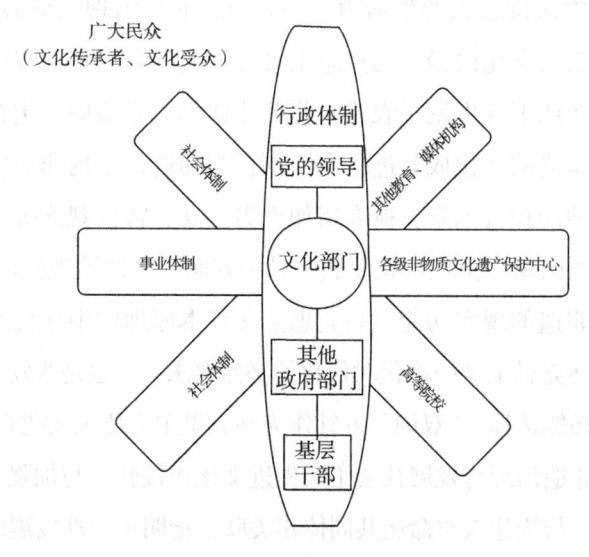

图 1　中国非遗治理结构

资料来源：根据访谈记录 WJJ20210915 整理、补充而成。

---

① 非物质文化遗产代表性传承人并不是科层体制成员，而是产生于民间、经国家相关政策认定和管理、享有一定补贴的主体。

（三）价值追求：多元定位下的可持续发展

对于非遗治理而言，价值追求是各类治理主体决定接纳何种治理理念、采取何种治理行动的重要前提，在相当程度上影响着非遗治理的发展规划与前进方向。要厘清非遗治理所蕴含的价值追求，就需要从价值引领、价值导向和价值禀赋三个方面出发，对非遗在非遗治理中的理想化定位进行系统分析。

第一，非遗治理以马克思主义为价值引领，追求文化先进性。非遗治理坚持以马克思主义为价值引领，将非遗视为中华优秀传统文化的重要组成部分，在处理传统与现代的关系问题上，既不认可文化虚无主义对于传统文化的彻底否定与决裂，也坚决反对文化复古主义对于传统文化的全盘接纳与推崇，而是在做好文化扬弃和"双创"（即创造性转化和创新性发展）工作的过程中，推动非遗与时俱进，在主动适应时代变化、积极回应现实问题的过程中保持强大的生命力。一方面，非遗治理强调做好扬弃工作，适时更新非遗的文化内涵。马克思主义为非遗的向内审视提供了扬弃这一科学方法，在认识到生发于农耕时代的非遗不完全适应、契合当前社会的基础上，对非遗的文化成分进行全面剖析与筛选，弘扬非遗所蕴含的彰显中华民族精神的积极因素，摒弃诸如重男轻女、特权观念等消极因素，推动非遗在革故鼎新中实现自我发展。另一方面，非遗治理强调做好"双创"工作，挖掘非遗的现实功能。马克思主义基本原理同中华优秀传统文化相结合是实现马克思主义中国化时代化的必然要求[①]，也是激发非遗所具有的时代活力的必然选择。"双创"方针作为马克思主义传统文化观的集中体现，不断推动着非遗治理与发展社会主义先进文化相接轨、与加强当前中国社会建设相融合、与构建人类命运共同体相关联，指明了非遗发展的实现路径。

第二，非遗治理以人民至上为价值导向，追求文化人民性。民间文化在经过"非遗化"转化后，人民的位置究竟应该放在哪里、非遗到底是

---

① 郑林、章荣君：《马克思主义基本原理同中华优秀传统文化相结合的三重逻辑》，《科学社会主义》2023年第3期。

"谁的非遗"①这些问题就成为非遗治理难以回避的重要问题。总体而言，在理想状态下，非遗不是国家力量完全凌驾于地方社会之上的霸权性文化，也不是被官方和地方性权威所俘获的类霸权性文化，而是在国家和社会力量积极参与、追求公共福祉过程中所产生的共享性文化。这意味着文化自我和文化他者之间需要建立包容性关系，推动日趋流动化的非遗与多元化发展目标之间实现精准对接。一方面，要在尊重人民作为文化生产者、创造者地位的过程中深入挖掘多种差异化非遗背后的文化共识，将非遗锻造为国家与社会良性互动的纽带；另一方面，也要在保障人民文化权益的过程中借助丰富多元的非遗治理实践来培育社会力量的公共精神，让人民的文化自觉得以强化，让人民的文化自信更加坚定，进而夯实非遗治理的合作基础。由此，非遗持续向生产性、联结性的治理成果靠拢，不再是囿于特定区域内部分民众的文化狂欢，而是能够为具有不同文化背景的行动者所理解、接受、参与的文化盛宴。

第三，非遗治理以赓续文化根脉为价值禀赋，追求文化真实性。从地方性视角来看，"非遗化"促使部分民间文化在提取—塑造—再嵌入的过程中产生了诸如文化展演更加频繁、外部介入更加全面、资金来源更加多元等诸多变化，非遗在时空扩张加速、内外互动增多的同时，真实性问题也越发凸显。显而易见的是，当前非遗所呈现出的活态性、流动性以及非遗自身发展的历史延续性共同决定了非遗治理不是简单的文化还原、回归过程（即已经消失、属于过去的文化），非遗治理对于文化真实性的追求更多是一种建立在"当地人感受的、体验的、实践着的、具有历史性的日常生活"②之上的主观真实性。这意味着，一方面，要梳理非遗的历史渊源，激活非遗蕴含的文化基因。非遗治理认识到，非遗虽然是传统再发明的产物，但其在当下的传

---

① 季中扬：《亲在性与主体性：非遗的身体美学》，《民族艺术》2022年第3期。
② 刘晓春：《文化本真性：从本质论到建构论——"遗产主义"时代的观念启蒙》，《民俗研究》2013年第4期。

承与发展离不开历史对于文化的反哺作用①,离不开我们对于历史智慧的汲取与吸收。只有尊重非遗发展的历史规律、了解非遗的历史脉络,我们才不会在功利主义的驱使下将非遗异化为趋利媚俗的现代产物。另一方面,要扎根日常生活,传递非遗蕴含的真情实感。非遗的生命力不仅来自于各治理主体对文化历史的守护与继承,还生成于文化主体的当下创造之中。日常生活是文化主体进行文化创作的重要灵感源泉,也是非遗治理的实践基础。对于非遗生产而言,非遗创作是不同群体在日常生活中所呈现出的生活心态和生活模式的集中反映,这也是传统戏曲、传统音乐等非遗代表性项目能够打动人心、引起广泛情感共鸣的重要影响因素。对于非遗治理而言,要推动"政府主导"的文化行政模式到参与式治理模式的转型,离不开对看似理所当然、稀松平常的日常生活的自觉与审视。如果我们不甚理解非遗治理所面对的日常生活,我们就难以看到非遗所展现的独特文化魅力,更难以理解广大人民群众的生存状态以及社会结构的运作机理。

结　　语

2024年是中国成为《保护非物质文化遗产公约》缔约国的20周年,经过20年的探索与积累,当前的非遗发展现状与最开始相比产生了较大变化,其中表现最为突出的就是非遗事业逐渐由追求非遗规模与发展速度转向以非遗质量与效益为工作重心。特别是在全面加强党建引领、推动非遗学科体系建设的新背景下,构建能够有效连接理论与实践、日常知识与专业知识的核心概念更是成为非遗实现可持续发展、非遗理论体系日趋成熟严谨的必要前提。但这一重要任务已经难以借助在概念定义、概念面貌、概念测量等方面存在一定限度的非遗保护来实现,因此我们需要对非遗领域中的核心概念建构工作进行重新审视。而非遗治理作为非遗领域中最具

---

① 何哲:《公共治理:文化为什么是重要的?——兼论中西文化特质差异对公共治理的影响》,《中国行政管理》2022年第8期。

潜力的核心概念，在全面揭示非遗面貌、清晰定位非遗、明确非遗行动方向等方面有所突破，为展开有效的学术对话、推动具有中国特色的非遗实践走向世界奠定了坚实基础。

要推动非遗治理概念成长为具有学界共识、社会共期的重要概念，下一阶段的非遗治理研究必须在以下三个方面予以推进：一是要加强理论建构。非遗作为一种重要的活态化文化资源，在丰富中华优秀传统文化表现形态的同时，无形之中也继承了文化难以界定、难以评估等特点，这对非遗治理研究如何构建恰当的分析框架、形成立体化的研究体系构成了巨大挑战。如何在系统整合已有研究成果[①]、充分发挥非遗治理跨学科优势中进一步厘清非遗治理研究的理论边界、建立科学有效的方法论是未来非遗治理研究不可忽略的重要任务。二是要加强概念阐释。非遗治理研究需要克服以往相关研究中存在的过度夸大地方经验普遍性、简单移植西方非遗理论观点的切片式研究取向，在深入挖掘、完善非遗治理理论、系统梳理弥散化的非遗治理实践的过程中提炼出能够有效支撑、联结非遗治理这一核心概念的知识体系，进而构建出以非遗治理概念为核心、与中国治理情境相契合、与中国治理需求相匹配的概念家族。三是要加强经验验证。随着文化行业标准《非物质文化遗产数字化保护 数字资源采集和著录》（2023）的公布，中国非遗治理在打破文化行业数据流动壁垒、营造良好的非遗发展环境等方面取得了突破性进展。接下来要以此为基础，进一步建立聚焦地方非遗治理行动的国家级非遗治理数据库，开发出能够有效评估各地非遗治理质量的评价指标体系，在不断增强非遗治理概念现实解释力的同时，为各地开展非遗实践提供更具针对性的治理指导以及可供借鉴学习的治理思路。

[①] 已有部分研究涉及对于非遗治理的探讨，例如侯涛、王亚华《县域非遗空间分布的文化生态影响因素——基于社会生态系统 (SES) 框架》，《华中师范大学学报》（人文社会科学版）2022 年第 4 期；Paquette, J., and Beauregard, D.,"Governing Intangible Heritage: Intergovernmentalism and the Structuration of Intangible Heritage Governance in Hong Kong", *Hong Kong Studies*, Vol.2, No.2, 2019, pp. 1–17。

作者简介

（按姓氏拼音首字母排序）

陈郁宗，墨尔本大学亚洲研究所在读博士研究生，致力于研究水资源管理、水资源治理体系及相关政策，其研究重点为中国河长制的实行对于消除地方政府的部门壁垒/体制障碍的作用。

冯存万，武汉大学政治与公共管理学院国际关系学系系主任，副教授，硕士研究生导师；英国爱丁堡大学访问学者、日本早稻田大学客座研究员；中国国际关系学会理事，湖北省国际关系学会常务理事；主要从事国际安全、中国外交、中欧关系等方面的研究；在核心学术期刊发表科研论文多篇，出版学术著作2部；主持国家社会科学基金项目、教育部社科基金项目、教育部高校国别和区域研究项目多项。

甘李江，武汉大学政治与公共管理学院国际关系专业硕士研究生。

关天如，武汉大学新闻与传播学院副教授，硕士生导师，湖北省高层次人才称号"楚天学子"。本科毕业于浙江大学国际政治专业，后获得澳大利亚墨尔本大学传播学博士学位。关天如的研究方向为国际传播与政治传播，尤其聚焦于包含虚假信息、阴谋论、种族主义极端言论在内的各种涉华负面舆论治理及海外民众对华认知改善策略研究。围绕着上述方向与议题，关天如近五年以第一作者或通讯作者发表传播学与政治学SSCI期刊论文三十余篇。关天如现担任《新闻与传播评论》编委、武汉大学数据新闻研究中心副主任、国际知名出版社Taylor & Francis学术专著审稿人和二十余个国际知名传播学与政治学SSCI期刊审稿人。

何樱灏,国际关系法学博士。复旦大学一带一路与全球治理研究院暨复旦大学义乌研究院联培博士后,武汉大学经济外交研究中心研究员。曾获欧盟让·莫内奖学金,于2021—2022年赴西班牙德乌斯托大学访学。主要从事全球气候治理、欧洲一体化等方向研究。

刘天阳,武汉大学政治与公共管理学院副教授,武汉大学—墨尔本大学全球治理联合研究中心(WHU-Melbourne Study Center on Global Governance)执行主任。主要研究方向为非传统安全与中国外交。相关论文发表于 International Affairs, Political Geography, Critical Asian Studies, The Pacific Review, Terrorism and Political Violence, International Relations of the Asia-Pacific, Comunicar, Asian Studies Review, Policy & Internet, Political Studies Review 等学术期刊。出版中英文专著多部,包括 China's Soft War on Terror: Space-Making Processes of Securitisation(Routledge), Chinese Paradiplomacy at the Peripheries: Beyond the Hinterland(Routledge)等。主持国家社会科学基金项目及各类研究项目多项。

明玉琳,武汉大学政治与公共管理学院博士生,武汉大学经济外交研究中心助理研究员,研究方向为地方政府的国际行为能力、全球治理。

彭琪,湖北省社会科学院马克思主义研究所助理研究员,武汉大学地方政治研究中心研究人员。

乔光宇(Guangyu Qiao-Franco),复旦大学本科、硕士,墨尔本大学博士,现任拉德堡德大学国际关系助理教授和南丹麦大学AutoNorms项目高级研究员。主要研究方向为人工智能伦理、人工智能武器军控、网络安全、东盟区域合作、和中国外交。近期著作主要发表于 International Affairs, The Pacific Review, International Relations of the Asia Pacific, Chinese Journal of International Politics, Journal of Contemporary China。

苏亚蓉,武汉大学政治与公共管理学院国际关系专业硕士研究生。

谈笑,墨尔本大学博士,墨尔本大学当代中国研究中心研究员。研究领域涉及区域研究、公共卫生与社会学,主要专注于中国的卫生政策、卫生社会科学,并关注中国在全球化进程中的海外参与。研究成果发表于 Journal of Contemporary China, Asia & the Pacific Policy Studies, Global Public Health, BMC Public Health, Chinese Sociological Review, Health Sociology Review 等知名英文学术期刊。

陶郁，英国牛津大学政治学博士，西澳大利亚大学社会科学学院副教授、亚洲研究学科主任、中国研究项目负责人，澳大利亚亚洲研究学会执行理事，悉尼大学中国研究中心荣誉研究员。研究领域涵盖社会学、政治学与历史学，特别关注全球化背景下的中国及中国研究。学术作品发表于《政治学研究》《社会学研究》和《管理世界》等中文权威期刊及 Politics & Religion 与 Asian Studies Review 等知名英文期刊。

巫迪，墨尔本大学当代中国研究中心在读博士生。研究方向为包括非营利组织管理、公益慈善、基层治理。

邢瑞磊，武汉大学政治与公共管理学院副教授，武汉大学经济外交研究中心主任。主要研究方向为国际关系理论、国际安全、全球治理和比较地区主义。

徐雅雯，西澳大利亚大学考古学博士，南昌大学旅游学院副教授，江西旅游强省建设协同创新中心副主任。研究方向为非物质文化遗产管理、传统技艺生产与传承、遗产旅游、文化产业管理。研究成果发表于 Cultural Trends, International Journal of Heritage Studies, International Journal of Cultural Policy, International Journal of Intangible Heritage, The Journal of Modern Craft 和《文化遗产》等国内外知名学术期刊。主持国家社会科学基金项目 1 项。

袁冉东，墨尔本大学博士，副研究员，香港中文大学（深圳）国际事务研究院院长助理，主要研究方向为国家治理、社会政策、公共财政、社会科学方法论等。

赵越，香港理工大学应用社会学系博士后研究员，研究方向为环境地理、农业可持续发展和农村政治。